JN066108

物流論 [第2版]

齊藤 実／矢野裕児／林 克彦［著］

ベーシック＋プラス
Basic Plus

中央経済社

はじめに

本書は，大学の学部で「物流論」や「ロジスティクス論」を勉強する学生のために書かれたものです。物流やロジスティクスについて，大学に入学してはじめて聞いた学生が多いと思います。多くの学生がこれまでになじみがなく，はじめてこの分野を知り，これから学ぶことになります。

しかし，現代の経済や企業経営において，物流やロジスティクスは非常に重要な役割を担っています。企業の活動において物流は必要不可欠です。企業は製品を生産したり商品を販売したりしますが，これらのモノを輸送したり保管したりして，モノの流れをしっかりと管理しなければなりません。

さらに経済がグローバル化して，企業活動が世界的な規模で繰り広げられています。企業の物流も国境を越えて，世界的な規模で拡大し，さらに複雑な物流が必要とされています。

こうした物流をいかに充足させて，さらに物流を効率化して改善させていくかは，企業が成長していくためには欠かせない重要なことです。また企業の発展をもたらす経営戦略を考えるうえでも，物流やロジスティクスは欠かせません。

このように，物流やロジスティクスは，現在の経済や企業経営において重要な役割を占めています。このため，大学で物流論やロジスティクス論を学ぶことがとても大切になっています。

▶本書の構成と使い方

本書は，はじめて物流やロジスティクスについて学ぶ学生を想定して，基礎からスムーズに学べるように書かれています。さらに，物流やロジスティクスを理解するためには，企業の具体的な展開事例を知ることが必要となります。こうしたことにも対応して，必要な具体的な事例を取り上げて，物流の実際を理解しやすいようにしてあります。また章末のWorkingやDiscussionに取り組むことにより，理解を一層深めることができます。

物流，ロジスティクスは，対象とする範囲がとても広いのと同時に，とても奥が深いという側面があります。本書を読んで，物流，ロジスティクスの世界に少しでも興味を持ってもらえたら良いと思います。

先に述べたように，本書は主に大学の学部の学生を対象にして書かれていますが，企業で働いている社会人の方々にも，物流やロジスティクスを基礎から学ぶために充分に役立ちます。

物流論やロジスティクス論は実学的な側面の強い学問分野です。これから企業で働いていくうえで，物流やロジスティクスを学ぶことがますます求められており，本書はこうした要望に充分に応えることができます。

本書は3人の著者によって書かれています。いずれも，物流専門の研究所で調査研究に携わった後，それぞれの大学で物流論やロジスティクス論を長年にわたって講義してきました。そして，これまで，『現代企業のロジスティクス』，『現代ロジスティクス論』（いずれも中央経済社）という本を出版してきました。

本書は，3人で執筆する3冊目のテキストとなりますが，それぞれ大学の講義やゼミナールで教えてきた経験から，さらにわかりやすく，そして新しい事柄を盛り込んで，読者の皆さんの理解を深めることができるようになっています。

本書は第2版となります。初版を刊行してから，物流業の労働力不足の深刻化，IoT（モノのインターネット），BD（ビッグデータ），AI（人工知能）といった新たな情報技術の活用，国際物流に影響を与える保護貿易の動きなど，物流において大きな変化が生じています。第2版では，こうした新たな物流の状況をしっかりと取り込んで書かれていますので，最新の物流についても充分に把握することができるようになっています。

本書を通じて皆さんが，ダイナミックに変化する物流やロジスティクスを，興味を深めながら楽しく学ぶことができるよう願っています。

2020年1月

著者一同

第 I 部

物流の基礎を学ぶ

第1章 物流とは何だろう

Learning Points

▶大学で教えられる物流論やロジスティクス論とは，どのような講義なのかを理解します。
▶そもそも物流とは何なのか，具体的な企業の活動の中で物流の役割を把握して，学ぶ対象の物流について大まかに理解できるようにします。
▶物流の領域では，物流，ロジスティクス，サプライチェーン・マネジメント（SCM）といった考え方が発展してきました。これらの基本的な考え方を理解することが重要です。
▶物流に関する基本的な考え方を理解したうえで，これからこのテキストで物流のどのような分野を具体的に学んでいくのかを把握します。

Key Words

物流　ロジスティクス　サプライチェーン・マネジメント

1 物流論・ロジスティクス論とは

大学の講義の中に「物流論」や「ロジスティクス論」という科目があります。特に，経済学部，流通情報学部，商学部，経営学部など，経済や企業について専門的に学ぶ学部の中に，こうした科目が置かれています。これに関連する科目として，「流通論」や「交通論」があり，さらに物流に直接関係する科目として「陸運論」や「海運論」といった科目もあります。

そこで，「物流論」や「ロジスティクス論」とは，どのような科目なのか明らかにしてみましょう。

最近では，物流という言葉が広く使われるようになりました。商品などのモノを運ぶことを輸送と呼びますが，最近ではこれに代わって物流という言葉が使われています。しかし，物流とは，こうした輸送だけではなく，企業が商品などのモノを取り扱う複合的な機能のことを指しています。物流は，経済活動の中で，特に企業が生産したり販売したりするモノに関わる活動に関係しているのです。

実際に，現代の企業において物流は，重要な役割を演じています。例えば，企業が製造して販売する商品は，購入した顧客に適正なコストで迅速に正確に届けることが必要です。それなしに企業活動は成り立ちません。それは，企業が国内で事業活動を展開するうえで重要なだけでなく，企業が世界的な規模でビジネスを繰り広げるなかで，グローバルな物流が必要となっており，物流の重要性はさらにいっそう拡大しています。

企業にとって，物流をうまく管理し，より効率化した物流システムをつくり上げることが，企業の収益性や企業の競争力に大きな影響を与えることになります。このために企業は，物流のさまざまな課題に直面しながらも，優れた物流システムを構築するように努力してきました。こうしたなかで，優れた物流，先進的な物流は，特にロジスティクスと呼ばれています。

大学の「物流論」や「ロジスティクス論」は，企業が製造したり販売したりする商品などのモノを取り扱う活動に焦点を当てて，現代の企業が抱えている固有の課題や問題点を把握するとともに，さらに企業が競争力を強化し成長していくために必要な優れた物流の仕組みなどを体系的に明らかにします。こうして，物流論やロジスティクス論は，現代の経済における企業活動を理解するのに必要不可欠な科目です。

2 物流のはたらき

物流とは企業活動のどのような分野のことなのでしょうか。さらに，物流は企業活動の中でいかなる役割を果たしているのでしょうか。企業活動における物流について，いくつかの具体的な事例を用いて明らかにします。

2.1 ネット通販と物流

最初にネット通販について考えてみましょう。最近インターネットや携帯電話が急速に普及し，これらを利用して簡単に買い物ができるようになりました。インターネット通販，またはネット通販と呼ばれるものです。

消費者にとっては，インターネットで欲しい商品を簡単に検索することができます。気に入ったものがあれば，パソコンの画面をクリックして買い物を行い，申し込んだ翌日には自宅に届き，欲しい商品を手に入れることができます。じつに便利な買い物の方法が普及しています。

こうした買い物の仕組みで商品を販売しているのが，ネット通販事業者です。ネット通販事業者として，アマゾンや楽天市場などが有名です。こうしたネット通販事業者は，インターネット時代の新たなビジネスとして，売り上げを伸ばし急成長を遂げています。

ここで注目すべき点は，ネット通販事業の展開において，物流が大きな役割を占めていることです。別の言い方をすれば，物流の機能がなければネット通販自体が成り立たないのです。

まず，ネット通販では，注文を受けた商品を直接家庭まで届けることが必要となります。これには，宅配便という便利な輸送サービスが使われています。注文して翌日に，早いところでは，注文した当日に家庭まで届けてくれます。ネット通販には，このような商品の配達，しかもより迅速な商品の配達が，必要不可欠なのです。宅配便という物流のサービスが，ネット通販のビジネスを支えているのです。

さらに，ネット通販では，たくさんの商品をあらかじめ手元に準備しておき，顧客から注文があった品をすぐに取り出して発送することが必要です。これを実現するために，ネット通販事業者は，巨大な施設に膨大な種類の商品をそろえてあります。そして，注文があったなら，そろえてある膨大な数の商品群から間違いなく選び出して，宅配便で届けるようにします。こうして，ネット通販は，膨大な商品を保管して，それを正確に迅速に取り出すことが必要不可欠なのです。これもまた物流なのです。

図表1－1 ▶▶▶ネット通販の物流

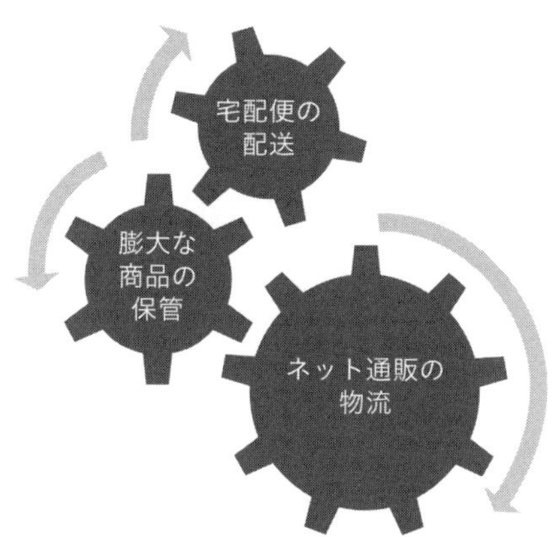

このように考えると，ネット通販を企業が事業展開するときに，たんにインターネット上で検索しやすい，操作が簡単なウェブサイトをつくるだけでは不十分なことは明らかです。それに加え，大量の商品をみずから抱えておいて，注文があるとそれをすぐに正確に取り出して，迅速に家庭まで輸送することが必要不可欠なのです（**図表1－1**）。

つまり，ネット通販事業者は，販売する商品であるモノの動きを管理してコントロールすることが必要不可欠なのです。こうしたことが，ネット通販事業者に求められている物流となります。

2.2 自動車メーカーと物流

次にモノづくりのメーカーについて考えてみましょう。日本の製造業が得意とする分野の1つに，自動車産業があります。日本の自動車メーカーは，日本国内だけでなく，欧米やアジア諸国などにも工場を建設して，世界的規模で自動車を生産しています。ハイブリッド車など先進的なテクノロジーの車を開発して，優れた性能を持つ魅力的な自動車を世界中で販売しています。

自動車メーカーは，自動車工場で多数の部品を使って自動車を組み立てます。1台の自動車を組み立てるのに，およそ3万点の部品が必要だといわれています。自動車の組立工場では，膨大な量の部品を集めて，工場のベルトコンベアを使って自動車を組み立てます。そのために，多数の部品を組み立てラインの生産に合わせて，工場に持ってくる必要があります。

部品を生産して組立工場に供給するのが部品業者です。部品業者は，自動車組立工場周辺に工場を構えて供給する場合もあります。また，経済がグローバル化するなかで，国内だけでなく，広く海外の部品工場から国境を越えて供給されます。さらに，グローバル化が進む自動車メーカーでは，生産能力に優れた国内から，高度な技術水準が要求されるエンジンやミッションなどの重要な部品を生産して，海外の組立工場に輸出しています。

このように，自動車メーカーは膨大な数の部品を組立工場に集めることが必要不可欠であり，この部品というモノを移動させて供給し管理することが非常に重要です。これは**調達物流**といいます。それだけでなく，工場内の部品の移動や，工場間のエンジンやミッションなどの重要な部品や半製品の移動も行われます。これもまた，**生産物流**と呼ばれる物流の重要な構成要素です。そして，組立工場で完成された自動車は，全国の販売ディーラーに輸送されて私たち購入者に届くわけですが，ここでも完成品の移動を管理することが必要となります。これは**販売物流**と呼ばれています（図表1－2）。

このように，自動車メーカーを見ると，自動車を生産して販売するには，調達物流，生産物流，販売物流が必要不可欠です。自動車の部品から，半製品，そして完成車までのモノの流れを管理することが，企業活動にとって必要なことが明らかになってきます。これがメーカーの物流なのです。

図表1－2 ▶▶▶ メーカーの物流

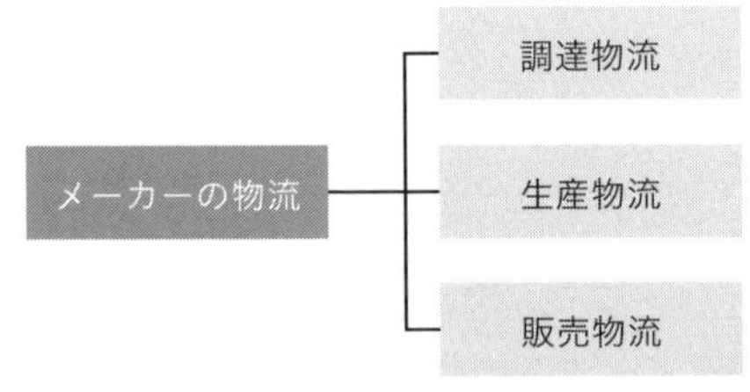

2.3 経済と物流

私たちの経済は，数多くの企業が生産活動や販売活動を行っていて成り立っています。およそモノを扱う企業の事業活動において，物流が必要不可欠であることが明らかになりました。そして，経済全体の活動を見た場合，これらの企業の活動により，モノの流れが生産活動から消費活動まで連なっていることが見えてきます。

生産活動には，原材料の流れや部品の流れがあって，さらに生産されたものが卸売業や小売業を通して流れていき，最終的に私たち消費者のもとに届き消費されます。こうした企業活動の流れは，**サプライチェーン**（Supply Chain）と呼ばれています。サプライチェーンにはさまざまなパターンがありますが，それぞれ企業活動が鎖のようにつながっています。全体的に経済をみた場合に，物流はこうした流れの中で機能しています。企業活動を鳥瞰図的にみた場合に，こうした大きなモノの流れの中で企業が活動して，サプライチェーンの中で物流が機能していることがわかります（**図表1－3**）。

先の東日本大震災で，地震や津波の被災によって一部の企業の活動がスト

図表1－3▶▶▶サプライチェーンの事例

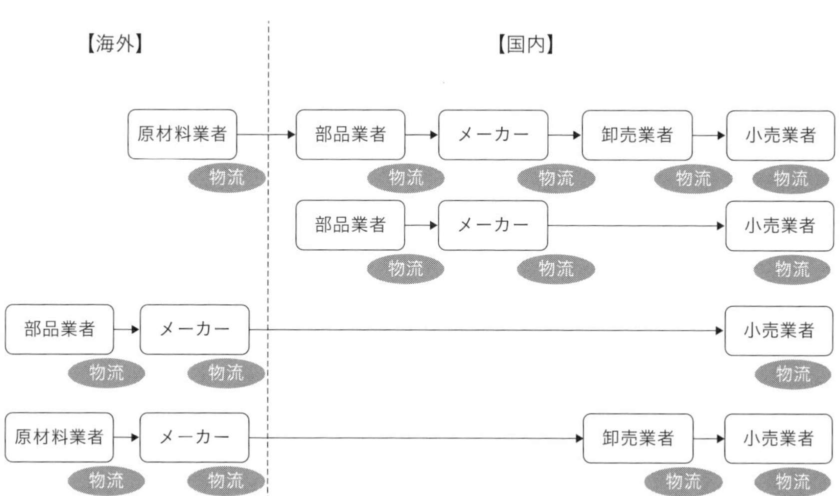

ップしましたが，このことが経済全体の活動に甚大な影響を与えました。これは「サプライチェーンの寸断」と呼ばれました。一部の企業の生産や物流がダメージを受けることで，モノが流れなくなり，直接被害を受けていない企業でも生産がストップしてしまい，大規模な経済活動の停止を余儀なくされました。常日頃サプライチェーンの中で物流が円滑に機能することで，経済全体の活動が成り立っていることがよくわかります。

そして，こうしたモノの流れはなにも国内に限られません。経済がグローバル化して，企業が世界の各地で生産活動を行い，販売活動を行っています。それを鳥瞰図的にみると，国境を越えて世界中にモノの流れが発生していることがわかります。サプライチェーンはグローバルに展開されています。こうした国際的なサプライチェーンの中でも，物流が機能しているのです。

最近では，「物流危機」と呼ばれる大きな問題が発生しています。企業活動に物流が必要不可欠ですが，輸送が充分に提供されない事態が起こっています。これは，輸送の多くを担うトラック運送業で，運転するドライバーが不足して，輸送を充分に提供できなくなっているためです。このために，必要とする輸送が制限されて，企業の物流に大きな支障が生じるだけでなく，運賃が値上がりして，企業の物流コストが上昇し，製品の値上げをもたらしています。物流危機の発生は，企業活動に大きな影響を与えており，わが国経済に大きなインパクトを及ぼしています。こうしてみると，経済の全体の中で物流の重要性を改めて認識することができます。

経済全体をみると，個々の企業活動だけで物流が展開されているのではないことがわかります。社会的に物流が展開されるための条件も必要です。例えば，モノを運ぶには自動車の場合には道路が必要ですし，船舶や航空機の場合には港湾や空港が必要となります。こうした道路，港湾，空港は，**物流インフラ**とも呼ばれています。こうしたインフラが整備されて有効に機能することで，経済全体の物流活動が促進されます。

さらには，経済全体をみると，企業の物流活動を促してモノの流れをスムーズにしたり，個々の企業の活動によって生ずる諸問題を改善したりすることが必要です。道路や港湾や空港を整備することや，各企業の物流活動によって生じる環境問題に対処することなど，国として物流の政策を考えて遂行する必要があります。これが政府による**物流政策**です。

このように，経済の基本的な単位が企業となっている現代では，物流は個々の企業活動にその根源がありますが，それだけでなく経済を全体的にみた場合には，物流という機能が経済全体の中でうまく作用していくことが重要であることがわかります。

3 物流，ロジスティクス，サプライチェーン・マネジメント，ロジスティクス4.0

わが国で物流という考え方が出てきたのは，比較的最近のことです。そして，物流から，ロジスティクス，サプライチェーン・マネジメントという重要な考え方が出てきました。これらの考え方が，どのような背景のもとで出てきたのか，いかなる特徴を持っているのかを理解することが重要です。

3.1 物　流

物流という用語は，現在，広く普及しており一般的に使われています。この用語が使われ始めたのは，1950 年代にさかのぼります。わが国で高度経済成長が始まるときでした。当時，世界最大の経済大国であるアメリカの流通を視察した人たちが，アメリカで使われている Physical Distribution という用語を日本に持ち帰って紹介しました。

この英語を直訳すると，「物的な流通」になります。これに**物的流通**という日本語を当てて，この用語が使われるようになりました。そして，これがよくあるように，やがて短くなって，**物流**となったのです。その後，この物流が広く使われるようになり，今では一般的な用語として定着しています。

物流の語源である Physical Distribution が示すように，これは流通の物的な側面であると考えられていました。つまり，商品の売買が行われて流通していきますが，その物的な側面のことが物流なのです。商品の売買にかかわ

Column 国際的に使われている「物流」

「物流」という言葉は，本文で説明したように「物的流通」という訳語を呼びやすいように短くした造語です。この漢字２文字が，わが国で定着して，一般に広く使われるようになりました。

それでは，漢字の故郷で，経済発展が目覚ましく，わが国を抜いて世界第２位の経済大国となった中国は，どのような言葉が使われているのでしょうか。

答えは，日本と同じ「物流」です。日本でつくられたこの言葉が，漢字の母国である中国に輸入されて，それが広く使われるようになっています。

その意味で考えると，「物流」という言葉は，その成り立ちは単純ですが，普遍性のあるネーミングだといえます。ちなみに，すぐ後で説明する「ロジスティクス」は，中国では「現代物流」と言います。ここでも「物流」という言葉が活かされています。

る商業的な側面を**商流**と呼び，これに対して物的な側面が物流となります。物流の主体は企業であり，企業の物流の機能として，輸送，保管，荷役（にやく），包装，情報などがあり，これが重要な物流の構成要素だと考えられるようになりました。そして，企業は，これをうまく管理することが必要となるのです。

こうして，当初流通の物的側面として物流が考えられていましたが，物流はなにも流通に限定する必要はありません。例えば，メーカーにとって自ら生産した商品を販売して流通させるだけが，企業のモノにかかわる活動ではありません。工場で生産するにも，モノの移動と管理が必要となります。さらには，工場で生産するためには，原材料や部品を調達する必要があります。

このように考えると，物流は，当初の流通の側面だけでなく，企業活動全般のモノの移動と管理を対象とすることが明らかになります。流通にかかわる物流を販売物流，生産にかかわる物流を生産物流，調達にかかわる物流を調達物流と分けて考えるようになります。企業活動にとって，調達，生産，販売と，企業活動全体にわたって物流が必要であることが明らかになります。

3.2 ロジスティクス

物流が普及した後に，**ロジスティクス**（Logistics）も使われるようになりました。1980年代末頃に，すでにアメリカで使われていたLogisticsが，日本で取り入れられるようになったのです。

当時，日本経済はバブルの時代を迎え，多頻度小口化と呼ばれるように物流が複雑で煩雑になり，また深刻な労働力不足で物流コストが上昇して，物流が企業にとって大きな課題となったのです。こうしたなかで，従来の物流ではなく，新たな物流の考え方や仕組みが求められるようになりました。そこで，より先進的で，効率的な物流として，ロジスティクスという考え方が導入され，これが急速に普及したのです。

3.2.1 ロジスティクスの由来

ロジスティクスは，もともと軍隊で使われていた軍事用語です。語源はフランス語で，強大な陸軍を擁したナポレオンの時代に使われました。軍事用語でロジスティクスは，**後方支援**と呼ばれています。わが国では，兵站（へいたん）という言葉が古くから使われていました。

ロジスティクスとは，兵器，武器，弾薬，兵士の食料品，医薬品など，戦争遂行に必要なあらゆる物資を，戦争を繰り広げている戦場に供給することです。戦争を繰り広げている最前線に，戦闘が継続できるように，その後方から物資を支援する仕組みのことです。

こうした軍事用語が，第2次世界大戦後のアメリカで，経済や企業経営の中に取り入れられるようになりました。先に述べたように，軍事用語としてのロジスティクスは，最前線に必要な軍事物資を正確に供給する仕組みや運営のことです。同じように，企業にも，販売する商品を，競争を繰り広げている市場まで，タイムリーにそして正確に供給することが求められています。その意味で，軍事と企業活動は，モノの移動と管理に関して共通しているのです。

こうしたことから，企業活動の物流に代わる用語として，ロジスティクスが使われるようになりました。もともとの軍事用語に対して，企業活動では**ビジネス・ロジスティクス**と呼ばれていましたが，最近ではロジスティクスだけで使われています。現在のアメリカでは，物流を表すPhysical

Distributionはほとんど使われていません。物流のことを表す用語としてLogisticsがもっぱら使われています。

先に述べたように，わが国では，1980年代末頃にロジスティクスが導入されました。そして，ロジスティクスは，従来の物流にはない，より先進的で効率的な仕組みとして考えられています。

3.2.2 全体最適とロジスティクス

ロジスティクスは，企業の部分最適から全体最適へ，より統合して企業全体の効率化を実現する仕組みと考えられています。**部分最適**とは，企業の中の各組織の最適を指します。具体的には，メーカーの場合，販売・営業部門があり，さらに生産管理部門があり，原材料や部品を調達する調達管理部門があります。それぞれの部門は，その部門にとって最適になるように行動します。

例えば，生産管理部門では，生産コストをいかに抑えるかが，この組織にとって最も重要な課題です。そのために適した方法は，一度に同じ商品を大量につくり続けることです。こうした大量生産によって，多くつくればつくるほど製品当たりの生産コストが低減する「規模の経済」が働きます。また，工場で働く従業員も，同じ製品をつくり続けることで作業効率が高まり，時間当たりより多くの製品を生産することが可能となり，結果的に生産コストを削減することができます。

こうして，生産管理部門では，大量生産によって部門の重要課題を達成することができます。しかし，こうした部門にとって望ましいことが，企業全体にとって望ましいとは限りません。こうしたやり方では，同じ商品を大量につくってしまいます。それが売れるという保証がなく，手元に大量に在庫として残ってしまいます。生産コスト削減という生産管理部門の部分最適を実現しても，企業全体では，売れない製品を**在庫**として大量に抱えてしまうことになりかねません。

また，販売・営業部門での部分最適は，一定期間内の販売量の拡大です。これを実現するために販売・営業部門では，できるだけ多く売るために希望

図表 1－4 ▶▶▶ 企業における各部門の部分最適

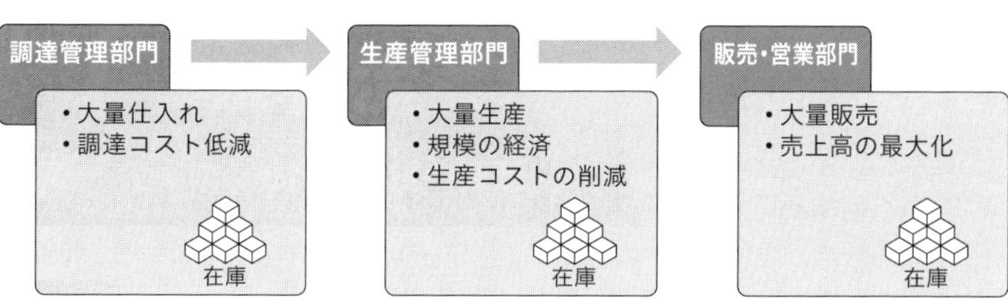

的観測のもとに，実需（実際の製品の需要）以上に生産部門に発注して売ろうとします。形の上で販売・営業部門は，売上高の増加という部分最適を実現しますが，その後，返品の山が築かれることになります。売れない商品が企業内に大量に残ってしまい，在庫の山が築かれます。

このように，各部門が部分最適を求めた結果，売れない製品や半製品，さらには部品や原材料を大量に在庫として抱えることになります（**図表 1－4**）。在庫を大量に抱えることは，企業にとって最悪の事態を意味します。在庫を抱えていることは，大きなムダを抱えていることになります。

このため，企業は，部分最適から**全体最適**を実現することが必要となります。基本的な考え方は，実際の市場の販売動向を的確に把握し，実需をできるだけ正確にとらえて，その実需に基づいた正確な需要予測を行い，その情報を各部門に迅速に流していくのです。そして，実需に合った生産を行い，こまめに生産を取り替えて，売れる商品をつくることです。原材料や部品の調達も同じで，生産に必要なモノだけを調達するようにします。こうすることによって，従来各部門に積み上げられていた在庫を大幅に減らすことが可能となります。このように，全体最適の視点から企業を統合して在庫を削減できるのが，ロジスティクスであると考えられています。

3.3 サプライチェーン・マネジメント

その後，**サプライチェーン・マネジメント**（Supply Chain Management）

という考え方が導入されるようになりました。これは**SCM**とも呼ばれています。わが国では，1990年代末頃から企業がこの考え方を積極的に取り入れました。サプライチェーン・マネジメントは，ロジスティクスよりもさらに幅広く考えて，企業の効率化を図ろうとする考え方です。

サプライチェーンとは，**供給連鎖**と訳されます。製品などのモノが消費者に届くまでには，さまざまな企業を通じて供給されています。モノの供給は，それにかかわる企業が連続した鎖のようにつながっています。そして，業種の異なる企業が連なって結びついている供給連鎖をマネジメントする，すなわち管理するのが，サプライチェーン・マネジメントです（**図表1－5**）。

サプライチェーン・マネジメントは，最終的な顧客である消費者が求めている商品を的確なタイミングで，なおかつリーズナブルな価格で提供するために，関係する企業で物流を効率化しようというものです。サプライチェーン・マネジメントは，1つの企業の枠にとらわれずに，関係する企業の連携を図って企業間の物流を効率化して，消費者が必要なタイミングで適正な価格で購入できるようにするという考え方です。

これを実現するためには，異なる企業間の連携を高めて，実際の商品の販売情報を正確に関連する企業に流して，実需の変化を確実に知ることができるようにします。市場が必要としていない製品や，そのための部品や原材料をつくりすぎないようにして，サプライチェーン上の企業の在庫を減らすことや，逆に，欠品をなくしタイミングよく消費者に供給できる仕組みをつくることです。以上の説明からわかるように，サプライチェーン・マネジメントは異なる企業間の連携が必要不可欠です。

3.4 ロジスティクス4.0

最近新たな物流の概念として，**ロジスティクス4.0**（Logisitics4.0）があります。これは物流のこれからの新たな方向性を体現したものです。ヨーロッパのドイツから生まれたもので，現代の産業が第4次産業革命を迎えており，それがインダストリー4.0と呼ばれています。こうした産業の技術革新

図表1-5▶▶▶サプライチェーン・マネジメントの概念

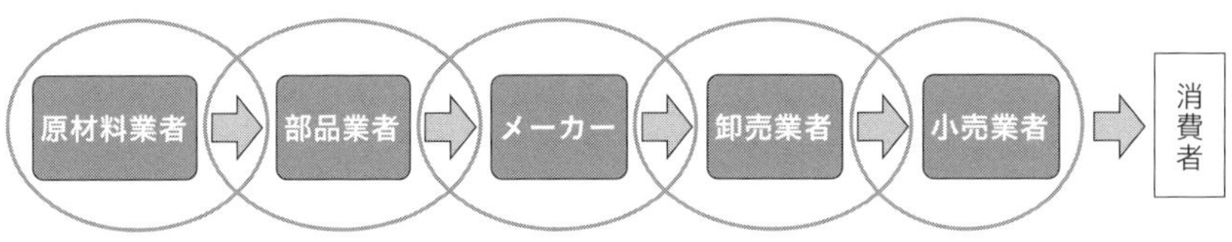

（イノベーション）の発展段階に対応して，新たなイノベーションを取り入れた物流の発展を示したものがロジスティクス4.0です。

これまで物流におけるイノベーションとして，第1に20世紀からトラック，鉄道，船舶の輸送の機械化が進展しました。そして第2に，1950年以降に，貨物を積み下ろしする荷役（にやく）の機械化がコンテナやフォークリフトの普及によって起こりました。第3に1980年代以降になると情報システムの普及で物流管理システムが大きく進展しました。

そして，現代では第4の物流のイノベーションが進展し，物流が大きく変わろうとしています。こうした第4段階目の物流のイノベーションを捉えたものが，ロジスティクス4.0なのです。

具体的には，情報通信技術のさらなる発展によって，あらゆるものがインターネットで結ばれるIoT（Internet of Things），人工知能であるAI（Artificial Intelligence）が普及することによって，新たに物流が大きく変化します。物流ロボットが導入されたり，さらにこれから自動運転のトラックや船舶が導入されたりします。

さらに大量のデータを把握できてサプライチェーンが可視化されることになります。こうした結果，人手を多く必要とする労働集約的な物流において，省力化を実現することができます。こうして，ロジスティクス4.0は，これまでにない新たな物流が出現すると考えられています。

4 物流を理解するために

以上のように，物流とは何かを説明してきました。物流は，基本的に企業活動にともなうモノの管理に関連するものであり，さらに物流に関連して，ロジスティクスやサプライチェーン・マネジメントという捉え方が発展してきたことを理解しました。

それでは，こうした物流やロジスティクスといった基本的な考えを踏まえて，これから本書では，どのようなことを把握していく必要があるのでしょうか。基本的な考え方や概念を理解したうえで，これからさらに把握しなければならない物流やロジスティクスの領域について説明しましょう。

4.1 物流の機能と管理

企業活動にともなう物流とは，さまざまな機能が集まっており，その機能が現実的に働いて企業活動を支えています。したがって，最初に物流の機能について理解する必要があります。物流の機能とは，輸送，保管，荷役，包装，流通加工，情報があります。それぞれの機能は，どのような特徴があるのかを理解し，実際に企業は，どのようにこれらの機能を満たしているのかを理解する必要があります（第２章）。

さらに，企業活動に不可欠な物流を企業はしっかりと管理しなければなりません。物流をしっかり管理できている企業は，顧客である消費者や企業に優れた物流サービスを提供できたり，物流コストを削減できたりして，事業活動を有利に展開できます。こうしたことは，物流管理といいます。物流管理は，企業の競争力を高めるためにも重要ですし，また，物流管理に基づいた物流戦略が，企業の経営戦略にとって重要となります。実際に企業は，どのような物流管理を行っているのかを学ぶ必要があります（第３章）。

4.2 業種によって特徴が異なる物流

実際の企業活動で展開されている物流は，産業や業種によって異なっています。それぞれの業種によって特有の物流の仕組みがつくられていて，独自の展開をとっています。本書の最初の事例として，ネット通販と自動車メーカーの例を挙げ，企業活動と物流の関係を説明しましたが，業種によって物流も大きく異なっています。

そこで，代表的な業種の物流の展開を理解することが必要です。消費者に近いところでは，流通業があります。流通業は小売業と卸売業があり，いずれも販売活動にともなう物流を展開しています（第4章）。

また，わが国が得意としている製造業においても，メーカーの物流が展開されています。例えば，ジャストインタイムは世界的に有名ですが，これはメーカーの物流の仕組みなのです。製造業の物流を理解します（第5章）。

これに加えて，最近急激に成長しているネット通販も，独自の販売方法に対応した物流を展開しています。その物流の特徴を理解します（第6章）。

4.3 物流業者の事業展開

企業活動に物流は必要不可欠ですが，その物流を実際に行うためには，2つの方法があります。1つはその企業自ら物流を行うことですが，もう1つは物流サービスを商品として提供する物流専門の企業に委託することです。これらの企業は，一般に物流業者と呼ばれており，わが国の経済活動を支える重要な役割を担っています。こうした物流業者が，どのような産業を形成しているか，その産業の構造と特性を知る必要があります（第7章）。

そして，物流業者によって，現代を象徴する物流サービスが提供されています。その代表的なものが宅配便です。宅配便のしくみと，急激に宅配便ビジネスが拡大してきた理由を明らかにします（第8章）。

さらにサードパーティ・ロジスティクス（3PL）という特有な事業も，物流業者によって提供されています。これもまた，急激に拡大している物流業者のビジネスなので，理解することが重要です（第9章）。

4.4 グローバル物流の展開

経済がグローバル化するとともに，企業が国境を越えて物流をグローバルに展開するようになっています。企業は海外に進出して，国際物流を展開しています。国内の物流と異なり，この国際物流は特有の活動が繰り広げられており，その特徴を理解する必要があります（第10章）。

また，企業の国際物流に対応して物流業者が，国際物流のサービスを提供して，企業のグローバル展開をサポートしています。特に海上コンテナ輸送を提供している船会社と，航空輸送サービスを提供しているフォワーダーやインテグレーターがいます。これらの国際物流業者は特有のビジネスを繰り広げており，その内容を理解します（第11章）。

さらに，物流の在り方は国によってそれぞれ異なっています。このため，外国の物流事情を把握しておくことも必要であり，注目されている国々の物流事情を把握します（第12章）。

4.5 企業物流の環境問題対応と災害対応

企業の物流は，効率化して優れた物流システムを構築するだけでは不充分です。物流が地球温暖化や大気汚染など環境負荷を与えている現状を踏まえると，環境に優しい物流を考えて，環境負荷を減らす物流活動が求められています。具体的に，企業が環境に優しい物流をどのように展開しているのかを理解する必要があります（第13章）。

さらに，物流におけるリスク対応も，東日本大震災を経験した今では，極めて重要になっています。大規模な自然災害に直面し，サプライチェーンが寸断された状態から，どのように物流を速やかに回復して事業活動を早期に再開するかが重要な課題になっており，そのために企業は何をすべきか理解することが重要です（第14章）。

Working 調べてみよう

自分たちの知っている企業を取り上げて，その企業が物流をどのように展開しており，その物流がいかなる特徴を持っているのか調べてみよう。

Discussion 議論しよう

1. **軍隊のロジスティクスとビジネス・ロジスティクスは，どのような点が共通しているのか，そしてどこが異なっているのかを議論してみよう。**
2. **サプライチェーン・マネジメントを実際に行おうとすると，どのような課題が出てくるのか議論してみよう。**

▶▶▶さらに学びたい人のために

- 中田信哉［2014］『ロジスティクス入門（第２版）』日本経済新聞出版社。
- 森隆行［2018］『現代物流の基礎』同文舘出版。

参考文献

- 小野塚征志［2019］『ロジスティクス 4.0—物流の創造的革新』日本経済新聞出版社。
- 苦瀬博仁［2014］『ロジスティクス概論—基礎から学ぶシステムと経営』白桃書房。
- 苦瀬博仁［2017］『サプライチェーン・マネジメント概論—基礎から学ぶ SCM と経営戦略』白桃書房。
- 齊藤実・矢野裕児・林克彦［2009］『現代ロジスティクス論』中央経済社。

第2章 物流の機能を学ぶ

Learning Points

▶物流とは，輸送，保管，荷役，包装，流通加工，情報の６つの機能から成り立っています。

▶物流センターは，保管，荷役，包装，流通加工，情報の物流機能が集約されており，企業の物流において重要な役割を担っています。

▶物流の機能を充足するためには，自家物流と外部の物流業者に委託する２つの方法があります。

Key Words

輸送　保管　荷役　包装　流通加工　情報　自家物流　外部委託

1 物流の６つの機能

物流は企業が事業活動をするうえで必要不可欠なもので，企業は日々物流の活動を繰り広げています。こうした物流は，いくつかの機能が有機的に結びついています。物流を機能別に分解すると，輸送，保管，荷役，包装，流通加工，情報の６つの機能から成り立っています（図表２－1）。こうした機能がどのような特徴を持つのか理解します。

図表２－1 ▶▶▶物流の６つの機能

物流					
輸送	保管	荷役	包装	流通加工	情報

2 輸　送

企業が商品を販売すると，顧客に商品を届けなければなりません。このためには輸送が必要です。輸送とはモノを物理的に移動させて目的地に届けることです。運ばれるモノは**貨物**であり，物流におけるモノの輸送は貨物輸送となります。

そして実際にモノを輸送するためには，**輸送手段**を使います。輸送手段としては，トラック，鉄道，船舶，航空機があります。こうした輸送手段はそれぞれ特徴を持っており，企業は輸送手段の特徴を理解して，貨物に適した輸送手段を選択します。

2.1 トラック輸送

国内の貨物輸送では，トラック輸送が極めて大きな割合を占めています。図表2－2で示されているように，国内の貨物輸送においてトラックは，輸送重量のトンベースで90％以上を占めており，また，輸送距離と輸送重量でみたトンキロベースでも，50％以上を占めています。国内の貨物輸送の主役は，まさにトラックです。多くの企業が，貨物を輸送する際にトラックを使っていることがわかります。

高速道路を含めて道路網が整備されており，これを利用してトラックは，迅速な輸送を行うことができます。しかも，出発地から目的地まで直接貨物を運ぶことが可能です。他の輸送手段のように積み替えが必要なく，輸送時間を短縮できます。指定した時間に正確に届けるジャストインタイム輸送が求められており，迅速に届けることができるトラック輸送は，こうした貨物輸送のニーズに適合しています。

さらに，輸送コストも他の輸送機関に比べ相対的に安く提供されます。物流コストを削減したい企業にとって，トラック輸送を使うことで輸送コストを抑えることが可能となります。こうしたことも，トラック輸送の利用が拡

図表２−２ ▶▶▶ 国内貨物輸送機関分担率　（2016年度）

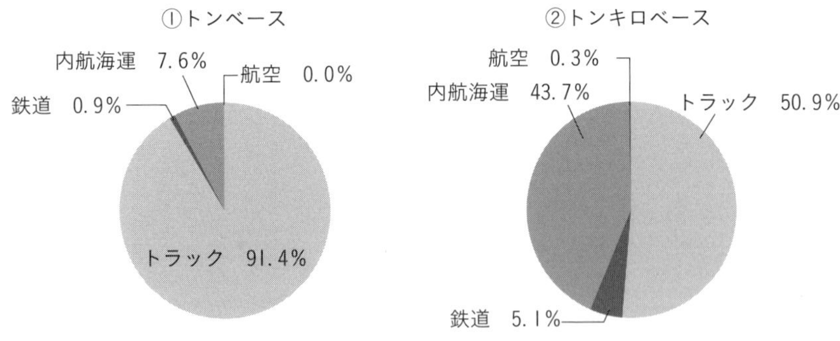

出所：日本物流団体連合会［2018］『数字でみる物流』。

大してきた大きな要因です。

しかし，最近ではトラックを運転するドライバーが大幅に不足しており，このためトラック輸送の供給が制限されるようになっています。このため必要なトラック輸送が充分に供給されなかったり，トラックの運賃が上昇したりしています。運賃の上昇が企業の輸送コストの増加をもたらしており，企業の物流に大きな影響を与えています。

トラック輸送の課題は，環境への負荷が大きいことです。トラックの排出ガスは，地球温暖化や大気汚染の大きな原因の１つとなっています。このために，環境負荷の少ない鉄道や内航海運に輸送手段を変えることも，一部で行われています。

2.2 鉄道輸送

鉄道は，大量の貨物を相対的に低いコストで長距離輸送するのに適しています。したがって，北米などの広大な大陸を長距離輸送する場合に，その真価を発揮します。しかし，日本のように国土面積が狭いところでは，トラック輸送が急激に拡大するなかで，本来持っている輸送機関としてのメリットを発揮することが難しいのです。その結果，鉄道の貨物輸送機関分担率はトンベースで１％，トンキロベースで５％程度です（図表２−２）。

鉄道による貨物輸送は，2つの領域があります。1つは，石油，石灰石，セメントなど，鉱物資源や原材料を大量輸送する分野です。これは，専用の貨車にこうした貨物を積んで，港湾から工場などへ輸送します。貨物を満載した貨車を連ねて列車を編成するので，大量輸送が可能です。こうしたやり方は，**車扱い**と呼ばれています。

これに対して，もう1つの輸送の領域は，**鉄道コンテナ輸送**です。これは，統一して規格化されたコンテナの中に貨物を入れて，コンテナを運ぶ方式です。貨物を出荷するところで貨物を詰め込まれたコンテナは，トラックで貨物駅に運ばれ，貨物駅で鉄道貨車に載せられて，コンテナ専用の列車が編成されます。これが発の貨物駅から着の貨物駅まで定期的に運行されます。さらに，コンテナは，到着の貨物駅でトラックに積み替えられ，最終目的地まで運ばれます。

鉄道貨物輸送のメリットは，トラックに比べて環境への負荷が少ないことです。このために，トラックから鉄道へ，そして同じく環境負荷の少ない内航海運へ，輸送手段を変えることが推奨されました。これを**モーダルシフト**といいます。特に，鉄道コンテナ輸送は，モーダルシフトの重要な受け皿となっています。

2.3 海上輸送

わが国は，四方を海に囲まれている島国ですから，船による貨物輸送は海上輸送が中心となります。一般的に海上輸送は海運とも呼ばれています。そして海上輸送は，国内の貨物を運ぶ**内航海運**と，外国からの輸入貨物や外国への輸出貨物を運ぶ**外航海運**に分かれています。

内航海運は国内貨物輸送のトンベースで7.7%，トンキロベースでは43.3%を占めています。トンキロベースのウエイトが大きいことから，内航海運がいかに長距離を輸送しているのかがわかります（図表2－2）。

これに対して外航海運は，わが国の輸出･輸入に伴う国際貨物輸送のうち，重量ベースで99%を占めており，国際貨物輸送の圧倒的部分を担っています。

海運の場合，運び方は2つに分かれています。1つは**不定期船**で，**トランパー**とも呼ばれています。これは，石炭，鉄鉱石，石油，天然ガスなどの鉱物資源，穀物や大豆などの農産品，鉄鋼，セメントなどの基礎資材，さらには自動車といった，かさばる貨物や重量の貨物を対象にして輸送するものです。それぞれの貨物の輸送に適した専用の船舶が使用されています。こうした貨物を対象に，港と港のあいだを不定期に運航することから，不定期船と呼ばれています。天然資源や食糧を海外に大きく依存しているわが国では，これらの輸入に不定期船が大きな役割を担っています。

これに対して，もう1つが**定期船**による輸送です。定期船は**ライナー**とも呼ばれています。これは，決められた時間に，港と港のあいだを運航して，貨物を運ぶものです。統一されて規格化されたコンテナを使い，そのコンテナを専用に運ぶ船舶が**海上コンテナ船**で，港と港を定期的に運航しています。

日本の工場で生産された工業製品は，世界各地で販売され消費されます。また多くの製品が海外から輸入されています。こうした工業製品などが海上輸送されますが，それを担うのが外航海運の海上コンテナ船です。ますます巨大な海上コンテナ船が建造されて，世界の主要な都市の港湾と港湾を定期的に運航されて，大量のコンテナを輸送します。

また，国内での貨物輸送に従事する内航海運でも，定期船として海上コンテナ船が使用されています。これと同じ定期船として，人と貨物を一緒に運ぶフェリー船や貨物専用のRORO船も使用されています。

2.4 航空輸送

航空輸送は，長距離を短時間で運ぶことが可能です。1回の輸送量は多くはありませんが，輸送スピードが他の輸送手段に比べて格段に速いのが大きな特徴です。トラックや鉄道で数日間かかる距離でも，航空機では数時間で運ぶことができます。

それとともに，輸送のコストは他の輸送手段と比べ格段に高くなります。したがって，早く届けることが必要な高額な製品や，短時間の移動で鮮度の維持が重要な高級な食材など，高い付加価値の貨物でスピード輸送を必要とする貨物が航空輸送で運ばれています。

また，アメリカやヨーロッパなどに商品を輸出するときに，海上コンテナ船ですと最終目的地に到着するのに数週間以上かかりますが，航空機であれば数日で最終目的地に届きます。航空輸送のコストは，海上コンテナ輸送に比べて格段に高くなりますが，貨物は輸送過程でも在庫となるので，迅速に届けることのできる航空輸送は，在庫期間を大幅に短縮できます。国際物流において在庫期間の削減を図りたい企業は，航空輸送を利用します。

3 保管と在庫管理

3.1 保　管

メーカーは工場で製品を大量生産します。それは現在消費され製品だけでなく，近い将来消費される製品もあらかじめ生産します。こうした製品は，どこかで蓄えておくことが必要です。また，特定の季節に使われる製品は，その季節の前から製造して蓄えておきます。さらに，ネット通販の小売業でも，注文に応じてすぐ商品を顧客に届けるためには，あらかじめ一定の商品を手元に置いておくことが必要です。このように，企業活動において，製品，さらには原材料，部品，半製品など，モノを一定期間にわたって保管することが必要です。こうした保管は，物流における重要な機能になります。

保管する施設が**倉庫**です。倉庫はさまざまなモノを保管しています。保管するものによって，倉庫はさまざまな種類に分かれています。工業製品などの一般の製品を保管するための普通倉庫や，食料品や医薬品など温度管理が必要な冷凍倉庫や冷蔵倉庫があります。また，石油や化学薬品など爆発する危険性のあるものを保管するには，危険物倉庫が使われます。

保管という物流機能は，**物流センター**でも行われています。この物流センターは，流通センター，ロジスティクスセンターとも呼ばれています。かつ

ては，倉庫での保管は長期間にわたりました。しかし，最近では保管する期間が短くなり，それと同時に注文に応じて素早く取り出して，出荷できることが重要となっています。このため，物流センターでは，機械で自動的に格納できたり取り出したりできる**自動倉庫**が導入されています。

その他の保管する施設として，**デポ**があります。これは，小規模で短期間の保管が行われ，配送に便利なように顧客の近くに設置される小規模の物流施設です。

3.2 在庫管理

倉庫や物流センターで商品などモノを保管しますが，これらは企業の在庫となります。**在庫**とは，メーカーが持っている原材料，部品，半製品，製品や，卸売業や小売業が販売するためのさまざまな商品となります。こうした在庫を適切に管理することが，企業の活動にとって非常に重要になります。

販売する商品の需要は大きく変動します。このため，顧客から注文に商品が不足することのないように，当面必要と考えられる量は在庫として持っていることが必要です。注文を受けたときに商品の在庫がない状態を**欠品**といいますが，これはせっかくの販売機会を失い，顧客の信頼を損ねます。こうならないために，在庫を多く持ったほうが良いようにも思えます。

しかし，不足することが心配だと考えて商品を多く在庫すれば，**過剰在庫**となってしまいます。それは別の問題をもたらします。在庫を多く持てば，その分保管するスペースが必要で，在庫するために倉庫を借りる費用が増えます。

また，多くの在庫を長く抱えていると，その分資金の回収が遅れ，お金を借りていると金利費用が発生します。さらに，売れない場合に値下がりする可能性が高まります。安売りして在庫をさばこうとすると，大きな損失を出します。このように，安心を求めて多く在庫しようとすると，大きな問題が発生します。

そこで，需要の変動に応じて，欠品が起きないように，そして在庫を持ちすぎて在庫のコストを増加させないように，適正な在庫を維持することが必要となってきます。このように，在庫を適正に維持する**在庫管理**が重要となります。

適正な在庫管理を行うためには，欠品を防いで過剰在庫を起こさない手法が導入されています。安全在庫を維持して定期的に発注する定期発注法や，毎回同じ量を発注する定量発注法などです。こうした手法によって，常に適切な在庫を維持することが重要になります。

4 荷 役

4.1 荷役の機能

荷役（にやく）とは，トラック，鉄道，船舶，航空機の輸送手段に貨物を積み込んだり，貨物を下ろしたりすることです。さらに，荷役は倉庫や物流センターなどの物流施設に，貨物を搬入したり搬出したりすることや，物流施設内で貨物を取り扱うことも含みます。

したがって，荷役は貨物の積み替えで輸送と輸送をつないだり，輸送と物流施設をつないだりする役割をします。そして，荷役が行われる場所は，鉄道貨物駅，港湾，空港，倉庫，物流センターなどになります。

輸送手段へ貨物を積み込んだり積み下ろしたりするのは，人手に依存していると多く作業員を必要とし，さらに荷役作業に多くの時間がかかります。このため，荷役を合理化する仕組みが導入されています。機械化して人間労働を軽減するのですが，そのためにコンテナやパレットが重要な役割を果たしています。

4.2 荷役の合理化

コンテナは「容器」や「箱」を意味します。大きさが統一されたコンテナ

図表２－４ ▶▶▶ 国際標準のコンテナ

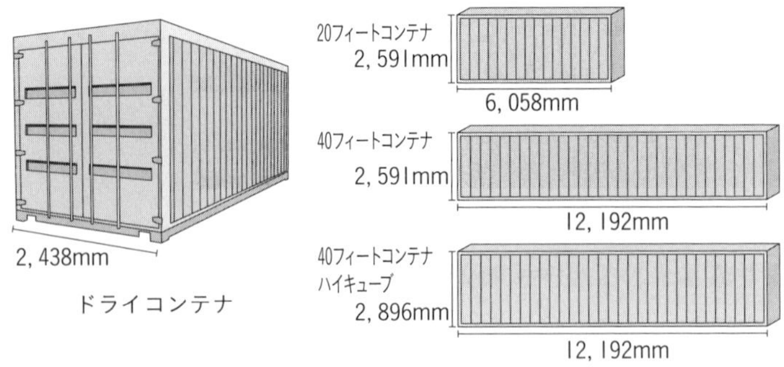

に貨物を積み込み，そのコンテナを運ぶことによって，荷役が大幅に効率化されます。鉄道や船舶でコンテナ輸送が行われますが，鉄道貨物駅ではトラックで運ばれたコンテナを，大型のフォークリフトを使用して鉄道の貨車を簡単に積み替えることが可能です。また海上コンテナ船が寄港する港湾でも，コンテナを使用することで，ガントリークレーンという大型クレーンを使い，短時間のうちに大量のコンテナを積み下ろしできます。そして，簡単にトラック・トレーラーに乗せ換え，目的地まで運ぶことが可能となります。コンテナは国際標準になっており（図表２－４），国内だけでなく世界で同一規格になっていて，どこでも簡単に荷役が可能となっています。

パレットも荷役を合理化することができます。統一されたサイズのパレット上に貨物を積み，フォークリフトを使用すれば，簡単にトラックに積み込んだり，積み下ろしたりすることができます。また，倉庫や物流センター内の貨物の移動や保管にも，フォークリフトは効率的な作業を可能にします（図表２－５）。パレットを使用することによって，人に頼った荷役作業から解放され，短時間で貨物の移動や積み下ろしができるようになり，荷役の合理化に大きく貢献しています。

4.3 物流センターのピッキングと仕分け

荷役は，倉庫や物流センターなど物流施設内の貨物の取り扱いも含んでい

図表２−５ ▶▶▶ パレットとフォークリフト

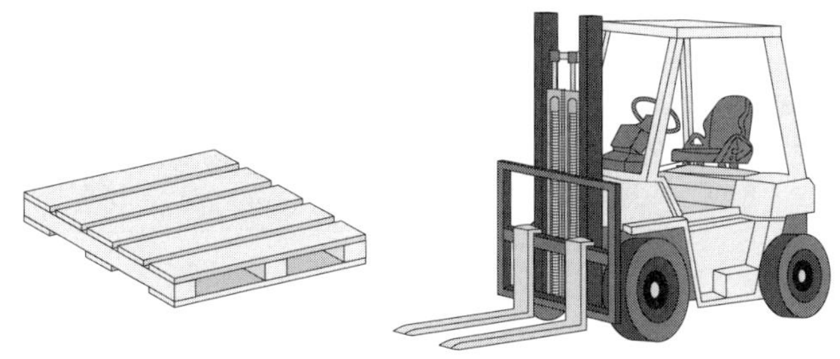

ます。物流センターで重要な荷役作業が**ピッキング**です。ピッキングとは「つまむ」ことを意味し，集品や品揃えなどといわれています。物流センターは，多数の商品を保管していますが，顧客から注文のあった商品を選んで取り出す作業がピッキングです。

かつて顧客からの注文は，工場で生産されて出荷された状態の段ボールに包装されたケース単位でした。しかし，今では，ケースをばらして製品を１つひとつ取り出さなくてはならない単品の注文が多くなりました。このため，注文に応じて単品を選び出して品揃えする作業が必要となります。このピッキングの作業がとても煩雑になっています。

物流センターでは，これを効率的に行うために，ピッキング専用の機器が導入されています（**図表２−６**）。

ベルトコンベヤで運ばれてきた箱に，作業員が棚にデジタル表示された商品をピッキングするデジタルピッキングや，作業員がカートから指示された棚をまわってピッキングするピッキングカートが使用されています。

また最近では，物流ロボットがピッキング作業に導入されています。物流ロボットが商品の入った棚を自動的にピッキングする作業員に運びます。ピッキングには多くの作業員が必要となりますが，物流ロボットの導入によって省力化することができます。

そして，物流センター内では，ピッキングをした後に**仕分け**が必要です。物流センターから各方面にトラックで運ばれますが，そのトラックごとにピッキングした貨物を仕分ける必要があります。多方面にわたって仕分ける作

図表２-６▶▶▶デジタルピッキング，ピッキングカート，物流ロボット

デジタルピッキング

ピッキングカート

物流ロボット

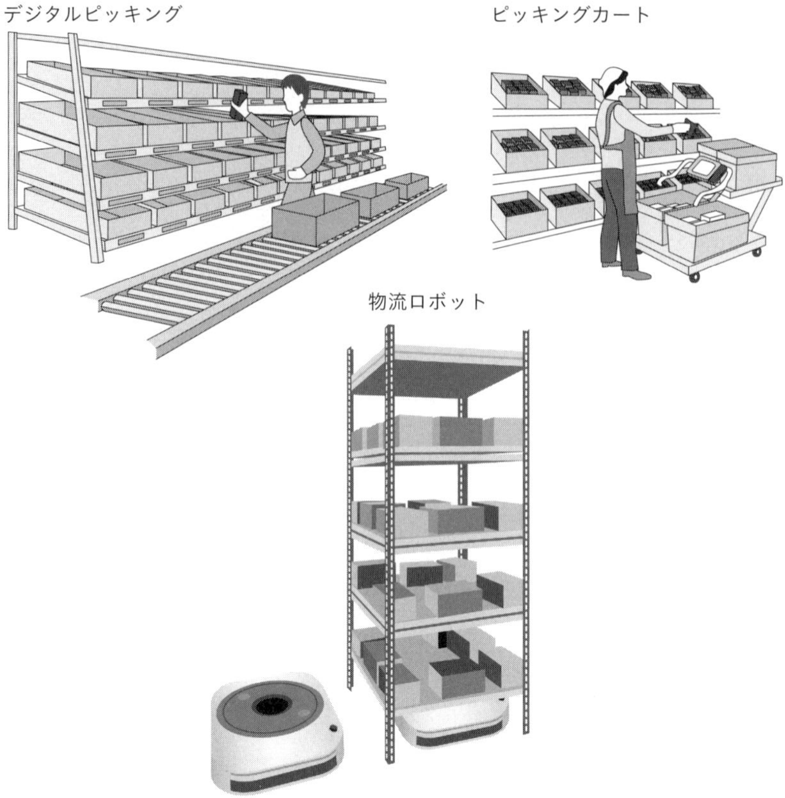

図表２-７▶▶▶高速自動仕分け機

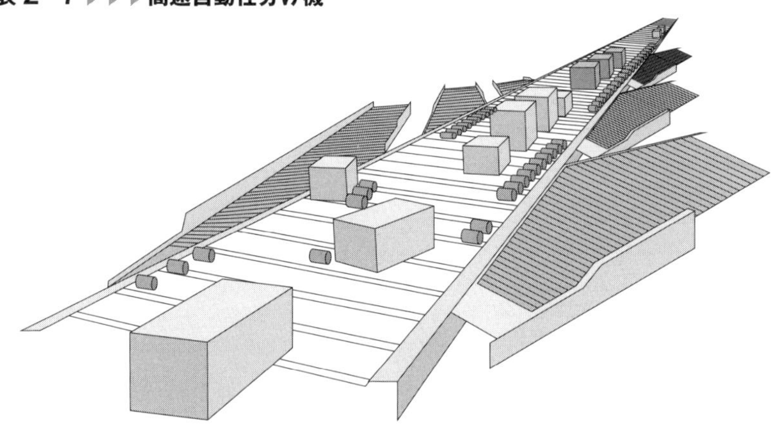

業は大変ですが，**高速自動仕分け機**（図表２－７）という大型機器が導入されており，短時間で方面別に仕分けることが可能となっています。

5 包装と流通加工

5.1 包　装

製品を輸送するときに，振動によって製品が壊れる可能性があります。さらに，製品を荷役する際に製品を落としてしまい，その衝撃で製品が壊れてしまう場合もあります。こうした製品の破損を防ぐために，輸送する前に製品を保護するために行うのが包装です。パッケージングやパッキングといわれます。

物流センターでは，注文に応じてピッキングし，製品をダンボール箱にいれて包装してトラックに積み込みます。段ボール以外にも**通い箱**と呼ばれるプラスティックの容器に入れて輸送される場合もあります。

最近では，ネット通販の場合に，個々の消費者から注文があった製品を，それぞれ段ボール箱に個別に包装しています。こうした包装が行われて，そのまま消費者に送られます。特に，ネット通販では物流の過程での包装が重要になっています。

5.2 流通加工

流通加工とは，製品が流通している段階で加工することです。具体的には，倉庫や物流センターでさまざまな加工が行われています。例えば衣料品では，小売店で販売する前に値札付け，ラベル貼り，ハンガーかけが行われます。さらに食品関連では，生鮮食品の解体や小分けパック詰め，贈答品の詰め合わせなどが行われています。

6 情　報

6.1 物流の情報システム

最近では，コンピュータと通信が結合したIT（情報技術）が著しく発達しています。物流でもこうしたITを積極的に利用して，必要な物流過程で迅速に正確に情報が伝えられ，一連の作業が正確により効率的に行えるように支援することが可能です。物流において特に重要な情報システムとして，次のものがあります。

6.1.1 受発注システム

受発注に使用されているのが**EDI**（Electronic Data Interchange: 電子データ交換）です。従来発注は電話やファクスで行われていましたが，人による作業は手間がかかり，ミスが発生します。そこで，これを発注者側のコンピュータで注文が入力されると，専用の通信回線やインターネットで結ばれて発注情報を受注側がコンピュータで受け取るようにします。これにより，一度に大量の受発注が瞬時に正確に行われます。しかも，受注した情報は，そのまま後の一連の物流作業に使うことができます。

6.1.2 倉庫管理システム

WMS（Warehouse Management System: 倉庫管理システム）は，倉庫や物流センターにおける製品の保管と製品の一連の流れを管理する仕組みです。在庫の状況を把握して在庫管理するだけでなく，物流センター内の貨物の搬入，どこに置くのか，格納，ピッキング作業，仕分け作業といった，一連の作業の支援を行う情報システムです。

6.1.3 輸送管理システム

TMS（Transportation Management System：輸送管理システム）は，物

図表２－８ ▶▶▶バーコード，QR コード，RFID タグ

バーコード

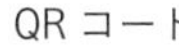

RFID タグ

流センターからの配送を効率化するための情報システムです。多数の顧客の配送先を回る場合に，トラックの積載率を最大にして，最も少ないトラックの台数で配送できるように，さらに各トラックが最短距離の輸送ルートで回れるように配送を支援します。

6.1.4 貨物識別

それぞれの貨物を識別できる仕組みもまた，情報システムを支えるうえで重要な役割を演じています。**バーコード**（図表２－８）を貨物に印刷することによって，物流センターの搬入，保管，ピッキング，仕分け，積み込みの作業を正確に迅速に行うことを可能にしています。

バーコードは一次元バーコードと呼ばれており，データ容量が少ないために，最近ではデータ容量が大きい **QR コード**が導入されています。さらに，双方向で情報のやりとりが可能で，大量のデータの入力が可能な電子タグと呼ばれる **RFID**（Radio Frequency Identification）も導入されるようになっています。

7 物流の機能の実際

7.1 物流センター機能

物流の機能が，実際の企業の活動の中で，どのように結びついて働いてい

図表２−９ ▶▶▶ 物流センター機能

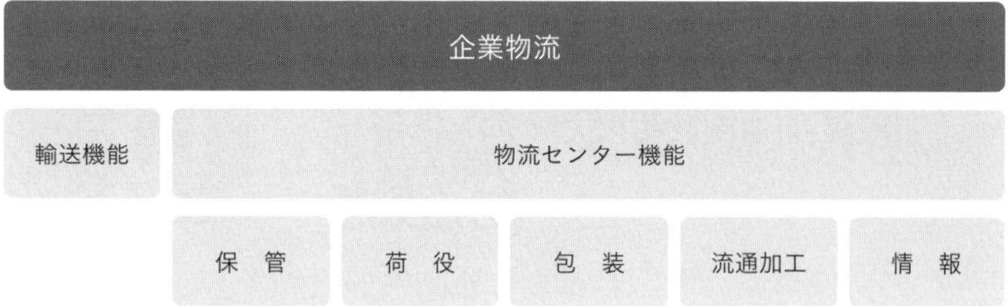

るのか，企業物流の一般的なケースを見てみることにします。

物流の６つの機能を実際の企業活動の中でみると，物流センターに多くの機能が集中して行われています。物流センターは，企業の物流において特に重要な役割を担っています。**図表２−９**で示されているように，物流センターでは，保管，荷役，包装，流通加工，情報の機能が集約されて行われています。

7.2 実際のプロセス

それでは，物流センターを中心として物流機能がどのように連動しているのか，**図表２−10**を見てみましょう。

まず，顧客から発注が行われます。これは情報の機能の重要な部分で，EDI を通して発注情報が物流センターに送られます。この情報は物流センターの情報システムとリンクされています。受注情報が物流センターの中で WMS に接続して，WMS によって利用されて一連の作業が行われます。

あらかじめ商品は自動倉庫などに保管されており，その商品が保管場所から取り出されて，注文に応じてピッキングされます。WMS と連動してデジタルピッキングやピッキングカートで迅速に正確に行われます。ピッキング後に必要な流通加工がなされ，その後に輸送で商品が傷まないように包装されます。そして，包装後に高速自動仕分け機で配送エリアごとに仕分けされます。

図表2-10 ▶▶▶物流のプロセスと機能

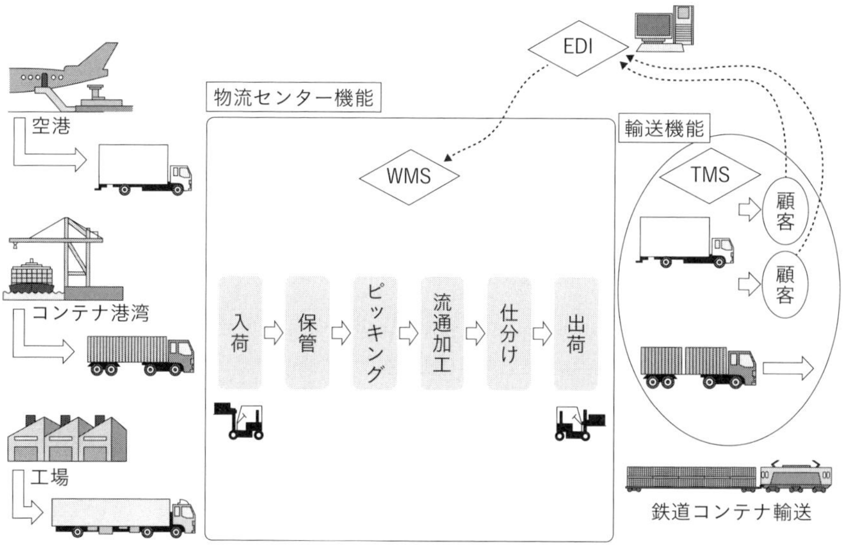

包装され仕分けされた商品はパレットに乗せられて，フォークリフトを使用してトラックに積載されます。あるいは，鉄道を利用するには鉄道コンテナに製品が積載され，物流センターからトラックが出発します。こうして輸送が行われます。物流センターを基点とした周辺地域であれば，配送がTMSによって管理されて，効率的な輸送が行われます。

物流センターへの商品の搬入も行われます。そのためには，工場から大型トラックで，一度に大量の貨物が輸送されます。荷役でも，あらかじめ工場の出るときにパレットに乗せられているために，フォークリフトで短時間で効率的な荷役が実現されます。商品が輸入された場合，港湾で海上コンテナ船から荷下ろしされ荷役されたコンテナは，トラックで運ばれて物流センターに到着し，コンテナが開けられて物流センターで積み下ろしが行われます。

このようにして，企業の物流において，物流センターを中心として，前後に輸送，そして物流センターの中で，保管，荷役，流通加工，包装，そして情報の各機能が充足されているのです。

Column 増加する物流センターの建設

アメリカのアマゾンは巨大な物流センターを全米各地に持っています。そこでは，広大なスペースに膨大な数の商品が保管されていて，数多くの作業員がネット通販で顧客から注文があった品物をピッキングしていきます。作業員は，商品の置かれている棚をまわってピッキングするのですが，1日20kmを超える距離を歩き回ることになります。

現在ではアマゾンの物流の現場に，大量の物流ロボットが導入されています。物流ロボットが，ピッキングする作業員のいる所に商品を積んである棚を自動的に運んでいきます。作業員は一定の場所にいて，物流ロボットが運んできた棚から商品を取り出しピッキング作業をするのです。

物流ロボットを導入することによって，物流センター内の作業を大幅に効率化できます。また，物流ロボットによって，必要とする作業員を大幅に削減でき，物流センターの省力化を図れます。

物流センターの省力化といえば，中国ではさらに進んでいます。ネット通販の京東（ジンドン）は，物流ロボットをはじめさまざまな自動化設備を備えて，人手を全く必要としない無人の物流センターを稼働させています。

8 物流機能の主体

企業活動を行う上で，それぞれの物流の機能が必要不可欠ですが，こうした物流の機能はどのように提供されるのでしょうか。基本的に，2つの方法があります。

1つは，企業がこうした物流の機能を自ら充足する方法です。具体的には，物流センターを自社で持ち自社の従業員で一連の作業を行います。また，輸送のためのトラックも企業自身が所有して，自社の従業員を運転させて商品を運びます。これは，企業自身が必要な物流の機能を自分たちでまかなっているため，**自家物流**と呼ばれます。

これに対して，もう1つの選択肢は，企業の必要な物流の機能を外部の専門業者に委託して行うことです。こうしたことは，**外部委託**または**アウトソーシング**といいます。そして，こうした物流機能を提供する企業が存在しています。こうした企業が**物流業者**です。

物流機能のうち特に輸送では，運賃を支払ってトラック運送業者に委託することが一般的に行われてきました。輸送に関しては，外部委託する場合がこれまで多くありました。

しかし，最近の特徴として，輸送機能だけでなく，物流センターの機能も専門の物流業者に外部委託するケースが増えています。これは**3PL**（サードパーティ・ロジスティクス）と呼ばれています。物流センターそのものを物流業者が提供し，物流センター内の一連の作業も物流業者が行います。必要な物流システムの運営と管理も物流業者に委託するのです。

Working　調べてみよう

1. 実際に企業がどのような輸送手段を選んで使っているのか，そしてなぜその輸送手段を選んだのか理由を調べてみよう。

2. コンテナおよびパレットの導入で，どのように荷役が合理化されているのか調べてみよう。

3. 物流センターにおいて実際に行われている作業の内容と，そこでどのような機械や情報システムが導入されているか調べてみよう。

Discussion　議論しよう

1. 環境に優しい輸送手段として鉄道と内航海運がありますが，企業がこうした輸送手段へモーダルシフトするためには何が必要なのか議論してみよう。

2. 物流センターは重要な役割をはたしていますが，物流センターで行われている機能を効率化するためには，どのようなことが必要なのか議論してみよう。

3. 自家物流を行うのか，外部委託するのか，企業はどのように決めているのか議論してみよう。

▶▶▶さらに学びたい人のために

●苦瀬博仁［2014］『ロジスティクス概論―基礎から学ぶシステムと経営』白桃書房。

●苦瀬博仁・坂直登監修　中央職業能力開発協会編［2011］『ビジネス・キャリア検定試験標準テキスト　ロジスティクス・オペレーション２級（第２版）』社会保険研究所。

参考文献

- 苦瀬博仁・梶田ひかる監修　中央職業能力開発協会編［2012］『ビジネス・キャリア検定試験標準テキスト　ロジスティクス管理2級（第2版）』社会保険研究所。
- 苦瀬博仁［2017］『サプライチェーン・マネジメント概論―基礎から学ぶSCMと経営戦略』白桃書房。
- 寺島正尚［2010］『事例で学ぶ物流戦略』白桃書房。
- 中田信哉［2014］『ロジスティクス入門（第2版）』日本経済新聞出版社。
- 森隆行［2018］『現代物流の基礎』同文舘出版。

第3章 物流を管理する

Learning Points

- ▶トレードオフ関係にある物流サービスと物流コストを適切に管理することの重要性を理解します。
- ▶企業は，主要業績指標（KPI）を設定し定量的に物流を管理しています。
- ▶物流サービスや物流コストの現状とともに，パレート分析やABC等の基本的分析手法を学びます。
- ▶伝統的な在庫管理の方法に加えて，日本の特徴である多頻度小口物流と在庫削減について理解を深めます。

Key Words

物流サービス　5R　KPI　パレート分析　ABC

1 物流管理はなぜ重要なのか

1.1 顧客サービスと物流サービス

私たち消費者は，さまざまな商品をコンビニやスーパーマーケット，百貨店，ネット通販等で買っています。品質，デザイン，技術といった物理的な特性や価格だけでなく，その商品が簡単に入手できるかどうかも考えて選びます。

例えば，パソコンを買う場合はどうでしょうか。まず，自分が必要な機能を満たす物理的特性（CPU性能，ハードディスク容量，メモリ容量等）があり，予算内で買えるパソコンを探すでしょう。さらに，パソコンが店頭にあるのか，数日後に宅配されるのか，品切れ中であればいつごろ入手できるのかなど，いろいろ比較するのではないでしょうか。物理的特性が優れた商品でも何日も待たなければならないとしたら，買わないかもしれません。

図表 3－1 ▶▶▶商品の品質（物理的品質と顧客サービス）

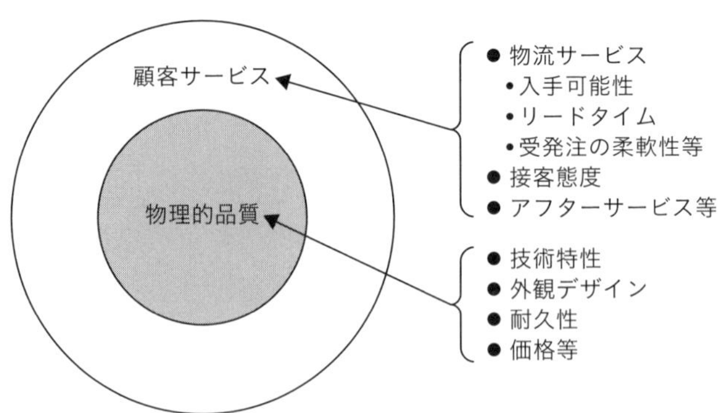

このように，商品の品質は，物理的な品質や価格だけでは決まりません。商品の入手可能性や購入時の接客態度，商品の配送・据付，アフターサービス等，さまざまなサービスも重要であり，これらを**顧客サービス**と呼んでいます。商品の品質は，物理的品質と顧客サービスにより構成されるのです（**図表3－1**）。

顧客サービスの中で，物流サービスは重要な役割を果たしています。ここで，**物流サービス**は顧客ニーズに対応して商品を届けるサービスをいいます。「適切な商品を適切な場所に適切な時間，適切な状態，適切なコストで届ける」ことを物流サービスの**5R**（5 Right）と呼んでいます。

1.2 企業における物流管理の重要性

日本の消費市場は，急速に成熟化が進んでいます。消費者に商品が行き渡るなかで，生活を維持するためだけの消費ではなく，上質で安全な生活や満足を実感できる消費を求めるようになっています。その一方で，賃金の伸び悩みが続き，より低価格商品を求める動きもあります。企業にとって，物流サービスの5Rがますます重要になっています。

ここで問題となるのが，物流サービスを提供する際のサービス水準とコストとのトレードオフの関係です。企業が物流の仕組みを変えないとすると，

図表３－２ ▶▶▶ 物流管理のトレードオフ

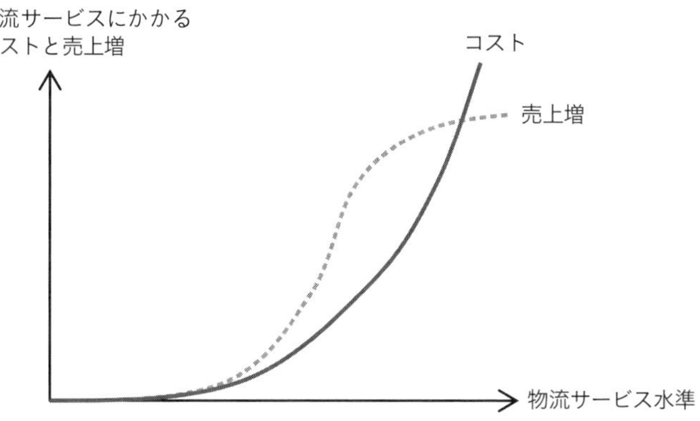

物流サービスの水準を上げればコストも急増します(図表３－２)。例えば，短時間で商品を届けるためトラックの積載率が低い状態で輸送すると，輸送コストが増加します。また，物流センターでの処理速度を上げるために作業員を増やしていくとコストが増加していき，処理能力の限界に近づくと混雑のため急激にコストが増加します。

一方，物流サービスを向上させると，最初のうちは売上が増えていきます。しかし，一定のサービス水準を超えると，顧客満足度は向上しなくなり売上増加に貢献しなくなります。したがって，トレードオフに注意して，顧客別やグループ別に物流サービスとコストを適切に管理し，最適なバランスをとることが必要です。

1.3 企業経営における物流管理の位置付け

企業経営の中で，物流部門は，生産，販売，調達といった部門と同様にその活動を経営目標に沿って管理していかなければなりません。そのためには，全社的な経営目標を物流管理に繋げて考える必要があります（図表３－３)。

まず売上増加と物流サービスの関係をみると，前述のように物流管理を通じた物流サービスの向上は，売上増加に寄与します。

図表3-3 ▶▶▶経営目標と物流管理

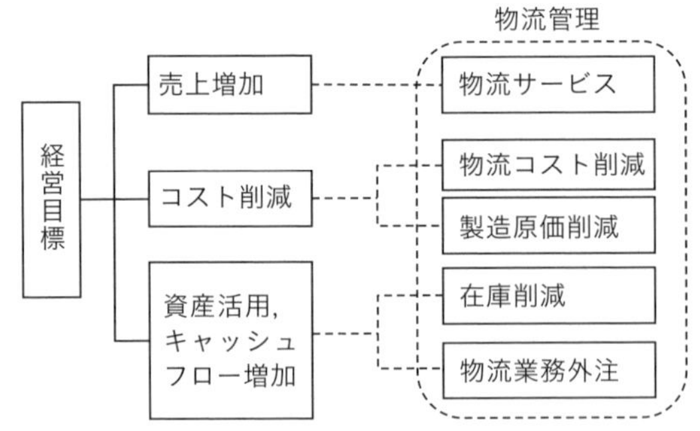

次にコスト削減についてみると，物流部門の物流コスト削減が全社的なコスト削減に直接つながります。また製造原価に含まれる引取運賃等のコスト削減にも関係します。

最後に，在庫削減と物流業務外注は，資産の活用やキャッシュフローの改善に寄与します。倉庫に保管された製品，半完成品，原材料等の在庫削減は，流動資産の圧縮に貢献します。在庫が削減されれば，在庫に固定されていた資金が減り，その分キャッシュフローが増加します。また，物流業務外注化により自家用トラックや倉庫等の施設を削減できれば，固定コストの流動化を図ることが可能になります。

1.4 物流管理の主要業績評価指標（KPI）

物流管理では，他の分野と同様にPDCAサイクルを繰り返して，改善を進める必要があります。ここでPDCAは，計画（Plan），実施（Do），検証（Check），見直し（Act）です。期間別に，企業の目標に合致した物流管理の目標と計画が策定されます（P）。この計画を実施し（D），その達成度を評価し（C），計画の改善（A）を行います。

PDCAサイクルでは，適切な評価指標を設定して定量的に管理することが重要です。そのための指標に，KGI（Key Goal Indicator：経営目標達成指標），**KPI**（Key Performance Indicator：主要業績評価指標）があります。

図表３－４ ▶▶▶ 経営目標に対するKPIの設定

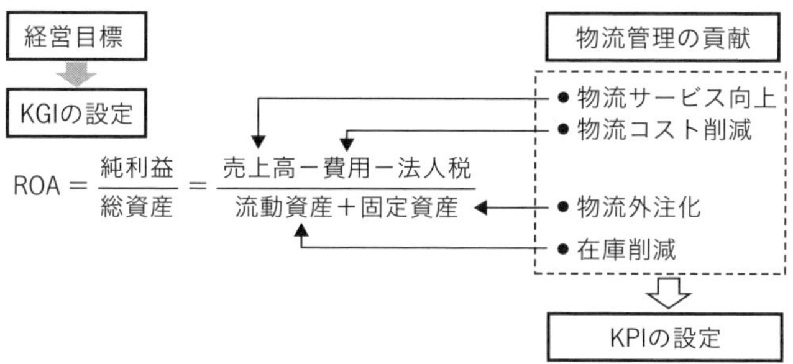

KGIは企業の経営目標を定量的に評価する指標であり，KPIは，実際の活動状況を指し示すものです。

KPIはKGIに対応して設定されます。KGIとしてよく用いられるROA（Return on Assets：総資産利益率）は，**図表３－４**のように分解することができます。ROA増加に対し，物流管理は物流サービス向上，物流コスト削減，物流外注化，在庫削減等で貢献することができます。物流管理のKPIは，これらの貢献を測定できるような指標を設定しますが，具体的な指標の設定は企業によって異なっています。

2 物流サービスの管理

2.1 物流サービスのKPI管理

諸外国と比べ，日本の物流サービス水準は優れているといわれています。実際，多頻度小口配送やジャストインタイム納品が広まっており，物流管理のなかでも物流サービスの管理は重要な課題となっています。

業種や商品，顧客によって，物流サービスで重視する要素は異なりますが，必要に応じて様々なKPIが用いられています。一般的に用いられているKPIの例を**図表３－５**に示します。企業は，過去の実績値や業界平均等を参考に目標水準を定めてKPIを管理しています。

図表3－5 ▶▶▶物流サービスにかかるKPIの例

KPI	定義例	平均値
利用可能性（アベイラビリティ）	受注時に即納できた比率	97.71％
欠品率	即納不可能な比率（1－アベイラビリティ）	2.29％
納品リードタイム	発注から納品までの時間	46時間
注文ロットサイズ	1回の発注で最低限必要な単位（コンテナ，パレット，カートン等）	—
受注締切	最終の受注締め切り時間や受注頻度	—
受注条件	FAX，電話，EDI等の受注条件	—
誤出荷率	出荷件数に対する誤出荷件数の比率	94ppm
遅配率	出荷件数に対する遅配件数の比率	298ppm
付帯作業	軒先渡し，据付作業等の有無	—
緊急出荷	緊急出荷対応を受け付けるかどうか	—
流通加工	値札付け，ラベル貼り，専用伝票発行等の有無	—
返品	返品条件の設定	—

注：平均値は全産業の平均値。ppmは100万回に対する回数の比率。
出所：日本ロジスティクスシステム協会。

2.2 パレート分析

物流サービス水準は，すべての顧客や商品に対して一律に設定するのではなく，その重要性に応じて設定する必要があります。その際の基本的な分析方法が**パレート分析**です。重要な順にA，B，Cのようにグループ分けすることから，ABC分析とも呼ばれています。もちろん実際には，3区分にとどまらず企業の必要性に応じて詳細に分類管理しています。

売上高を分類基準とする場合には，まず売上高が多い順に商品を並べ，売上高シェアと累積シェアを計算し，累積シェアによってグループ分類を行います。図表3－6の例では，売上高が多い商品順にl，p，cをAクラス，y，j，u，b，zをBクラス，それ以外をCクラスに分類しています。

パレート分析で商品を分類したら，次に分類別に物流サービス水準を決定します（通常は，重要性が高い順に高い物流サービス水準を設定）。例えば

図表３－６ ▶▶▶ パレート分析の例

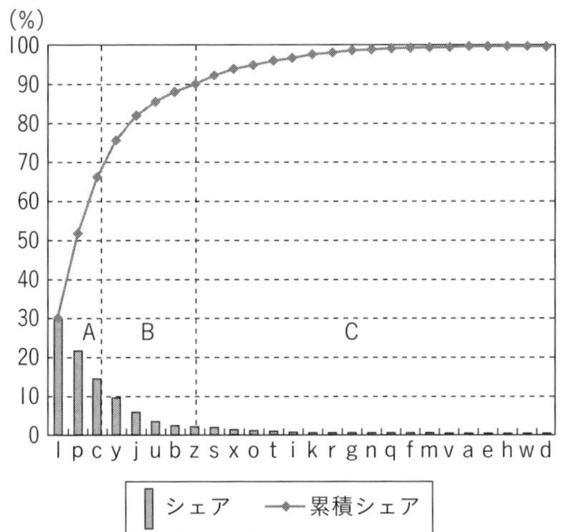

Aランク商品では在庫を多めに保有し欠品率を下げる一方，Cランク商品では長めのリードタイムを許容して在庫を集中保管するなどします。

このとき，物流サービスの提供にかかる物流コストにも十分に配慮しなければなりません。商品分類別の物流コスト算定には，後述のABC（Activity Based Costing：活動基準原価計算）を用います。

3 物流コストの管理

3.1 物流コストの算定

物流コストは，輸送，配送，保管，流通加工等，物流活動によって発生するコストから構成されます。しかし，法律に基づいて作成が義務付けられている財務諸表では，外部の物流業者への支払いコストしかわかりません。

この問題を指摘したのが，**物流コスト氷山説**です。同説は，財務諸表では分からない自家物流コストを水面下の氷山にたとえ，自家物流コストを管理する重要性を指摘しました。自家物流コストを含めて物流コストを削減することは，売上高増加，製造原価低減に続く第3の利潤源になると喧伝され，日本企業は物流コスト削減に取り組むようになりました。

この動きは，管理会計手法を用いた物流コスト管理に繋がりました。旧通商産業省が**物流コスト算定マニュアル**（1992年）を策定したこともあり，多くの企業が物流コスト算定を行っています。

3.2 物流コストの現状

企業の物流コスト削減努力により，売上高に対する物流コストの比率は長期的に低下傾向にありましたが，近年では物流コスト削減策がひととおり普及し底打ち状態にありました。最近では，労働力不足の影響を受け上昇する気配を見せています（図表３－７）。

業種別には，小売業（通販），食品（要冷蔵）製造，窯業・土石等で特に高い比率となっています。一方，高価格品を扱う業種では売上高に対する物流コストは低くなっています（図表３－８）。

支払い形態別にみると，アウトソーシング傾向を反映して，自家物流費の構成比が低下を続け，全物流コストの15%になりました。物流機能別では，

図表３－７ ▶▶▶ 日本企業の売上高物流コスト比率の推移

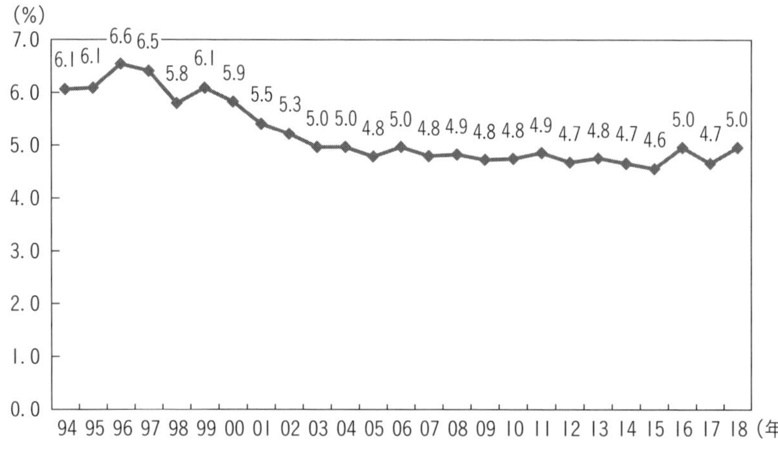

出所：日本ロジスティクスシステム協会。

図表3－8 ▶▶▶ 業種別売上高物流コスト比率（2013年度）

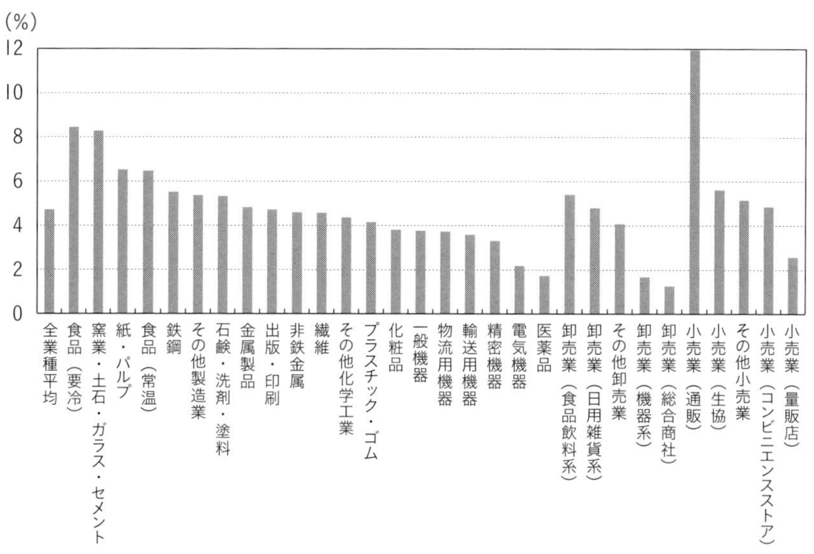

出所：日本ロジスティクスシステム協会。

図表3－9 ▶▶▶ 物流コストの構成比（2018年度）

機能別構成比		支払形態別構成比		領域別構成比	
機　能	比　率（%）	支払形態	比　率（%）	領　域	比　率（%）
輸送費	56	支払物流費（物流業者）	73	調達物流費	6
保管費	17	支払物流費（物流子会社）	12	社内物流費	16
その他	27	自家物流費	15	販売物流費	78
合　計	100	合　計	100	合　計	100

出所：日本ロジスティクスシステム協会。

輸送費が56％を占めています。領域別には，物流費込みという商慣行を反映し，販売物流が78％を占めています（図表３－９）。

3.3 ABC（Activity Based Costing：活動基準原価計算）

本章の**2.2**項のように商品分類別や顧客層別に管理を行う場合には，総額ベースの物流コスト管理では不十分です。例えば，小口のピース（個品）単位で納入する場合とケース単位でまとめて納入する場合とでは物流コストに違いがありますが，従来の物流コスト算定方法では違いがわかりません。

このような物流サービスの差異に対応した物流コストを算定する方法が，**ABC**です。中小企業庁が物流ABC算定マニュアルを作成したこともあり，導入企業が増えています。

ABCの特徴は，管理可能な最小単位であるアクティビティ（活動）を設定し，コストを発生させる要因を分析してアクティビティ単価を求めることにあります。商品別，顧客別に必要な作業量をアクティビティ単価に乗じることにより，物流コストを求めます。

ABCにより，商品別，顧客別に発生する物流コストが算出できるようになりました。その結果，提供する物流サービスの水準と組み合わせて，きめ細かく管理することが可能になりました。

4 在庫管理

4.1 在庫管理の重要性

在庫管理は，在庫を適正水準に維持管理することをいいます。在庫は，物流サービスと物流コストに密接に関連しており，重要な管理項目です。

在庫を保有する目的は，顧客の注文があったときに即納することにあります。注文時に在庫がなければ，販売機会を逃すことにもなりかねません。皆さんも店頭に欲しい商品が並んでいなければ，他の店に行くでしょう。KPIでいえば，利用可能性（アベイラビリティ）を高めて欠品率を下げることが重要になります。

しかし，在庫を適正水準より多く保有すると，過剰在庫や不動在庫となり次のような問題が生じます。したがって，在庫保有のトレードオフを考慮して在庫を適正に管理しなければなりません。

①キャッシュフローの悪化：販売して現金を回収するまで，生産や調達に要した資金が固定され，資金の有効利用が妨げられます。

②物流センターの効率低下：過剰在庫や不動在庫は，倉庫や物流センターのスペースを塞ぎ，保管効率や作業効率を低下させます。

③販売価格の下落：過剰在庫を処分するため，値下げしたり，廃棄したりすればその分コストがかかります。

④需要予測精度の低下：大量の在庫を前提とした販売システムに慣れてしまうと，需要予測が過大になりがちです。

⑤品質の低下：商品によっては，在庫期間が長期化すると品質が低下する恐れがあります。

4.2 伝統的な在庫管理の方法

在庫管理にはさまざまな手法があります。以下では，その基本となる伝統的な在庫管理の方法を紹介します。企業は膨大な在庫品を管理するため，売上額や利益額に応じて商品を分類して，重点的に管理を行っています。多くの場合，物流サービスの管理で説明したパレート分析を用い，商品を重要度に応じて分類して，在庫管理を行います。

① A クラス品（重管理品）

いわゆる売れ筋商品は，販売機会を逃さないように物流センターで在庫を保有します。在庫補充でも，重点的に在庫量を管理し，毎日あるいは決まった曜日などに定期的に発注する**定期発注法**を用います。

② C クラス品（一般管理品）

売上にあまり貢献しない商品については，中央倉庫や工場倉庫に在庫を集約します。受注から納品までのリードタイムは伸びますが，在庫集約化により在庫コストを低減できます。まれにしか売れない不動在庫は，在庫処分を検討します。商品のライフサイクルを検討し，営業部門や製造部門とともに取扱の中止を検討することも必要です。在庫補充では，在庫量が一定の在庫量（発注点）を切ったら補充する**発注点法**が採られます。

Column 単品管理

在庫管理の単位は，**SKU**（Stock Keeping Unit）と呼ばれています。例えば，同じメーカーの同じタイプや色のシャツでも，S，M，Lの３種類のサイズがあれば3SKUとなります。小さなコンビニ店舗でも約3,000SKUの商品を扱っており，膨大なSKUの商品を管理しています。

単品管理は，商品を単品レベルで正確に管理することをいいます。在庫管理を含め店頭の商品陳列や受発注まで一連の作業を単品管理するには，情報通信技術（ICT）を活用することが必要です。単品管理では，SKUに対応したJAN（Japanese Article Number）コードが利用されています。ほとんどの商品にバーコードでJANコードが表示されているので，皆さんもご存じでしょう。

小売業では魅力的な棚づくりのために，POS（Point of Sales）レジやハンディ端末を利用して売れ筋や死に筋商品の分析などを行っています。そして実需に合わせてきめ細かく小口単位で商品を発注します。

物流センターでは，JANコードをハンディ端末で読み取りながら，正確に小口単位でピッキングします。コンビニ向け出荷では，個品単位でのピッキング（ピースピッキング）が一般的です。ICTの発展がなければ，単品管理は困難ですし，多頻度小口物流もこれほど普及しなかったかもしれません。

③Bクラス品（中管理品）

商品のライフサイクル等の特性に応じて，在庫管理方式を検討します。例えば，新商品で成長が期待できる場合には物流センターに在庫しますが，衰退期に近い商品は集中在庫とします。在庫補充も，商品の特性に応じて新商品等では定期発注法とし，衰退期に近い商品等は発注点法とします。

4.3 多頻度小口物流

欠品率と在庫コストは，トレードオフの関係にあります。両方を同時に改善するためには，従来とは異なる仕組みを導入する必要があります。その代表的な仕組みの１つが，商品の販売状況をみながら小口単位で多頻度に商品を発注し，短いリードタイムで届けてもらう**多頻度小口物流**です。

物流センターの在庫量の推移を簡略化して示した図表３－10で説明し

図表３－10 ▶▶▶ 多頻度小口化と在庫削減

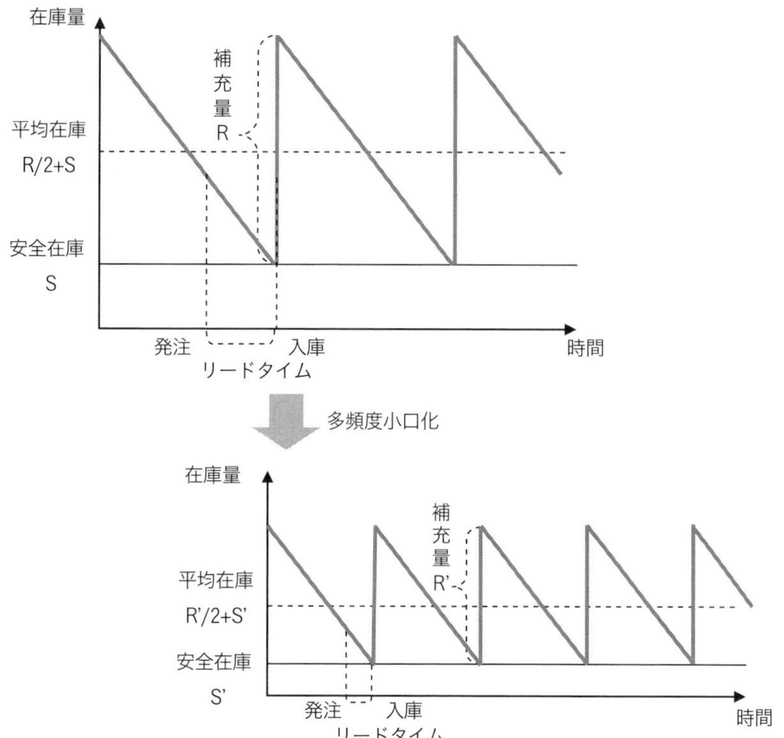

ましょう。在庫量は，商品が売れるに従って減少していきます。物流センターには急に販売量が増えても在庫が底をつかないように安全在庫Ｓが準備してあります。

在庫量が減ってきたら，仕入先に発注します。発注してから物流センターに入庫するまでのリードタイムがありますので，それを見越して早めに発注します。次の発注までの販売量を予測して，補充量Ｒを発注します。この場合，平均在庫量は，R/2+Sとなります。したがって平均在庫量を減らすには，多頻度小口化，すなわち発注頻度を増やして補充量Ｒを小口にすればよいのです。

また，リードタイムが短縮できれば，需要動向を見極めたうえで注文しても間に合うようになります。需要の不確実性が減ることになり，安全在庫Ｓ

も削減できることになります。したがって，リードタイム短縮も重要な在庫削減策となります。

多頻度小口物流やリードタイム削減の動きは，自動車産業の**ジャストインタイム**（JIT）物流から始まりました。多くの企業の実践で他の分野でもJITが有効なことが示され，現在では川下の流通分野まで多頻度小口化が進んでいます。

5 物流管理の高度化

情報通信技術（ICT）の発展とともに，物流管理は高度化してきました。この章で説明してきた物流管理は，第2章第**6**節で説明したWMSやTMS，LMS（ロジスティクス管理システム）の導入によって緻密に行われるようになりました。インターネットや無線通信，GPS（全地球測位システム）を活用することにより，物流センター内作業だけでなく輸送機関の動静まで管理できるようになりました。企業内ではERP（基幹情報システム）等の導入により，部門の壁を越えた全社的なロジスティクス管理が広まっています。

企業内の物流管理にとどまらず，企業間の連携に基づくSCMが拡大しています。小売の販売情報を川上の卸売，メーカー，サプライヤーの在庫，生産，販売，調達等と連動させることにより，効率的なサプライチェーンを構築する動きも活発です。

最近ではIoT（Internet of Things）が注目されています。パレットやコンテナ，製品等にRFIDやセンサーを装着し，リアルタイムで商品の状態や在庫を管理したり，検品，棚卸等の業務を効率化したりするなど，実用化が始まっています。一部では，無人搬送車やロボット等が導入され，物流作業の自動化や無人化の取り組みが進められています。将来的には，現実（Physical）空間のデータをIoTで収集し，仮想（Cyber）空間でビッグデータとして解析し最適化した結果を，現実空間にフィードバックするという高度な管理が実現するかもしれません。

Working　調べてみよう

1. 優れた物流管理を行っている企業を探してください。
2. 海外では，企業の売上高物流コスト比率がどうなっているか調べてください。

Discussion　議論しよう

1. これまで体験した物流サービスの実例を取り上げながら，優れた物流サービスの強みと弱みを議論してください。
2. 多頻度小口物流の実例を調べ，その強みと弱みを明らかにしてください。

▶▶▶さらに学びたい人のために

- 中央職業能力開発協会編［2017］『ビジネス・キャリア検定試験標準テキスト ロジスティクス管理３級（第３版）』社会保険研究所。
- 公益社団法人日本ロジスティクスシステム協会ホームページ http://www.logistics.or.jp/

参考文献

- アラン・ハリソン他著　水嶋康雅他訳［2005］『ロジスティクス経営と戦略』ダイヤモンド社。
- エドワード・H.フレーゼル著　中野雅司訳［2013］『在庫削減はもうやめなさい!—経営戦略としての「サプライチェーン最適化」入門』ダイヤモンド社。
- JILS総合研究所［2014］『ロジスティクスKPIとベンチマーキング調査報告書』日本ロジスティクスシステム協会。
- 日本ロジスティクスシステム協会［2013］『これからのロジスティクス—2020年に向けた50の指針』日本ロジスティクスシステム協会。
- 日本ロジスティクスシステム協会［2019］『物流コスト調査報告書』日本ロジスティクスシステム協会。
- マーチン・クリストファー著　田中浩二訳［2000］『ロジスティクス・マネジメント戦略』ピアソンエデュケーション。
- 湯浅和夫［2003］『物流ABC導入の手順』かんき出版。
- 湯浅和夫［2009］『この１冊ですべてわかる物流とロジスティクスの基本』日本実業出版社。

第 II 部

企業物流と物流サービス

第4章 消費者ニーズから始まる物流

Learning Points

- ▶消費者ニーズに合わせて，多品種の商品を小売店舗に供給する小売業者主導型のサプライチェーンへの転換がみられることを理解します。
- ▶メーカー，卸売業，小売業間での分業構造，連携，提携関係が大きく変化しているなか，SPA，PB 商品の拡大等が進展し，物流に大きな影響を与えていることを学びます。
- ▶チェーン化された小売業では，卸売業等が小売店舗向けの物流センターに商品を納入し，そこで仕分けし各店舗に納入する一括物流が進展しています。

Key Words

小売業者主導　POS　一括物流　SPA

1 小売業者主導型への転換と物流

1.1 流通構造の変化

小売業の店舗数は，個人商店の減少が著しく，1982 年の 172 万店舗をピークに 2016 年には 99 万店舗となっています。2016 年の個人商店は約 39 万店舗，法人商店は約 60 万店舗となっていますが，年間商品販売額でみると，法人商店が 94.5％と大半を占めています。そのため，法人商店でかつチェーン化された小売業向けの物流が中心となってきています。さらに近年，コンビニエンス・ストア，ドラッグストア，家電大型専門店といった小売業態が成長したほか，大規模小売店が増加しています。

卸売業は，事業所数，年間商品販売額，従業者数とも，1991 年をピークに大幅に減少しています。

小売業，卸売業では**吸収合併**，再編といった変化が急激に起きているほか，メーカー，卸売業，小売業間での分業構造，連携，提携関係が大きく変化しています。アパレル製造小売業ともいわれるSPAの進展，小売業等によるPB商品の拡大といった動向がみられ，物流に大きな影響を与えています。

IoT等の新技術導入の動向も見られます。無人店舗の取り組みが相次いで発表されています。アマゾンが展開しているアマゾン・ゴーでは，利用者が専用のアプリを用いて入店し，商品選択に関して，商品，さらに利用者の手をカメラによる画像認識，マイクによる音声認識，赤外線，圧力，重量などの多数のセンサーによる情報認識などを用いてAIによって管理し，支払いは出口のゲートを通過するだけで済む仕組みとなっています。さらにコンビニエンス・ストア5社による「コンビニ電子タグ1,000億枚宣言」という構想も発表されました。2025年までに，すべての取扱商品（推計1,000億個／年）について，RFID（電子タグ）を用いた商品の個品管理を実現するというものです。このような動向は小売店舗だけでなく，物流にも大きな影響を与えると考えられます。

1.2 小売業者主導型への転換

従来，メーカーが生産した商品を市場に向かって押し出すように流せば，小売市場では消費者が待っていて，買ってくれるというものでした。このような状態をプッシュ型といい，メーカーが流通システムを主導する構造です。メーカーは見込みで商品を多量に生産し，卸売業はメーカーに代わって販売する代理店的な機能を果たし，小売業は商品を仕入れて販売することに注力すればよかったわけです。さらに，小売販売価格の決定についても，メーカーの影響力が大きかったといえます。しかしながら現在は，消費者が本当に欲しいと思わなければ商品は売れません。消費者ニーズは多様化していますし，消費者の目も厳しくなっています。さらにセールなどをしても売れないということが起こります。メーカーが見込みで多量に生産しても，消費者ニーズに合わずに売れ残ってしまうということがしばしば起こります。そこで重要なのはプッシュ型からプル型への転換です。プル型とは消費者ニーズに合わせてメーカーが多品種の商品を少量生産し，販売状況に合わせて卸売業が小売店舗に供給するもので，**小売業者主導**型のサプライチェーンです。さらに最終的には消費者が商品を選択しているわけですから，消費者主導型ともいえます。

1.3 消費者ニーズ起点の流通を支える情報システム

小売業者主導型のサプライチェーンにおいては，消費者ニーズに合わせて生産し，小売店舗に迅速に，適切な商品が，適切な量だけ，適切なタイミングで供給することが求められます。これに対応するためには，各小売店舗でどの商品がどれだけ売れたのかを正確に把握し，企業間での情報交換をする必要があります。

そこでまず重要なのが**POS**（Point of Sales：販売時点情報管理）システムです。小売店舗で商品を買うと，レジで商品のバーコードをスキャナーで読み取ります。商品にはアイテムごとに違う番号が付けられています。商品のアイテムごとに管理することを**単品管理**といいます。メーカーが商品

図表 4－1 ▶▶▶商品のバーコード

① GSI 事業者コード（JAN 企業コード）
② 商品アイテムコード
③ チェックデジット

出所：流通システム開発センター資料。

につけるコードをソースマーキングといい，一般的な日本の商品はJAN（Japanese Article Number）コードという共通の商品コードとなっています。標準タイプは13桁で，事業所コード（最初の国コードを含む7桁か9桁），商品アイテムコード，チェックデジットで構成されています（**図表4－1**）。

POSシステムを利用することによって，レジ清算業務を効率化することが可能となり，どの商品がいくつ売れたのかを単品ごとに瞬時に管理することができます。さらに販売管理をするだけでなく，在庫，発注，供給の管理にも利用します。小売業では，販売状況に応じて商品を店舗に補充する必要があり，販売時点の情報をもとに発注をし，それを受けた卸売業あるいはメーカーが商品を供給していく流れとなります。

棚のスペースが限られているコンビニエンス・ストアでは，よく売れる売れ筋商品と売れ行きが悪い死に筋商品をPOS情報を用いてすぐに把握し，品揃えを頻繁に見直しています。投入される新商品について評価を行い，早いものは2，3週間で売り場から消えていきます。さらに，セール，チラシといった販売促進，商品の陳列位置，陳列方法，気温，天気といった天候などの要因が販売額に与える影響を分析することも可能となります。

続いて，企業間の情報交換が重要です。小売店舗から小売業本部，小売業から卸売業，メーカーへの注文は，従来は電話，ファクスが使われていました。しかしながら電話では聞き間違いなどが発生しやすく，かつ人件費も多くかかります。迅速に情報を流すためにはEOS（Electronic Ordering System：電子発注システム）あるいは**EDI**（Electronic Data Interchange，電子データ交換）が必要となります。1990年代後半以降，インターネットの普及とともに，EOS，EDIが大きく進展しました。現在，特に大手企業間での電話注文はほぼなくなっています。POS，EOS，EDIなどの情報基盤が消費者ニーズ起点の物流を構築するうえで重要な役割を果たしています。

従来EOSにおいては，1980年に策定されたJCA手順が使用されていました。通信手順は統一されているものの，メッセージの内容が企業ごとに異なり，かつインフラに電話回線を使用しているため，通信速度が遅いという問題を抱えていました。現在，その問題を解決するため，インターネットを利用し，国際標準の通信手順，メッセージが標準化された流通 BMS（Business Message Standards）の導入が進んでいます。

1.4 小売店舗が要請する物流機能

消費者のニーズに合わせて，いかに商品を供給するか，消費者ニーズが起点となったロジスティクス・システム構築を求められることとなりました。小売店舗では，消費者ニーズの多様化に伴い多品種の商品を陳列する傾向にあります。特に日本は，欧米諸国に比べて売場面積当たりの商品アイテム数が多くなっています。商品種類が多いということは，1商品当たりの陳列数は少なくなり，商品管理を徹底しないと欠品状態が起きやすくなります。さらに食料品等では，消費期限，賞味期限の管理も厳しくなされます。一方で，小売店舗では，在庫リスクが発生しないように在庫を圧縮しているほか，特に都市部に展開している比較的小規模な店舗では，バックヤードを小さくするため，在庫を最少限にして売場面積を増やす傾向にあります。このため，小売店舗に対して多頻度小口，短いリードタイム，ジャストインタイムの納入が重要となります。

小売販売業務に専念するため，小売店舗での荷受け，検品，陳列の各作業をできるだけ省力化させる工夫も必要となります。荷受け作業が何度も発生しないように，一括での納品が求められます。誤配率が低ければ検品作業を省略するノー検品にすることも可能となります。さらに，棚への補充，陳列作業を軽減させるために，売場別，カテゴリー（商品分野）別，通路別，棚番別の納品が求められることも多くなっています。

小売店舗向けの物流センターでは，メーカー，卸売業から納入された商品を迅速に処理し，小売店舗に納入していくことが求められます。店舗からの発注に対しての欠品率の低下を求められる一方で，在庫の圧縮に取り組む必要があります。このように小売店舗の業務を支えるため，納品業務，物流センターに対する要請は**図表４－２**のように多岐にわたり，かつ高度化しています。

図表４－２▶▶▶小売店舗が要請する物流機能

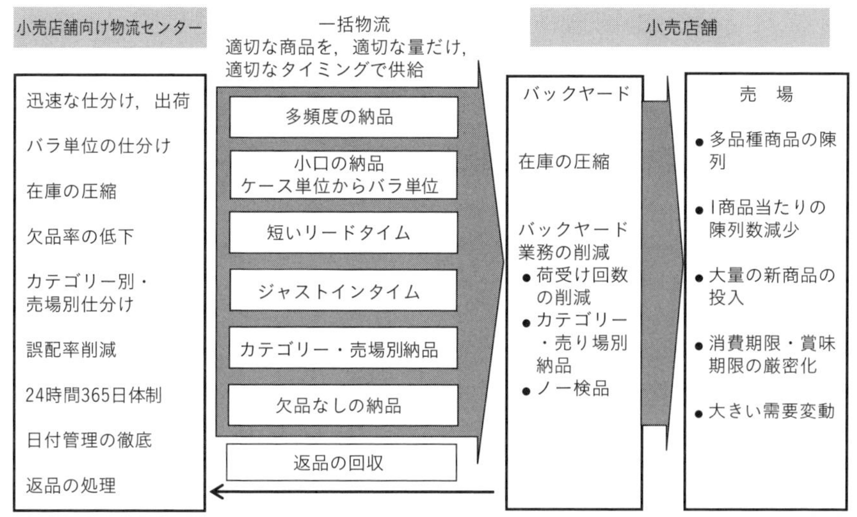

1.5 卸売業が求められる物流機能

卸売業はメーカーと小売業を結びつけ，調整する役割を果たしています。メーカーは自らが生産した商品を，数多くの販売先に分散させる一方，小売業も数多くの商品を調達，収集して，陳列する必要があります。中間にいる卸売業は，メーカーからの収集，小売業への分散を効率的に組み合わせ，小売業へ適切な商品を，適切な量だけ，適切なタイミングで供給する役割を果たすことになります。さらに卸売業があることによって，メーカーと小売業での直接取引に比べて，取引数が少なくなる取引数削減の原理があります。取引数は，**図表４－３**のようにメーカー数がa，小売業数がbであると直接取引の場合は$a \times b$となりますが，両者の中間に卸売業がある場合は卸売業数がcとして，$c(a+b)$となり減少します。

日本の場合，欧米諸国に比べてメーカー，小売業者の数が多く，特定のメーカー，小売業者の市場占有率が低いという特徴があります。イギリスの大手スーパー上位４社で約４分の３，フランスでも大手５社で６割を超えているのに対して，日本では吸収合併が続いているものの上位５社でも３割程度

図表 4－3 ▶▶▶取引数削減の原理

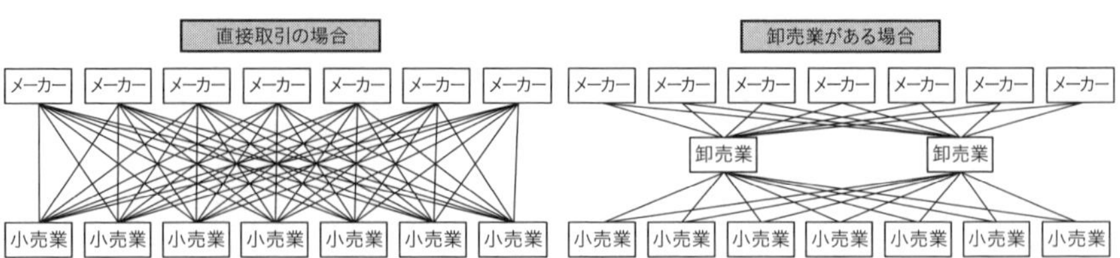

とされています。さらに多品種を好む傾向があり，多くのメーカーから収集し多くの小売業に分散させるためには，卸売業が欠かせません。例えば，食品卸大手の国分では，約１万社の食品・酒類メーカーなどの仕入れ先，約３万５千社の小売業者と取引をし，取扱商品の種類も約60万アイテムにのぼっています。

メーカー主導型流通では，卸売業はメーカーの代わりに小売店舗へ分散させる機能が中心でした。しかし，**小売業者主導**型の流通システムでは，卸売業は消費者ニーズに合わせて小売業に適切に商品を供給する高度な物流サービスが求められます。さらに小売業は在庫を少なくしかつ欠品しないことを要請します。そのためには多頻度小口，短いリードタイム，時間指定で，正確でかつ欠品を起こさない納品が必要であり，これに応えているのが卸売業です。日本の小売業の物流機能は卸売業に依存している部分が多いといえます。

2　小売業における物流の現状と課題

2.1　小売業態別の取扱商品の特性と物流

小売業態によって，取扱商品，品目数に大きな差異があります。総合スーパーは最寄品の衣食住全般を扱うのに対して，専門スーパーは取扱品目が限定されています。取扱品目数は，規模によって大きな差異がありますが，総合スーパーは約10万種類，食品スーパーは約１万種類となっています。コンビニエンス・ストアは，特に弁当，おにぎり等のファストフードが多く，

2,800 種類となっています。一方，百貨店は買回品を中心に 100 万以上の商品種類を取り扱っています。

物流面では，コンビニエンス・ストアは店舗で在庫を基本的に持たず，バラ単位の納品となっています。スーパーではある程度の在庫を持ち，他の業態に比べて比較的大きなロットで納品するのが特徴ですが，最近は在庫を極力減らす傾向にあり，バラ単位での納品が多くなっています。

2.2 小売店舗向け物流のパターン

小売店舗に商品が運ばれるのには**図表４－４**のようにさまざまなパターンがあります。特に個人商店とチェーン化された小売業での流れは大きく違い，個人商店では，取引先の卸売業が小売店舗に直接供給するという流れがみられます。ただし，規模が大きい１次卸売業が直接納入することは少なく，地場の２次，３次卸売業などを経由して納入されるパターンⅠが多くなっています。このように多段階で小売店舗に納入されるため，効率性が問題となります。現在，個人商店が減少しており，２次，３次卸売業が急激に減少しています。

一方，チェーン化された小売業においては，取り扱う商品数が多く，取引先卸売業の数も多くなります。そのため，卸売業が個別に小売店舗に納入した場合，納入回数は取引先数だけ発生することとなります。小売店舗においても納入車両が多いため，荷受けの処理に手間がかかります。大手小売業においても創業時はこのパターンが多くありましたが，現在はチェーン化している組織的小売業においては，小売店舗向けの物流センターを保有する場合が多くなっています。卸売業は物流センターに商品を納入し，そこで店舗別に仕分けし各店舗に一括して納入するものであり，**一括物流**と呼ばれます。卸売業は物流センターにまとめて商品を納入すればよく，小売店舗も荷受け作業が効率的となり，両方にとってメリットがあります。さらに物流センターで商品を売り場別，カテゴリー別等に分けて納入する場合も多くなっています。チェーン化された小売業の多くは**一括物流**を実施しています。

図表４－４▶▶▶小売店舗までの経路からみたパターン

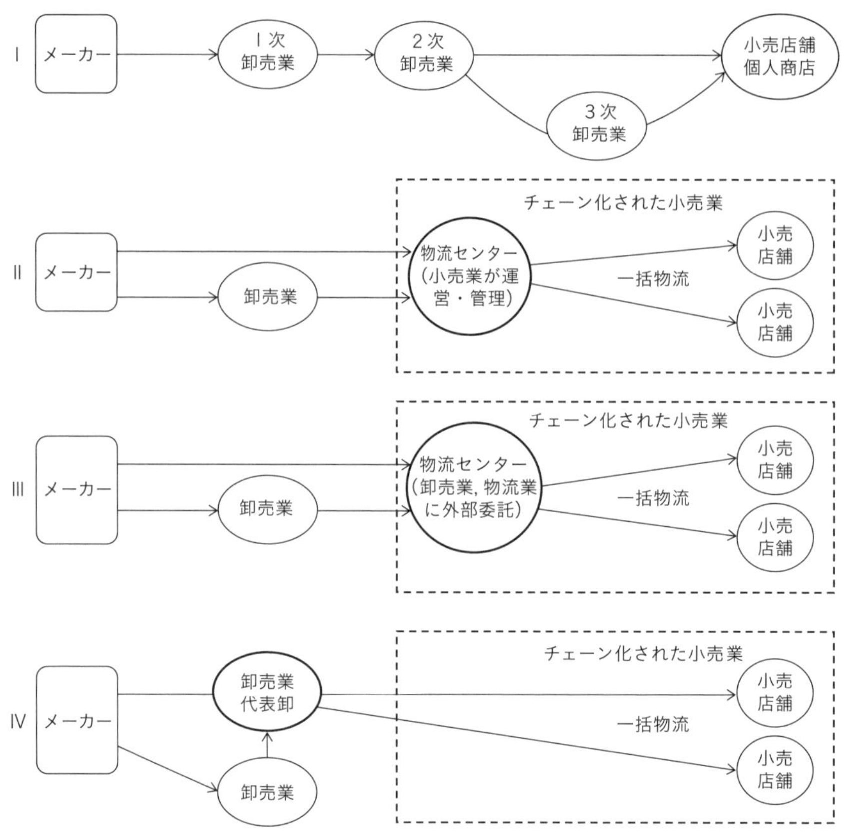

小売店舗向けの物流センターは，小売業者が自ら運営，管理するパターンⅡがあります。また，近年は実際の運営，管理を卸売業あるいは物流業に外部委託しているパターンⅢが多くなっています。背景として，小売業は小売販売に専念したい，さらに物流に関するノウハウを持っている事業者に外部委託したほうがコストも安く，サービス水準も高いということがあります。また，食品を扱う小売業においては，従来は常温と冷蔵，冷凍は違う物流センターで扱っていました。１つの物流センターで常温，冷蔵，冷凍の３温度帯を扱うことができる卸売業が多くなり，納入も効率化されます。さらに自社の物流センターを持たず卸売業の中で代表卸を決め，物流センター機能を

持たせるパターンⅣもあります。各小売店舗までの配送，在庫を卸売業の責任範囲とするもので，イトーヨーカ堂はこのパターンです。

2.3 小売店舗向けの物流

加工食品においては，小売業から卸売業等への発注は午前中締めで，その後卸売業等ではピッキング，仕分け，出荷準備等の作業を行い，夕方頃までに小売店舗向け物流センターに納品する場合が多くなっています。卸売業等は短いリードタイムでの納品が求められ，その際総量で納品する場合と店別仕分けをした状態で納品する場合があります。小売店舗向け物流センターでは，納品された商品を入荷，検品，店別に集約あるいは仕分けをします。そして，各店舗の翌朝の開店時間前までに納品し，陳列されることとなります。

このように注文してから小売店舗に納品されるまで24時間以内という場合が多くなっています。小売業は，発注から短いリードタイムで納品されることにより，延期の原理で発注タイミングをできるだけ遅らせ，実需に近づけた注文が可能となり，在庫の危険負担も少なくなります。また売れ筋商品などではメーカーから大ロットで小売店舗向け物流センターに直接納入され，センター内に在庫を持ちます。この場合は，小売店舗からの注文に対してさらに短いリードタイムで納品することが可能となります。このように小売店舗向け物流センターは，在庫を持つ**DC**（Distribution Center）と仕分けだけをする**TC**（Transfer Center）があります。

2.4 コンビニエンス・ストアの物流システム

消費者ニーズ起点のロジスティクスを最も先進的に取り入れているのが，コンビニエンス・ストアです。日本フランチャイズチェーン協会によると，2018年度は5万6千店舗，売上高が約11兆3千億円となっています。2012～2015年度は，前年比5％を上回る出店ペースであったが，その後，急速に落ちています。コンビニエンス・ストア最大手のセブン－イレブンは2019

図表 4－5 ▶▶▶コンビニエンス・ストアにおける温度帯別共同配送

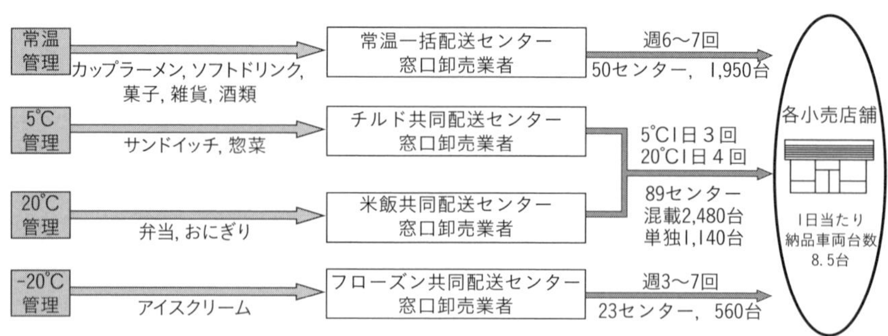

出所：セブン-イレブン・ジャパン資料より作成。

年８月末現在で２万1,034店舗となっていますが，最近は不採算店の閉鎖または移転の方向性を打ち出しています。

このように店舗ネットワークの急拡大を可能にしてきたのが，最先端の情報システムとロジスティクス・システムの導入です。**POS**システムによる**単品管理**をいち早く導入し，極力少ない在庫で，在庫切れによる売り逃しをしない，売れ筋商品を確実に品揃えする商品管理の徹底，商品群の特性に応じて多頻度，少頻度を組み合わせた計画配送の徹底などを実現しています。各店舗が発注した情報は，本部のホストコンピュータを通じて，供給業者に伝達されます。この情報をもとに，供給業者からは**共同配送センター**を経由して，各店舗に納品されることとなります。この一連の動きが機能することによって，コンビニエンス・ストアのロジスティクスが成立しています。

コンビニエンス・ストアは，基本的に店舗で在庫を抱えていません。商品種類は2,800と他の業態に比べると少ないものの，食料品，日雑，惣菜・弁当等と多品種にわたっています。そのため供給業者がばらばらに納入した場合，車両数は膨大になります。供給業者数の集約化，専用の共同配送センターの設置と同時に常温，5℃のチルド，20℃の米飯，－20℃のフローズンの各温度帯別の品目の枠を超えた共同配送に取り組んできました。さらに5℃のチルド，20℃の米飯の違う温度帯を１台で運んでいます。例えばセブン－イレブンの１日１店舗当たり配送車両数は創業当時は70台でしたが，2017

年には8.5台にまで減少しています（図表4－5)。

セブン－イレブンは店舗間の商圏を隣接するように集中出店させる「街づくり政策」をとっています。知名度の向上，管理効率の向上，広告効率の向上，競合参入への対応と同時に，物流の視点も重要となっています。同じ品質で米飯を提供するため専用工場から店舗までの距離を考慮するほか，配送効率を良くするように立地展開しています。

3 卸売業における物流の現状と課題

3.1 卸売業の物流システムの展開

飲食料品，日用品，医薬品といった消費財の卸売業では，生き残りをかけて急激な**吸収合併**，再編が進み，大手卸売業に上位寡占化する傾向が強まっています。さらに小売業での吸収合併の進展が，卸売業における吸収合併を加速させることともなっています。例えば，大手小売業が地元小売業を吸収した場合，地元小売業の従来の取引先であった地元卸売業との取引を見直す場合が多くなっています。大手小売業は取引先卸売業を一本化して仕入れ価格を抑えようとしますので，その際広域に展開している卸売業でなければ対応ができなくなります。一方，地方卸売業が合併して，全国対応の卸売業になる事例もあります。また，商社による系列化も進展しており，商社と大手小売業の関係が再編されるなか，小売業の帳合を系列の卸売業に集約化する動向がみられます。

従来，卸売業はメーカーとの関係が強く，取扱品目を限定した業種卸として展開してきました。しかしながら，現在は小売業の取扱品目に対応したフルライン化が求められています。そのため，品目の枠を超えた卸売業間の吸収合併，提携等の動向もみられます。業態卸としての展開が進み，例えば食料品では，常温の加工食品だけでなく，菓子類，飲料，酒類と取扱品目を拡大するほか，冷凍・冷蔵といった温度帯も取り扱えるような展開が進んでい

図表4－6 ▶▶▶ 卸売業のフルライン化

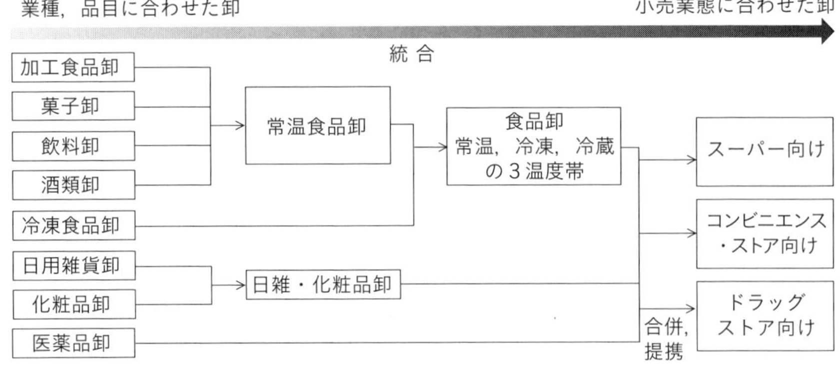

ます（図表4－6）。

3.2 小売店舗向け物流業務の受託

卸売業では，小売店舗向けの物流業務を受託する事例が増えています。従来卸売業は，同一のサービス水準で提供する汎用型の物流センターを主体としてきました。しかしながら，各小売業者からリードタイム短縮，時間指定納品，カテゴリー納品，フルライン化などの高度なサービスを要求されることが多くなり，特定の小売業者に対応した物流システム構築も図っています。卸売業は小売店舗向けの物流業務を受託するために，専用型の物流センターを整備，改修する事例が多くなっています。継続的な取引関係を維持するために大きな投資をすることとなりますが，一定期間経過後，競争入札により委託企業を見直す場合が多く，卸売業にとっては大きな投資リスクともなります。

小売業が卸売業等に物流業務を委託する背景として，卸売業のロジスティクス能力が非常に高くなっていることがあります。卸売業は，従来メーカーに代わって商品を販売する機能が求められていました。しかしながら，流通が小売業者主導型となり，小売業向けのロジスティクス能力，情報処理能力，さらにリテールサポート能力が求められるようになっています。そのため卸売業は高度なロジスティクス・システムを構築してきました。また，物流業へ委託する場合もあります。物流業は，従来，メーカー向けの業務が多かったため，小売店舗向けのバラ単位の仕分け，配送業務については対応が困難でした。現在は，一部の物流業が流通業に対応したノウハウを蓄積し，業務を受託しています。一方で，小売業の多くは，自らがロジスティクスを運営，管理するための資金，人材などの経営資源を有していない場合が多く，外部委託化する事例が多くなっています。

Column 卸売市場における流通

野菜，魚などの生鮮品については卸売市場を経由し，他の品目と違った流通経路となっています。図表４－７のように生産者から卸売市場の卸売業者に商品が納入され，仲卸業者あるいは売買参加者との取引が行われ，小売業，飲食店に向けて出荷されます。青果の場合，1989年度に卸売市場を経由する率は数量ベースで82.7%であったのが，2001年度に70%，2012年度に60%を割り，2016年度には56.7%にまで減少しています。ただし，国内生産の青果物は，2016年度においても79.5%が卸売市場を経由しています。市場外取引の比率が高くなっている背景として，輸入品，小売業と農家，協同組合との直接取引が増えていることなどがあげられます。

また，大手小売業では多品種で多量の生鮮品を計画的に調達する必要があり，あらかじめ購買数量，価格を決めてある相対取引の比率が高くなっており，せりによる取引の比率は年々低くなっています。

これまで卸売市場は，生産者の商品を消費者に安定的に提供することが主な役割でした。しかし，現在は消費者ニーズに合った商品の提供，小売業，飲食店と連携した商品供給，流通加工業務なども求められています。また安全・安心の要求が高まり，厳格な温度管理が求められていますが，これらに対応できていない市場も多いのが実態です。

図表４－７ ▶▶▶ 卸売市場の流通

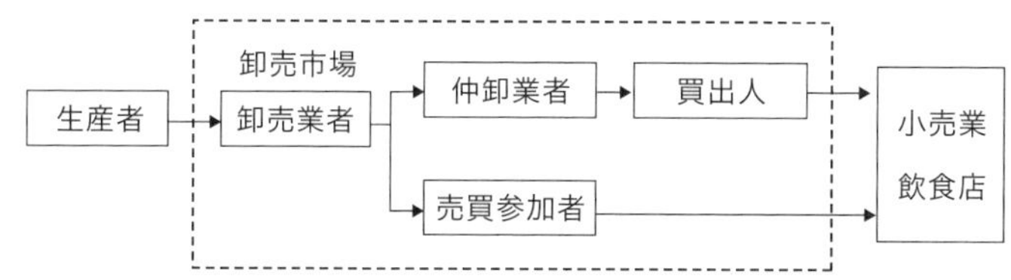

4 製配販の連携と課題

4.1 メーカー，小売間の直接取引の現状

小売業とメーカーの**直接取引**については，「問屋無用論」と合わせて，以前はよく議論となりました。小売業からみれば，卸売業が中間に入ることによるマージン分を支払う必要がなくなり，大きな収益源となります。欧米諸国においては，大手メーカーと小売業間での直接取引が多く，日本においてもその方向に進むという議論がありました。直接取引が進むということは，卸売業が従来担っていた中間流通機能を小売業かメーカーが代替することとなります。

直接取引を展開する場合，小売業が高度なロジスティクス機能を保有し，かつ従来卸売業が代替していた在庫を自らの責任で管理する必要があります。小売業が自ら実施した場合に，卸売業より効率よく実施できるかが重要です。限られた大手小売業以外では，卸売業が行っている機能を代替するのは難しいのが現状です。

卸売業が持つロジスティクス面，情報面での経営資源は，サプライチェーン全体からみても優位性があり，日本の流通システムにおいては卸売業が欠かせない存在といえます。一方で，卸売業が担っている機能が，物流業務などのオペレーション中心となっており，品揃え機能を奪い，そのため相対的に位置づけが弱くなっているという指摘もあります（渡辺ら［2013］）。そのなかでイオンは自らが卸売機能（中間流通機能）を果たし，直接取引の拡大を目指しています。

4.2 PB商品，SPAの展開と物流

小売業のブランドで販売するPB（プライベートブランド）商品が増加しています。PB商品は小売業がメーカーと一緒に企画，開発し，小売業の責

任で生産を依頼することとなります。NB（ナショナルブランド）商品においては，小売業間での価格競争に陥りやすいことから，企業独自の商品をつくって差異化を図るあるいはNBより価格を抑え，価格訴求力を増すことになります。PB商品は，本来販売力のないメーカーが生産する低価格のものが中心でしたが，最近は大手メーカーが取り組む事例も多くなっているほか，商品の質で差異化するため高価格商品も増加しています。

NB商品は，メーカー責任で生産をしており，小売業は需要に合わせて発注することによって，商品の供給を受けます。それに対して，PB商品は小売業が数量なども決めてメーカーに発注しており，発注商品の買取責任が発生します。メーカーと直接取引をすることによって卸売業へマージンを支払う必要がなくなり，低価格で提供することが可能となります。しかしながら多量の商品を販売する力が必要となるほか，小売業が自ら在庫し，店舗への補充を管理することが必要となります。

また，ユニクロなどのSPA（Speciality Store Retailer of Private Label Apparel）と呼ばれる業態が進展しています。製販統合をしたもので，アパレル製造小売業とも呼ばれます。SPAは自社で商品の企画，開発を行い，生産は委託している場合が多くなっていますが，自ら在庫リスクを負います。SPA企業は，自社内で完結した製造から小売までのサプライチェーンを構築しやすいことから，高度な物流システム，情報システムを構築している事例もあります。ファーストリテイリングは，「無駄なものをつくらない，無駄なものを運ばない，無駄なものを売らない情報製造小売業」を目指しています。企画・計画・生産・物流・販売といったサプライチェーンのすべてのプロセスを見直しています。ユニクロのEコマース専用の物流センターである有明倉庫では，最新の自動化機器・システムを導入しています。すべての商品にRFID（電子タグ）を導入しているため，有明倉庫での商品の搬入，仕分け，ピッキング，検品などの作業プロセスはほぼ無人で行っています（**図表4－8**）。

図表4－8 ▶▶▶ RFID（電子タグ）による物流システム構築の事例

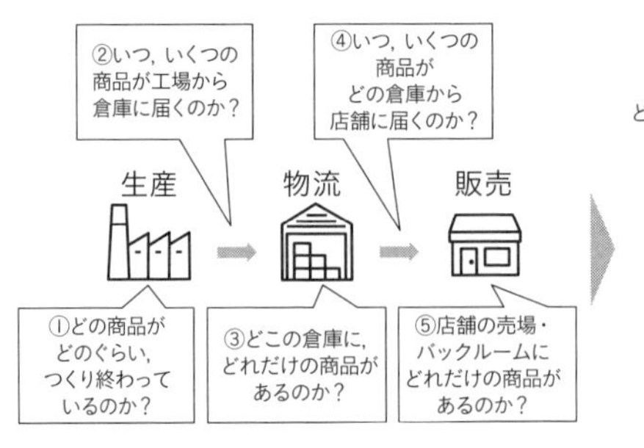

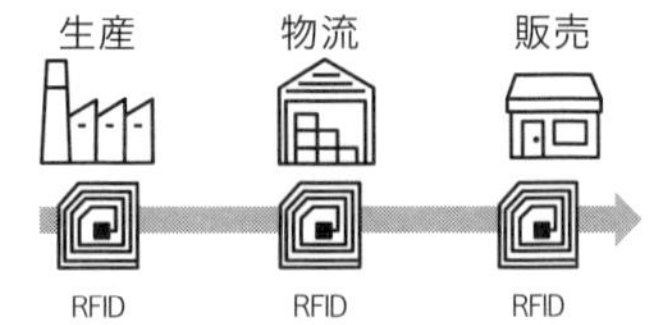

出所：ファーストリテイリング資料。

4.3 センターフィー問題について

一括物流は各小売店舗への配送が集約化され，納入業者側は小売業等の物流センターに納入するだけでよいため，配送コストが抑えられます。一方で，一括物流のための物流センターの運営費，店舗までの配送費等の負担を誰がするのか，金額の算定について，小売業と納入業者でもめることも多く，**センターフィー**問題といわれます。納入業者側においても効率化される部分は多く，一定の負担はやむをえないとするものの，その金額が大きく，大きな負担となっています。センターフィーの算出根拠が不透明で，一方的に納入業者側に要求され，かつ小売業者にとっての利益確保のための手段になっている場合もあります。日本では商品価格に卸売業等が小売店頭に納入するための配送費も含まれる店着価格が基本となっていることも，負担の関係を複雑にする背景となっています。公正取引委員会は，物流センターの設置等に伴う費用の負担要請に関する独占禁止法上の考え方として，「取引上優越した地位にある小売業者が納入業者の直接の利益とならないにもかかわらず，費用を負担させることにより，納入業者に不当に不利益を与えることとなる場合には，優越的地位の濫用として問題となる」としていますが，現状としては納入業者側が不公平感を持っている場合が多いといえます。

4.4 企業間連携に向けての動向と課題

小売業は，できるだけ注文のタイミングを遅らす延期をして，在庫を減らそうとし，卸売業等の川上側に対して多頻度小口，短いリードタイムでの納品，かつ欠品がないことを要求します。卸売業も川上側であるメーカーに対して同様の要求をします。このような要請に対して，川上側は在庫を多く持つ必要があります。在庫を川上側に転嫁しただけの状態で，サプライチェーン全体の効率化，全体最適に結びつかない状況が現実には多く発生しています。現在，加工食品業界ではリードタイム延長の議論が進んでいます。しかしながら，メーカーと卸売業者の間での取り組みは進んでいるものの，小売業者との間での取り組みは進んでいません。

一方，納入業者が小売業に代わって，物流センター内の在庫を管理，補充するVMI，CRP（第５章を参照）の導入が進んでいます。小売業者から納入業者に対して販売情報などが示され，両者が情報共有をし，計画的に補充をすることができます。さらに企業間で，商品の販売計画，需要予測といった将来の情報を共有し，在庫の管理，補充を協働して行うCPFR（Collaborative Planning, Forecasting and Replenishment）も一部企業で進んでいます。サプライチェーン全体の効率化に取り組んでいくためには，企業間での情報共有が欠かせません。顧客需要に合わせたロジスティクスを展開するためには，その起点となる小売業での販売情報，在庫情報がサプライチェーン全体にリアルタイムに伝わることが必要です。従来，小売業は販売情報等を開示していませんでしたが，最近はPOS情報を開示している大手小売業が多くなっており，協働マーチャンダイジングを展開している場合も多くみられます。しかしながら，物流面でみた場合，販売情報を利用した効率化の取り組みは遅れており，また在庫情報の開示もされておらず，今後の課題となっています。

消費財分野においては，メーカー（製），中間流通・卸（配），小売（販）の企業が連携して，サプライチェーン全体の効率化を図る動きが出てきています。特に，食品ロス削減のため，賞味期限の３分の１ルールを見直し，２

分の1ルールに変更するといった商慣習の見直し，賞味期限が長い加工食品について，賞味期限の年月日表示から年月表示への変更が一部進んでいます。

Working　調べてみよう

各小売業態では，どのような物流システムを構築しているのか調べてください。

Discussion　議論しよう

1. 日本の流通構造における卸売業の重要性を明らかにしてください。

2. SPAによる新しい物流システムの動向を明らかにしてください。

▶▶▶さらに学びたい人のために

- 石原武政・石井淳蔵［1996］『製販統合』日本経済新聞社。
- 信田洋二［2013］『セブン・イレブンの「物流」研究』商業界。
- 宮下正房・関口壽一・三上慎太郎・寺嶋正尚［2008］『卸売が先進企業になる法』日刊工業新聞社。
- 矢作敏行［1994］『コンビニエンスストア・システムの革新性』日本経済新聞社。
- 渡辺達朗・原頼利・遠藤明子・田村晃二［2008］『流通論をつかむ』有斐閣。
- 木立真直・齋藤雅通［2013］『製配販をめぐる対抗と協調』白桃書房。

参考文献

- 木立真直［2009］「小売主導型食品流通の進化とサプライチェーンの現段階」フードシステム研究。
- 製・配・販連携協議会（http://www.dsri.jp/forum/）
- 渡辺達朗・久保知一・原頼利［2013］『流通チャネル論』有斐閣。

第5章 生産を支える物流

Learning Points

- ▶メーカーにおいては，変化する需要に柔軟に対応していくことが重要となっており，調達，生産，供給を連動させていくロジスティクスの考え方が欠かせません。そのためには，企業内の部門間の連携が重要となっていることを理解します。
- ▶需要変動に対応できる生産体制の構築が求められていることを学びます。
- ▶調達，販売物流においては，取引企業間での連携による効率化も進展しています。

Key Words

製品需給計画　全体最適　多品種少量生産　ジャストインタイム

1 メーカーに求められるロジスティクス

メーカーにおいては，生産した商品を，顧客にいかに適切に供給するかが求められます。同時に，生産するために必要な原材料，部品，包材等を適切に調達することが求められます。変動する需要に柔軟に対応するスピード経営が求められるなか，調達，生産，供給を連動させていくロジスティクスの考え方が欠かせません。

そのためには，生産形態の変革と同時に，連動した調達，供給のシステム構築が欠かせません。メーカーは効率性だけを追求した生産システムを組むのではなく，需要変動に柔軟に対応した全体最適の仕組みを構築していくことが求められています。さらに，サプライチェーンを構成するサプライヤー，卸売，小売と連動して動き，需要と供給を同期化することが重要です。

メーカーの競争力を考えた場合，商品，サービスの差異化がまず考えられます。しかしながら，商品，サービスは他の企業に追随されやすいという側面があります。一方，事業システムによる差異化は，商品，サービスの差異化に比べて表面上はわかりにくい一方で，他の企業が簡単に追随できないという側面があります（加護野［1999］）。メーカーにおいてはスピード経営に対応したロジスティクス・システムを構築することが，顧客価値の向上，売り残りロスの削減等のメリットを生み，企業の競争力を継続的に保つことにもつながります。

生産形態は，受注と生産する時期の関係からみた場合，受注生産と見込み生産に分けられます。前者は注文を受けてから生産する形態のため完成品の在庫がないのに対して，後者はあらかじめ見込みにより生産しておくため，完成品の在庫がある形態です。受注生産と見込み生産のどちらを選択するかは，リードタイムが深く関係します。受注生産の場合は，注文を受けてから生産するのですから，顧客に納入するまでの時間が必要となります。すなわち注文を受けてから部品等を納入するまでの納入リードタイム，生産準備のための計画リードタイム，生産に要する生産リードタイム，そして顧客に納入する輸送リードタイムがあります。このようなリードタイムを，顧客が待ってくれる場合は，受注生産が可能となりますが，飲食料品，日雑品などの一般的な商品においては，メーカーは取引先からの注文に対して翌日に納品するのが一般的です。注文を受けてから生産する形態では納品が間に合いませんので，あらかじめ見込み生産で在庫を保有し，注文に応じて在庫商品を納入することになります。また，半製品までは見込みで生産しておき，最終組立，加工は，注文に応じて行うといった中間的な形態もあります。各メーカーは，ロジスティクスの視点から最適な生産形態，調達，供給のシステムを構築しています。

2 企業内の部門間連携の課題と対応

2.1 企業内の部門間連携の課題

メーカーにおいては，生産管理，調達管理，物流管理，販売・営業などの部門があります。そして，生産管理部門では生産計画，調達管理部門では資材調達計画，物流管理部門では出荷計画，在庫計画，販売・営業部門では販売計画を立てます。これらの計画が連動して動き，全体の需給関係がスムーズに行われることが必要です。しかしながら，企業内のそれぞれの部門がそれぞれの論理で計画を作成し実行した場合，最終的に市場の需要変動に柔軟に対応できず，過剰在庫を抱えてしまうあるいは欠品するということが起きてしまいます。すなわちロジスティクスの考え方である需要に合わせて商品を供給するということが難しくなります。各部門の従来の考え方がどのような問題を抱えているのかを考えてみます（**図表５－１**）。

2.1.1 生産管理部門

生産効率を上げるためには，少品種のものを多量生産し，１つの生産ラインで多量に連続生産することが基本的な考え方です。見込みで多量に生産した場合，生産の供給サイクルが長くなり全体のリードタイムが長期化します。顧客需要への対応の遅延，さらに見込みを間違うと過剰在庫あるいは逆に欠品が発生することになります。見込みで多量に生産する形態は，市場動向に柔軟に対応するのが難しいといえます。

2.1.2 調達管理部門

原材料，部品などをできるだけ安く調達することが求められます。従来は多量に一括して購買することにより，調達コストを下げる方法をとる場合が多くありましたが，多量に安く仕入れても，需要と合わなければ，原材料，部品の多量の在庫を抱えてしまうこととなります。

2.1.3 物流管理部門

生産管理部門，販売・営業部門からの指示に従って，できるだけ低コストで物流業務を遂行することが求められます。輸送効率から考えると，輸送頻度を少なく大ロットでまとめて運ぶほうが低コストになります。一方，顧客，販売・営業部門からは，短いリードタイム，多頻度小口，定時配送による取引先への納入を求められ，物流コストが上昇することになります。物流管理部門は，サービスとコストのバランスをどのようにとるかが重要となります。また，物流管理部門は，物流センターの最適配置，輸送効率の向上といった改善に取り組むことはできますが，従来は企業全体の需給計画についてコントロールすることが難しい立場であったといえます。

2.1.4 販売・営業部門

取引先からの注文に対して欠品を起こさないことを重視しすぎると，過剰在庫につながりやすくなります。さらに，顧客ニーズが多様化するなか，多品種の商品を販売することを求める場合が多く，これもまた，過剰在庫につながりやすくなります。顧客からの要請による短いリードタイム，多頻度小口配送，緊急納品等への対応は，物流コストの上昇につながります。さらに年度末，期末などにおいて，営業目標を達成するために，実際の注文がなく

図表 5－1 ▶▶▶ 各部門の論理の課題

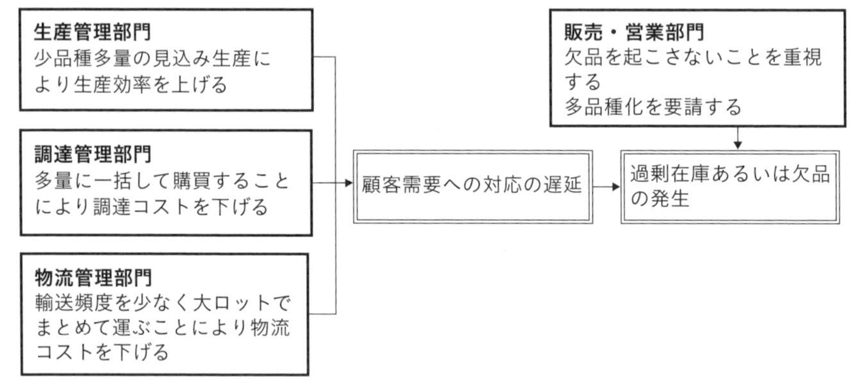

ても取引先に出荷し，売り上げを立てる押し込み販売をする場合もあります。この場合，後で返品が大量に発生することとなり無駄な物流コストがかかります。現在は，多くの企業が押し込み販売を抑制しようとしています。

各部門は，いかに生産効率，輸送効率を上げるか，低コストで調達するか，顧客のニーズに応えるかということを考えます。それぞれの目指す方向は間違っていないように思われますが，各部門の論理が，全体としては需要に柔軟に対応することを困難にし，過剰在庫につながりやすいといえます。各部門の考え方はどうしても**部分最適**になりやすく，企業全体を考えた**全体最適**を目指すことが必要といえます。

2.2 企業内の部門間の連携

2.2.1 調達，生産，供給の連携

メーカーにおいては，生産，出荷，在庫，資材調達などの計画を作成します。その際，例えば生産管理部門が工場の稼働状況，生産効率だけを考慮して生産計画を作成した場合，部分最適となり，市場の需要に合わず過剰在庫が発生しやすくなります。そこでまず，さまざまな部門の資源を統一的，一元的に管理するための情報基盤となるERP（Enterprise Resource Planning）パッケージの導入が進んでいます。さらに，サプライチェーンの情報の共有化，見える化を図るためのソフトウェアを導入している企業も多くなっています。しかしながら，ソフトウェアを導入しただけでは，各部門の壁を超えられず，需要に合わせて調達，生産，供給が連動した計画が作成できていない企業が多いのも事実です。

メーカーにおいては，PSI（Production：生産，Sales：販売，Inventory：在庫）管理により，全体の製品需給計画をまず作成し，それに基づいて各計画を作成し，図表５－２のように需要と供給を同期化することが必要です。具体的には，需要予測などに基づいて需要計画を決定し，供給側の現在の生

図表５－２ ▶▶▶ 調達，生産，供給の連動

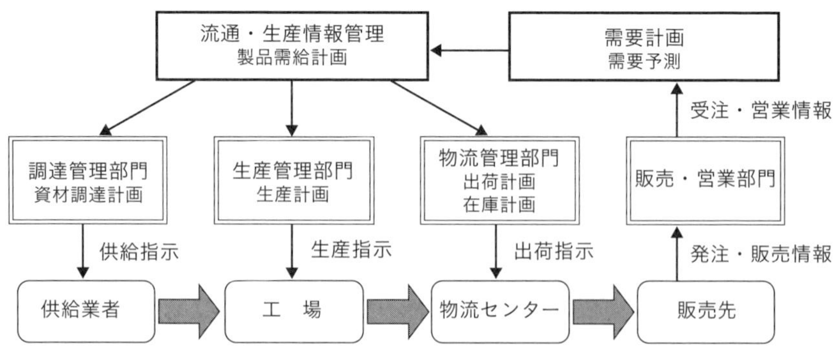

産状況，在庫状況等との擦り合わせをし，製品の需給計画を策定することになります。さらにこの計画に基づき，生産管理部門では生産計画，調達管理部門では資材調達計画，物流管理部門では出荷計画，在庫計画が立てられ，工場，物流センターに指示されます。このように各部門が連携していくのをインバウンドSCMという場合もあります。

2.2.2 需給計画の見直しサイクルと組織体制

市場の需要に柔軟に対応するには需給計画，生産，調達，出荷，在庫の各計画の見直しサイクルを，短くすることが重要です。従来，多くの企業では月単位での見直しを図っていましたが，大きく変動する需要に対応するのが難しいという問題がありました。例えば月の途中で需要に大きな変動が起きても即座に対応できず，月初の計画通りのまま生産，調達し，過剰在庫あるいは逆に欠品につながっていました。計画の見直しを週単位にするなどの短サイクルへの転換は，現在，多くの企業が実施しています。

製品需給計画の策定，さらに各部門の計画を調整，策定を１つの組織に集中させるため，ロジスティクス部あるいはSCM部という組織を**図表５－３**のように設ける場合があります。また，計画作成の各部門は分散化していても，需給計画に則って情報を共有，連携しながら，計画を作成している場合もあります。需給計画に合わせて計画を調整することが重要なのであり，そ

図表5-3 ▶▶▶ハウス食品におけるSCM関係部署責任範囲

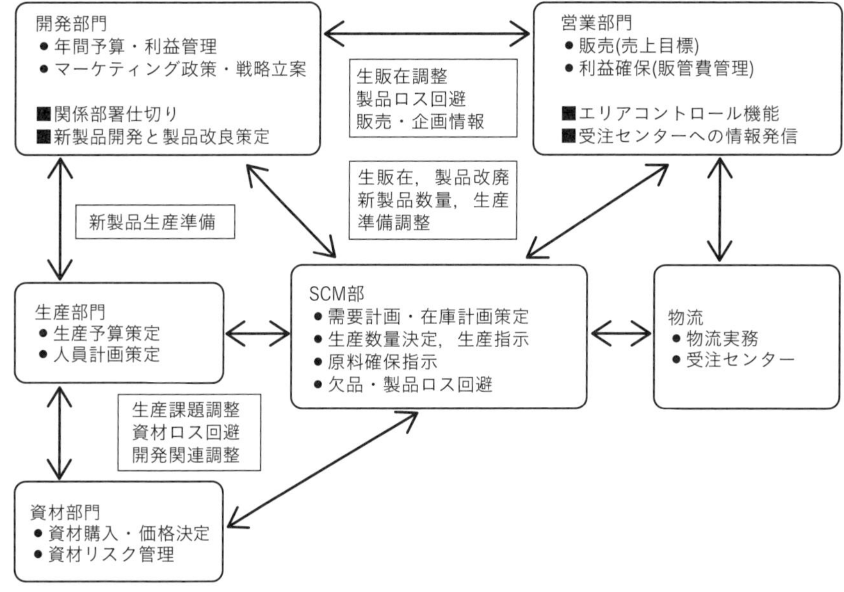

出所：ハウス食品資料より作成。

れには分散化しているほうが細かい現場サイドでの調整が容易であるともいわれています（梶田［2010］）。

2.2.3 需要計画の策定

需給計画を策定する場合，その前提となる商品の需要計画をどのように策定するかが重要となります。需要量は常に変動しており，各企業は需要予測のために高度なシステムを構築し，精度を上げようとしています。過去の出荷実績，価格変更，製品のリニューアル，月末（給料日等の関係），天候，キャンペーン情報等をもとに，地域別，品目別などで予測をしており，定番商品については，要因分析，過去のトレンドなどを細かく分析することによって，精度を上げていくことが可能となります。しかしながら，需要変動が大きい商品の場合，需要予測の精度は悪くなります。また，小売業が特売（セール）をする場合は，大量の出荷が要請されることとなります。小売業側は競争相手に事前に情報が漏れないように，特売商品を直前に発注してくる場合も多いのが現状です。そのため，小売業がどの商品を，どの時期に特売するかといった情報を，販売・営業部門が詳細に収集して回り，需要予測に反映できるシステムを構築している企業も多くなっています。

一方，新商品については過去の情報がないことから，需要予測が難しくなります。不確実な需要情報のもと，好調に売れた場合に備えて在庫を用意しますが，売れ行きが振るわない場合には，大量の不良在庫を抱えることとなります。

2.2.4 需給計画と販売計画の連携

製品需給計画は，生産，出荷，在庫，調達の数量ベースの計画が中心となっているのに対して，販売・営業部門の販売計画は金額ベースです。販売計画は，販売・営業部門の営業目標と捉えがちであり，実際の需要計画との乖離が発生してしまうのが一般的です。最近，S&OP（Sales and Operations Planning）という考え方が，多く使われるようになってきています。これは販売計画と生産，出荷，在庫，調達などのモノに関連するオペレーションの計画を統合するという考え方です。これまでは需給計画と販売計画については連動していなかったため，調達，生産などのサイクルは1週間単位で状況を把握し，計画が見直されているのに対して，販売計画は1カ月単位のサイクルで計画が見直されているという状況がありました。S&OPは，各種オペレーションと販売を連動させるものであり，例えば特売，価格設定，プロモーションなどを短いサイクルで見直し，従来は不良在庫になっていたものを修正するあるいは販売計画に合わせて需要計画を調整するといったより能動的な対応が可能になります。

3 需要変動に柔軟に対応できる生産体制の構築

大きく変動する需要にいかに柔軟に対応するか，従来の見込み生産から受注生産，少品種多量から多品種少量など生産形態の転換あるいは生産方式の見直しが図られています。

3.1 生産形態の見直し

3.1.1 受注生産への転換

見込み生産では，完成品の在庫を保有することになるのに対して，受注生産は注文があった時点から加工組立などを開始し，完成した商品が取引先にそのまま供給されます。受注生産への転換は，カメラ，エアコンなどに事例がみられます。注文を受けて，1人あるいは数人の作業者が，短時間で1つの製品の組立を行うセル生産方式を実施している場合が多くなります。

3.1.2 多品種少量生産への転換

現在，多くの商品では，少品種多量生産から小ロットで多品種を生産する多品種少量生産への転換が求められています。少品種多量生産は，1つの生産ラインで大量に同じものを生産する連続生産方式です。一方，多品種少量生産は，多品種のものをロット単位で同じ生産ラインで生産しますが，品種が変わるたびに，生産ラインの段取り替え，食料品，飲料では洗浄といった作業が発生します。段取り替えの時間が長いと生産効率を低下させることになるため，短縮することが重要です。このように，生産効率は若干低下しても，需要に合わせて多品種のものを小ロットで生産する体制の構築が進んでいます。

3.1.3 商品特性に合わせた生産形態の組み合わせ

各企業は，商品価格，販売数量といった商品特性に応じて生産形態を組み合わせるのが一般的です。例えば，比較的低価格な商品あるいは売れ筋商品（パレート分析（ABC分析）におけるAクラス商品）については，在庫リスクが小さいため多量見込み生産をします。高価格な商品あるいは販売数量が少ない商品（Cクラス商品）については，在庫リスクが大きいため受注生産をします。同じメーカーにおいても，商品特性に応じて多量見込み生産，少量見込み生産，受注生産を組み合わせているのです。

3.2 生産方式の見直し

3.2.1 事前の内示情報の提供

部品メーカーは，基本的に加工組立メーカーから受注生産をし，ジャストインタイムで納入します。その際，最終的な確定注文は直前となる場合が多く，注文を受けてからの生産では納期に間に合いません。そのため，数カ月前に内示（生産計画等）をもらい先行して生産する場合が多く，こうしてはじめて部品メーカーは計画的な生産が可能となります。内示と確定注文の数量に大きな差異がなければ問題がありませんが，大きな差異が発生すると過剰在庫が発生します。下請法上では内示が正式な発注となり，加工組立メーカーが下請事業者の在庫分を買い取る等の必要があります。

3.2.2 生産の最終段階の延期

商品が多品種化し需要が不確実なことは，過剰在庫を発生させる要因となります。例えば何色ものセーターを生産している場合，セーター全体の販売量予測は外れていなくても，色別にみた場合には大きく外れることがあります。商品の種類が増えると予測精度が落ちるため，まだ色がついていない半完成品段階の，少ない種類の状態で予測をすることにより精度が上がります。半完成品の状態で在庫をし，需要変動をみながら実際の出荷時期の間際に最終段階の加工をします。市場に出る時期に近いほど実際の需要量を把握しやすく，そのブレは小さくなります。同様に，電気メーカーでの加工組立，衣料品メーカーでの縫製，飲料メーカーでの容器への充塡，化学工業品メーカーでの中間材料の希釈といった最終完成品にする段階を延期するものがあります。最終段階をできるだけ延期し，短いリードタイムでの生産加工により需要変動に合った生産，供給が可能となります。

3.2.3 商品アイテム数の絞り込み

販売・営業部門は，一般的に多様化する消費者ニーズに合わせて商品アイテム数を増やしたいと考えます。アイテム数の増加は1商品当たりの販売量を小さくするため，生産，輸送ロットを小さくし，過剰在庫にも結びつきやすくなります。アイテム数の選択と集中をしていくことが重要です。さらに最終製品だけでなく，部品についても共通化，アイテム数の削減が重要です。

3.3 新技術による生産の最適化

今後，IoTの進展などにより，商品，部品単位で，工場内のラインでの進捗状況，あるいは輸送状況などを，リアルタイムで把握することが可能となり，これをAI等により，後工程に即座に反映することが可能となります。遅延などが発生したとしても，後工程の作業手順の変更などにより，手待ち時間が解消されるなど全体最適化が進むこととなります。現在はあらかじめ決定された工程に従って進める固定的・静的な「ライン生産」方式であるのに対して，今後は，ダイナミック・有機的な生産方式が実現できるようになります。自由に生産方式や生産するものを組み替えて，最適な生産を行うというものであり，さまざまな顧客ニーズに柔軟に対応することが可能になると同時に，生産，部品供給で支障が発生しても柔軟に対処できるようになります。新技術の導入は，生産だけでなく，物流の最適化に結びつくことが期待されています。生産においては，標準化，情報の電子化が進んでいるのに対して，物流では遅れていることが，大きな課題となっています。

4 調達物流の動向

原材料，部品，包材などの調達と生産を連動させるため，生産ラインにあ

図表５－４ ▶▶▶ かんばん方式の概念図

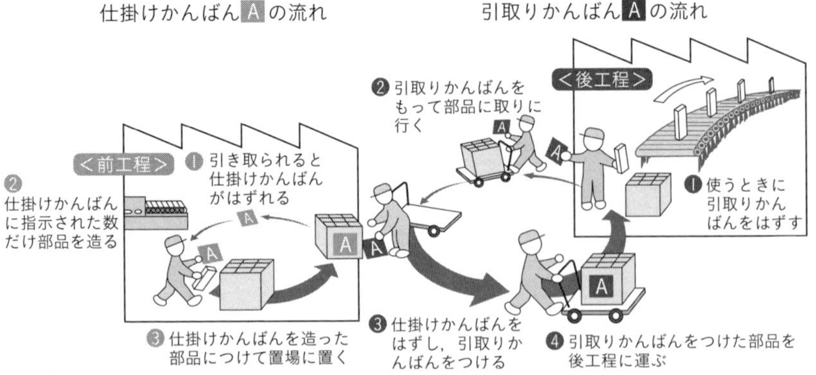

出所：トヨタのホームページを参考に作成。

わせて部品等がジャストインタイム納入されることが重要です。従来の調達は，供給先からの注文に応じて，サプライヤー，ベンダーが納入するのが一般的でしたが，サプライヤーが供給先の部品等の在庫を直接管理するVMI，さらに供給先が自ら集荷するミルクラン方式といった取り組みが多くなっています。

4.1 ジャストインタイムと「かんばん」

サプライヤーが生産工程に合わせて，必要な部品を，必要な量だけ，必要なタイミングで納品するのがジャストインタイム納品です。生産と調達ロジスティクスが連動し，部品の在庫を抱えず需要に合わせた計画に基づいて生産を行い，「ムダ，ムラ，ムリ」をなくすトヨタ生産方式の考え方は，自動車業界，メーカーだけでなく流通業，物流業などにも広く浸透しています。

自動車は特に部品が多く，約３万点が必要となります。さらに同じ車種でも，１台１台仕様が異なるため，さまざまな車種，仕様の自動車を同じ組立ラインで生産する混流生産方式となっています。組立ラインで使われた分だけ必要なときに部品を補充しますが，後工程が前工程に必要な部品を必要なときに必要な量だけ取りに行くために，後工程である組立ラインの使用状況を伝える道具が「かんばん」です。**図表5－4**のように後工程の組立ラインでは，部品を使用するときに，「引取りかんばん」をもって前工程に取りに行きます。前工程の部品置き場で，部品の「仕掛けかんばん」をはずし，「引取りかんばん」をつけて後工程に運びます。前工程では，その状況に応じて生産し，生産された部品に，「仕掛けかんばん」をつけて部品置き場に運び，後工程に必要な部品を補充するものです。

4.2 VMIの導入

VMI（Vender Managed Inventory：ベンダー管理在庫方式）とは，供給業者（ベンダー）が納入先の部品等の在庫管理を行い，自動的に部品を補充する方式です。部品メーカーと加工組立メーカー間での取り組みが進んでいます。従来，加工組立メーカーは供給業者に注文してから部品が納入されるまでのリードタイムを見込んで，組立に必要な部品を工場内に在庫することが必要でした。加工組立メーカーは在庫を削減するため，供給業者に対して短いリードタイム，ジャストインタイム，一括による納品を要求します。また，供給業者側では，加工組立メーカーからの発注量が事前に分からないために，多量の在庫を抱え，短いリードタイムに対応して納入先に近接して物流センターを持つことは大きなコスト負担となります。**VMI**では，供給業者は納入先の部品の在庫，出荷情報をもとに，自らの責任で計画的に補充することにより効率化が可能になります。これは，供給業者が納入先の加工組立メーカーの在庫を管理するということであり，VMI倉庫は加工組立メーカーの工場内あるいは納入先に近接した物流事業者が運営する共同倉庫の場合があります。VMI倉庫内に部品があっても，供給業者の所有であり，加工組立メーカーは在庫リスクがなくなります。

このように**VMI**は，供給業者，加工組立メーカーの両者がWin－Winの関係となるシステムです。しかしながらその前提として，加工組立メーカーから生産に関する予測情報などが供給業者に示され，両者が情報共有をし，計画的に補充をできることが必要です。その前提がなければ，加工組立メーカーはメリットがあるものの，供給業者は取引先数だけ在庫拠点ができたのと同じこととなり，全体の在庫量が増えてしまうことにもなります。このように，VMIは両者の連携が欠かせません。

4.3 ミルクラン方式の導入

納入先のメーカーが，サプライヤー，ベンダーから部品等を巡回集荷するのをミルクラン方式といいます。供給業者が，各社独自に小ロットで納入を実施すると貨物車台数が増えます。そこで，納入先メーカーに委託された物流事業者が，各社を巡回して集荷し，混載することにより積載率を上げることになります。また，納入先メーカーが卸売等への販売物流と組み合わせて実施する場合もあります。一方，日本においては，商品価格は納品のためのコストも含んだ工場着荷価格が一般的であり，供給業者が自らの責任で納入する方式となっています。ミルクラン方式の導入にあたっては，商品価格と納入にかかるコストを分けた工場渡し価格が必要となります。納入にかかる物流コストを明確にすることは，着荷主が納入にかかる物流の効率化を意識することにつながります。ミルクラン方式導入にあたっては，コストを正確に把握し，両者が納得して，実施することが重要となります。

5 販売物流の動向

各メーカーは，取扱商品の特性，物流条件（リードタイム，頻度，ロット等），取引先特性などに合わせて，物流システムを大きく変革しています。

5.1 物流ネットワークの再編

1990年代以降，メーカーの多くは，適切なリードタイム，在庫圧縮の視点から物流センターの配置，輸送ネットワークの再編を進めてきました。特に，物流センターの統合集約化によって在庫を集中管理し，在庫圧縮を図ると同時に，工場から物流センター，物流センターから取引先等へのロットを大きくし，積載効率を高める事例が多くみられました。しかしながら近年，改善基準告示の厳守化などにより，長距離輸送が困難となっていることから，統合集約化の見直し，中継地点の設置などの動向も一部みられるようになってきています。

5.2 製販連携による効率化

小売業等の物流センターの在庫管理，補充をメーカー主導で行うVMI，CRP（Continuous Replenishment Program）の導入が進んでいます。CRPの仕組みはアメリカのP&Gとウォルマートが最初に実施したといわれ，小

Column 花王のロジスティクスの取り組み

花王は，年間約150万t，約24億個（日本国内分，2018年，花王資料による）の商品を取り扱っています。メーカーと販売会社は在庫情報を共有しています。1997年からSCMプロジェクトに取り組んでおり，需要予測に基づき生産を制御，部門を超えた全体最適を図っています。生産，販売，物流などサプライチェーン管理の担当者が，毎朝マルチモニターで販売動向，製品在庫，材料在庫，生産計画，需要予測等を確認し，生産計画の意思決定を迅速に実施しています。さらに調達，生産，販売，物流の各計画を共同で立案し，在庫，欠品，物流コストを大幅に削減しています（図表５－５）。

図表5－5 ▶▶▶花王のSCMにおける情報共有

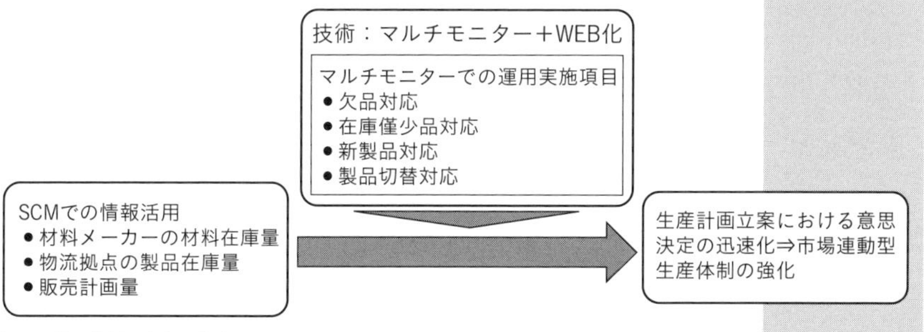

技術：マルチモニター＋WEB化

マルチモニターでの運用実施項目
- 欠品対応
- 在庫僅少品対応
- 新製品対応
- 製品切替対応

SCMでの情報活用
- 材料メーカーの材料在庫量
- 物流拠点の製品在庫量
- 販売計画量

→ 生産計画立案における意思決定の迅速化⇒市場連動型生産体制の強化

出所：花王資料を参考に作成。

売店舗に商品を連続的に自動補充する方式です。メーカー側は計画的に納入することが可能となり，小売業側での欠品も防ぐことになります。

また，花王はグループ内に自社製品を専門に扱う販売会社を持っており，メーカーと販売会社が共通のシステムで，販売情報を詳細に把握，分析し，調達，生産，販売，物流の各計画に迅速に反映させています。

取引企業間で販売，生産，在庫，出荷などの情報を共有化することは，物流業務の計画化を容易にし，効率化を図っていくことになります。例えば小売業の特売情報などを共有化することは貨物自動車運行の平準化，計画化，在庫削減に結びつきます。厳しい時間指定，緊急納品といった要請が，物流効率化を妨げている場合も多くみられ，取引企業が一緒になって見直すことが必要となっています。また近年，大手小売業が販売情報を有償，無償で提供することが多くなっているものの，その比率は依然として低いままになっています。さらに在庫情報は提供されないという問題があり，物流効率化を妨げています。SCMを目指すためには，サプライチェーン全体での情報共有が不可欠といえます。

5.3 取引制度と物流

効率的な物流を実現するためには，企業間の取引制度の見直しが重要です。例えば過度な多頻度小口納品は，積載効率が悪化しコスト上昇につながります。日本においてはメーカーから取引先への物流コストは商品価格に含まれるのが一般的であり，取引条件によって発生する物流コストを商品価格に反映しにくい問題があります。最近は，物流条件によって商品価格を一部変更する取り組みも出てきています。

加工食品，飲料メーカーと卸売業との間で，リードタイムの見直しが始まっています。従来は，卸売業から注文を受けて，翌日に納品するのが一般的でした。その場合，トラックの確保，計画的な運行が難しいこと，注文を受けてから，商品を取り揃え，仕分けをして，出荷する作業を夜間にせざるを得ないという問題がありました。リードタイムを翌々日にすることによって，トラックの確保がしやすい，計画的な運行がしやすい，労働環境改善に結びつくといった効果があります。また，ASN（事前出荷データ）を作成することが可能となり，納品先での検品レスも可能となります。しかしながら，荷受け側においては在庫が増えかねず，特に小売業との間では見直しが進んでいません。

Working　　調べてみよう

メーカーが取り組んでいる具体的な在庫削減方策を調べてください。

Discussion　　議論しよう

1. **企業内で部門間が調整，連携していない場合，どのような問題が発生するかについて明らかにしてください。**
2. **メーカーにおいて，ロジスティクスの考え方がなぜ重要なのかについて明らかにしてください。**
3. **VMIが企業の物流に与える影響について調べてください。**

▶▶▶さらに学びたい人のために

- 北村友博［2010］『生産管理システム構築のすべて』日本実業出版社。
- 冨野貴弘［2012］『生産システムの市場適応力』同文舘出版。
- 藤本隆宏［2001］『生産マネジメント入門Ⅰ・Ⅱ』日本経済新聞出版社。

参考文献

- 加護野忠男［1999］『〈競争優位〉のシステム』PHP研究所。
- 梶田ひかる［2010］「日本型SCMが次世代を拓く」『月刊ロジスティクス・ビジネス』。

第6章 生活を変えるネット通販の物流

Learning Points

▶ネット通販を消費者が評価する際，価格，品質だけでなく，物流サービスも重要な項目となります。

▶宅配危機が問題となるなか，ネット通販における再配達を削減するさまざまな取り組みが進展しています。

▶すべてのチャネルによりシームレスで顧客にサービスを提供するオムニチャネルの考え方が進展しています。その際，店舗販売とネット通販の在庫を統一管理するといった基盤整備が重要であることを理解します。

Key Words

フルフィルメント　無料配送　再配達問題　オムニチャネル

1 通信販売の展開

1.1 通信販売展開の動向

ネット通販等の通信販売市場規模は，図表6－1のように近年大きく拡大しており，2018年度は8兆1,800億円となっており，最近5年間で39.6%増加しています。他の小売業態に比べて高い伸び率を維持しています。小売市場に占める通信販売のシェアは2001年では1.8%でしたが，2012年は3.9%，2017年は6.2%にまで拡大しています。しかしながら，諸外国に比べれば，現状では必ずしも高いといえず，中国は22.7%，イギリスは19.3%，アメリカは9.0%とされています（総務省［2016］）。このような状況をみると，日本のネット通販市場の拡大傾向が今後も続くことが予想されます。

通信販売の歴史は古く，アメリカでモンゴメリー・ウォードが1872年に，

図表6－1 ▶▶▶通信販売市場規模の推移

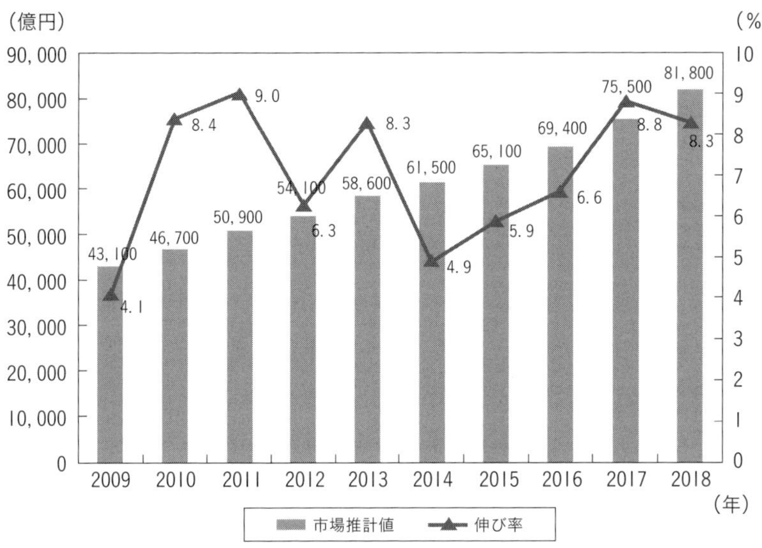

出所：日本通信販売協会（JADMA）資料より作成。

リチャード・ワーレン・シアーズが1886年に始めたとされます。1907年にはシアーズ・ローバックの総合カタログ配布数は300万部を超えていました。日本においても1876年に農学者津田仙の『農業雑誌』において最初の通信販売が開始されています。さらに，1899年には百貨店が外売通信係を設置するなどしました。しかしながらその後，信頼性の問題などから日本ではなかなか普及しませんでした。1971年にはテレビショッピングが始まるなど多様な媒体を使った通信販売が始まります。また，百貨店などによる通信販売が展開され，消費者の認知度が高まっていきます。1970年代後半以降，通信販売市場が拡大していきますが，その背景にあるのが宅配便です。1980年代は総合通販，1990年代は単品通販が大きく伸びます。さらに1990年代後半以降のインターネットの普及に伴いネット通販が拡大します。通信販売の拡大において，それを支える宅配便とインターネットの普及が欠かせなかったといえます。

日本におけるネット通販を大きく変革したのはアマゾン・ジャパンです。

2000年11月に本から始まり，その後音楽，DVD，エレクトロニクス，アパレル，食料，飲料などと，取扱商品数を拡大しました。単一品目型からさまざまな商品を扱う総合品目型ネット通販に転換し，消費者に対してワンストップショッピングのサービスを展開してきました。

1.2 ネット通販拡大の背景

消費者がネット通販を利用する理由，メリットとして，「実店舗に出向かなくても買い物ができる」，「24時間いつでも買い物ができる」，「実店舗より安く買える」が挙げられます（**図表6－2**）。さらに「実店舗よりも品ぞろえが豊富」という理由もあります。ネット通販の特徴の1つとしてロングテール現象があります。店頭販売では，限られた店舗スペースのなかに，売れる商品を中心に品揃えして販売効率を高めています。ネット通販では，あ

図表6－2 ▶▶▶ ネット通販を利用する理由，メリットと利用しない理由，デメリット（%）

利用する理由，メリット	%
実店舗に出向かなくても買い物ができる	68.1
24時間いつでも買い物ができる	62.8
実店舗よりも安く買える	54.6
実店舗よりも品揃えが豊富	40.3
実店舗に行く時間を節約できる	36.5
検索機能等によって買いたいものを探す時間を節約できる	24.5
対面での接客を省略できる	13.1
ショッピングサイトに掲載された商品へのレビューを参照して購入できる	23.8
購入履歴から欲しいものを提示してくれる	6.6
自宅に持ち帰るのが大変な重いものが手軽に買える	33.9
ポイント	21.9
その他	0.7
メリットはない	4.8

利用しない理由，デメリット	%
ネット通販事業者の信頼性が低い	24.4
ショッピングサイトへの登録が面倒	16.2
決済手段のセキュリティに不安がある	30.8
クレジットカードを持っていない	7.7
ネット通販の仕組みがよくわからない	3.5
ネット通販では自分の欲しいものを扱っていない	5.1
商品や販売者が多すぎでどれを選んでいいかわからない	14.2
ネット通販では商品を買いすぎてしまう心配がある	11.4
実店舗で実物を見たり触ったりして購入したい	37.7
今すぐ欲しい商品の購入には実店舗の方が便利	18.6
なじみの店舗の方が買いやすい	6.8
ネット通販では店員から情報を得ることができない	9.1
店員側から顧客のニーズを聞いてくれる御用聞き的なサービスを受けたい	2.8
ネット通販では店舗や街を歩く楽しみが得られない	6.9
今までネット通販をしなくても特に困らなかった	4.2
その他	1.8
デメリットはない	15.2

出所：総務省『平成28年版 情報通信白書』より作成。

まり売れない商品も物流センターで在庫し，品揃えすることが可能となります。ネット通販では，このような商品を販売することも大きな収益源となっています。一方，ネット通販を利用しない理由，デメリットとしては，「実店舗で実物を見たり触ったりして購入したい」，「決済手段のセキュリティに不安がある」，「ネット通販事業者の信頼性が低い」などが挙げられています。さらに，ネット通販で買うことが多い商品として，CD/DVD/BD，切符・チケット，本，PC，小型家電となっています（総務省［2016］）。

1.3 通信販売の利用媒体

通信販売の利用媒体は多岐にわたっており，インターネット（PC），インターネット（携帯，スマホ），カタログ，ダイレクトメール，テレビ，新聞，ちらし，雑誌，会員誌，フリーペーパー，ラジオなどがあります。消費者が購入時に利用した媒体で最も多いのは，2005年はカタログでしたが，その後インターネット（PC）にかわり，2017年以降はインターネット（携帯，スマホ）となっています（図表6－3）。ただし，消費者は，カタログ，テレビなどをみてネット通販で購入する場合なども多く，多くの媒体を使い分

図表6－3 ▶▶▶消費者の申込時利用媒体の推移

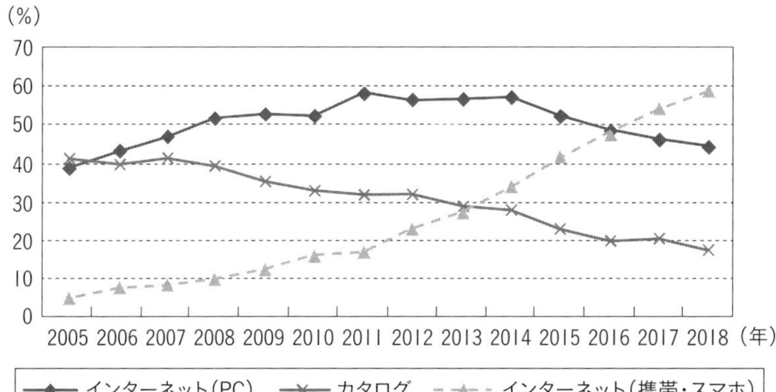

注：変化が大きいインターネット（PC），カタログ，インターネット（携帯・スマホ）のみを図示した。
出所：日本通信販売協会資料より作成。

けています。事業者も媒体を複数利用するメディアミックスにより，顧客との接点を増やしています。

1.4 ネット通販の類型

ネット通販業とひと口にいわれますが，その企業の特性，取扱商品など非常に多岐にわたっています。アマゾン，楽天，ヤフーといったネット専業企業だけでなく，従来からカタログ，テレビ等の媒体を使っていた通信販売企業もネット通販に参入しています。さらに，店舗小売業が店舗販売だけでなくネット通販にも参入しているほか，メーカーなども自社製品をネット通販する場合があります。取扱商品も企業向けを中心に行っているアスクル，ミスミグループ，大塚商会，カウネットといった事業者と個人向け事業者に分けられます。また，アマゾン，従来の通信販売企業，店舗小売業，メーカーなどは事業者自らが商品在庫，配送などのサービスを管理しています。それに対して，楽天，ヤフーなどのようにモール型と呼ばれるネット通販は，基本的にそのサイトに出店している事業者がそれぞれ商品在庫，配送などのサービスを管理し，個別に対応することになります。このように，ネット通販は企業によって内容が大きく違い，さらにそれに伴い物流サービスにも差異があります。

2 ネット通販における物流サービス

2.1 重要なフルフィルメント

顧客の注文を受けてから，商品を届けるまでの一連のプロセスの遂行を**フルフィルメント**といいます。具体的には，受注，在庫管理，ピッキング，仕分け，流通加工，梱包，発送，さらには代金請求·決済処理，クレーム処理，問い合わせ対応なども含める場合があります。特に，ネット通販においては

図表6－4 ▶▶▶フルフィルメントの業務内容

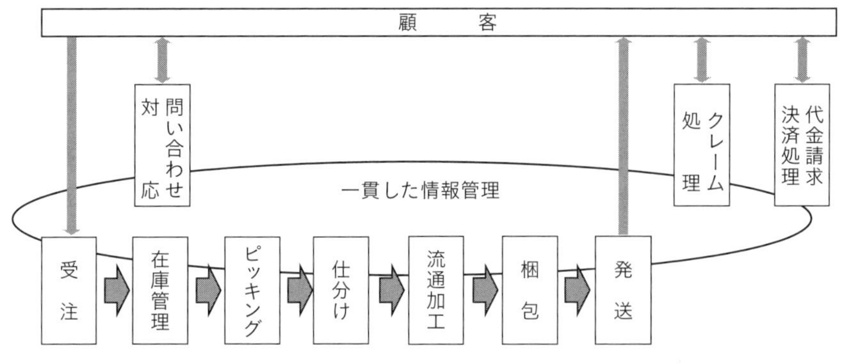

フルフィルメントにきちんと対応できるかが，顧客満足に大きく影響します。同時に業務の遂行状況の確認，顧客からの問い合わせにも対応が可能なように，一貫した情報管理をすることが必要です。通販企業は，商品の企画，開発，調達，顧客管理に専念し，**フルフィルメント**を外部委託する場合もあります。物流事業者さらに通販企業などがフルフィルメントサービスを提供しています（図表6－4）。

2.2 ネット通販に求められる物流サービス

ネット通販において，消費者は価格，品質だけでなく，物流サービスも重要な評価項目と考えています。事業者にとっては，単なる価格競争になると収益確保が難しく，いかに特色ある品揃えにするか，そして物流サービスも重要な項目となっており，重要な差異化戦略となっています。利用者は，注文してから早く商品を手に入れたいと思います。ネット通販企業が在庫を持たず，注文を受けてからメーカー等から取り寄せをし，顧客に配送すると時間がかかってしまいます。そこで自社で在庫を抱え，配送日数を短縮する形態が一般的となっています。

ネット通販の物流サービスにおいて消費者が求めるのは，配送料の安さ，リードタイムの短さ，日時指定のきめ細かさ，配送時間の正確性，一括にま

図表6－5 ▶▶▶ネット通販に求められる物流サービス

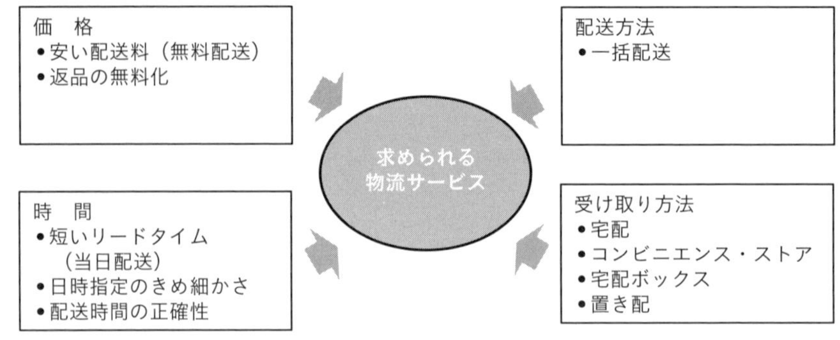

とめての配送，誤配の無いこと，返品の無料化，多様な受け取り方法などです。

配送料の安さについては，一定金額以上の無料配送を実施している企業も多くなっています。リードタイムの短さについては，2，3日後の配送から翌日配送へ，さらに一部では**当日配送**（当日配達）を打ち出す企業も出てきています。日時指定については，従来は午前・午後・夕方の指定などでしたが，よりきめ細かく2時間ごとの時間帯指定，さらに1時間ごとの時間帯指定もあります。同時に配送時間の正確性も求められます。

消費者が複数商品を購買する場合に商品ごとにばらばらに配送されると，受け取り回数が増え，煩雑となるため，複数商品を一括でまとめて配送してもらうことを望む消費者も多くなっています。また，通販企業からみても一括で運ぶことによって，配送料金を安くすることにもつながりますが，通販企業の取扱品目が多い場合にはその処理が難しいこと，またモール型の場合は出店者ごとの対応であり，困難となります。

日本での誤配率は低く，消費者からみると当たり前ともなっています。返品の無料化については，各通販企業によって対応には大きく差異があります。不良品，破損，誤配等以外の返品の配送料は消費者負担の場合が一般的ですが，ファッション系の一部企業では返品が発生することを前提に返品料を無料にするサービスを展開しています。商品の受け取り方法については，自宅への配送だけでなく，24時間受け取り可能なコンビニエンス・ストア，宅配ボックス，置き配のニーズも高くなっています。このように消費者はさまざまな高度な物流サービスを要請するようになっています（図表６－５)。

2.3 ネット通販における無料配送サービスの状況

ネット通販企業においては，**無料配送**サービスを打ち出す場合もあります。アマゾンが2010年11月1日に課金方法を改め，発送商品の通常配送料を一律無料としたことを発端として，対抗するように他社も追随し，2010年代前半は無料配送が大きな流れとなりました。しかしながらその後，人件費高騰などにより宅配便運賃が値上がりしたため，通販企業にとって配送料無料は大きな負担となり，多くの通販企業は取りやめたほか，配送料を値上げした事例も多くなっています。現状としては，一定金額以上の購入で無料とする企業が大半となっており，全ての商品を配送料無料とする企業は少なくなっています。

2.4 ネット通販における当日配送の状況

アマゾンは，消費者が午前中に注文をした商品を当日に届ける「当日お急ぎ便」を展開しており，会員制プログラムの利用者は無料で利用できるとしています。LOHACOは地域限定ですが，午前9時までに注文すると，最短で当日18時から時間指定ができるサービスを展開しています。

2.5 高度な物流サービスを展開するための物流インフラの整備

高度な物流サービスを展開するため，独自に物流インフラを整備する事例も増えています。アマゾンは日本全国に大規模物流センターを展開し，高度な物流サービスの提供を特徴としています。それに対抗するように，他の通販企業も物流インフラ整備を独自に展開する企業，あるいは物流代行サービス等を利用する企業が増えています。

図表6－6 ▶▶▶通販商品を取り扱う物流センターのロボット倉庫の事例

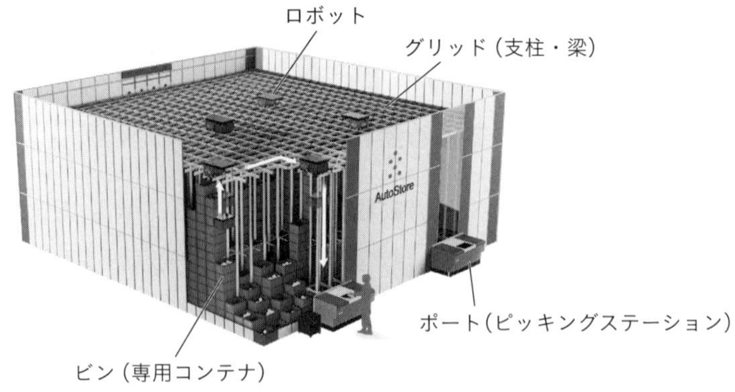

出所：㈱オカムラ資料。

近年，物流センター整備を進める通販企業が多くなっています。アマゾンはフルフィルメントセンターと呼ばれる物流センターを全国に16カ所所有しています。最近新設されている物流センターでは，可動式の商品が入っている棚の下に「Drive」と呼ばれるロボットが入り，棚を持ち上げ，移動する「Amazon Robotics」を導入しています。これにより，作業員は商品があるところまで移動することなく入出庫作業ができます。ニトリの物流企業であるホームロジスティクスにおいても，物流センターの自動化，省力化に取り組んでおり，通販商品を取り扱う物流センターでは，ロボット倉庫「Auto Store」を導入しています（**図表6－6**）。複数のロボットが，格子状に組まれたグリッドの上を走行し，商品が入っている専用コンテナを吊り上げ，作業者がいるポートへ搬送するという仕組みです。作業者は，商品があるところまで移動することなく入出庫作業ができます。専用コンテナは60cm×40cm×31cmの大きさで，1箱に30kgまで商品を入れることが可能となっています。物流センター内は，12段積みで，全体で約3万個の専用コンテナが入っており，約1万2千種類の商品を保管，入出庫しています。出庫効率は導入によって，約5倍の効果が出たとしています。また，高密度の保管も可能となり，従来に比べて保管スペースが約3分の1となっています。

2.6 ネット通販における物流サービスの課題

各企業は，高度な物流サービスを展開するために，物流戦略を大きく見直しています。通販企業が専業なのか店舗販売との兼業なのか，モール型なのか自社製品型なのか，取扱量の大小，単一品目型か総合品目型か，さらにアパレル，食品，家電といった品目の種類によって，戦略には大きな差異があります。また，高度な物流サービスを展開するためには，自社で物流システムを構築するのか，他社にアウトソーシングするのかが重要な選択となります。近年，自社での整備を検討する企業も増えてきていますが，物流インフラ整備には莫大な投資が必要であり，経営を圧迫しかねないという問題があります。また，翌日配送，当日配送といったサービスを展開するためには，物流センターに商品在庫があることが前提となります。物流センターに欠品をしないように在庫を持つ必要があり，在庫の適正化を図るために正確な需要予測，細かい在庫管理が欠かせません。

無料配送について考えてみると，配送に必要な経費は販売価格に含まれています。配送料無料という表現は，配送には料金がかからないという誤解を与えてしまうということから，「配送料は当社が負担」にすべきだという議論も出ています。現在，人件費の上昇などにより，物流に必要な経費は上昇し，それに伴い宅配便の実勢運賃も値上がりしています。物流に関連するコストは，通販企業の大きな負担になっており，通販企業の収益を圧迫し，企業の淘汰にもつながっていくことが予想されます。物流サービス水準とコスト等の関係を明確にし，各企業は自社に合わせた物流サービスを展開していくことが求められます。同時に，企業単独ではなく，複数企業が連携したシステム構築，各種自動機器の導入などの効率性を重視した物流戦略が必要といえます。

3 ネット通販の拡大と再配達問題

3.1 再配達の発生状況

ネット通販による家庭向けの宅配便サービスは，受取人不在による再配達問題が大きな課題となっています。大手宅配事業者３社での家庭向け宅配便における再配達率は，2019 年４月期で 16.0%となっています。地域別にみると，都市部（東京 23 区で人口密度が高く単身世帯の占める割合が高い区）で 18.0%，都市郊外部（東京都郊外の市町村で世帯人口が多いところ）で 15.2%，地方部（人口の少ない都道府県の市町村で人口密度が低く世帯人口が多いところ）で 12.4%となっており，都市部だけでなく，地方部でも再配達は多く発生しています（国土交通省［2019］)。国土交通省によると，再配達に必要な労働力は，年間約９万人分に相当し，環境問題の面からみても，再配達により年間で 約 42 万トンの CO_2 が排出されていると試算されています。再配達は，宅配事業者の配送効率悪化という問題だけでなく，社会経済的損失という問題もあります（国土交通省［2015］)。

3.2 再配達削減のための取り組み

再配達を削減するためには，大きくは利用者と宅配事業者あるいは通販企業との間で，配達日時について緊密な情報交換，情報共有のしくみを作るというソフトウェア中心の方策と，多様な受取方法ができるしくみを作るというソフトウェア，ハードウェア両方に関わる方策の２つがあります。

①配達日時の情報交換のしくみづくり

再配達の発生理由として，「配達が来るのを知らなかった」が約 42%で最も多くなっており，利用者が配達日時を知っていれば再配達を減らすことになります（国土交通省［2015］)。配達日時の情報提供をすること，さらに配達希望日時の指定や変更を簡単にできるしくみを作ることが必要といえます。現状は，家庭向け宅配便での時間指定比率は低く，通販企業などと連携して高めていく取り組みを進めていく必要があります。最近は，SNSのLINEを利用した，急な変更も可能なシステムも導入されています。このように，配達予定日時，受取可能日時を利用者と宅配事業者等がリアルタイムに情報交換できるしくみの構築が重要といえます。

②多様な受け取りができるしくみづくり

自宅で直接受け取る以外のさまざまな方法を選択できるようにしていくことが重要です。受け取り方法としては，集合住宅などに設置されている宅配ボックス，駅，スーパー，公共施設などに設置されるオープン型宅配ボックス，コンビニエンスストアなどが代表的です。新築の集合住宅では，宅配ボックスを設置されている場合が多くなっていますが，既存の集合住宅，戸建て住宅等においては，設置はほとんどされていないのが現状であり，オープン型宅配ボックスの展開が期待されるところです。コンビニエンス・ストアでの受け取りを希望する人も多くなっていますが，宅配事業者あるいは通販企業との個別契約でサービスを展開しており，共通のサービスとして拡大していくことも必要です。さらに最近注目されているのが，あらかじめ指定した玄関前（鍵・ワイヤー付），メーターボックス，車庫，物置などに置いていってもらう「置き配」です。生協，定期的な通信販売では一部従来から実施されていましたが，試験的に取り組む事例が増え，注目されています。

さらに，再配達を減らす上で重要なのは，利用者の意識改革です。1回目の配達で受け取れなかった理由として多いのは，「配達が来るのを知っていたが，用事ができて留守にしていた」が約26%，「もともと不在になる予定だったため，再配達してもらう予定だった」が約14%と，再配達の依頼を前提とした不在も多く，再配達が当たり前という意識を持つ利用者が多いのも実態です（国土交通省［2015］）。再配達はさまざまな環境問題などの社会経済的損失を発生させ，コストがかかりサービス維持できなくなるといったことにつながるということを利用者が認識することが大切です。

宅配事業者は，再配達を減らすさまざまな工夫をしていますが，さまざまな方策を総合的に行っていくことが求められます。同時に，宅配事業者だけでなく，通販企業，さらに着荷主である受け取る側の利用者，さらに社会全体で考えなくてはいけない問題といえます。

4 ネット通販とリアル店舗の融合と物流

4.1 ネット通販とリアル店舗の関係

消費者は店舗においては商品をみるだけで，購買はネット通販で行うショールーミングが，店舗販売企業では大きな問題となっています。ネット通販の進展は店舗販売の比率を落とすことになりかねないという危惧から，ネット通販対店舗販売という議論も多くなされてきました。

ネット通販の問題点として，最も指摘されるのは実際に商品をみて購入できないという問題です。そのため，購入する際に店舗等で実物を確認するかについて，よく実物を確認するが14.5%，ときどき実物を確認するが43.8%と，6割弱が確認することがあるとしています（日本通信販売協会［2012］）。このように消費者が購買時にネットでアクセスし，そこで比較，検討し，すぐに購買するというプロセスは必ずしも多くなく，店舗等で確認し，ネットで購買するというように複数のチャネルを使い分けています。

4.2 オムニチャネルについて

店舗販売の企業がネット通販を兼業する事例が増え，さらに消費者も店舗販売とネット通販を使い分ける場合が多く，最近はネット通販と店舗販売の融合という議論も多くなされるようになっています。O2O（Online to Offline）といわれるネットとリアル店舗との連携，特にネットからリアル店舗での購買に誘引するためのさまざまな手法の試みがされています。さらに

図表6－7 ▶▶▶オムニチャネルへの展開

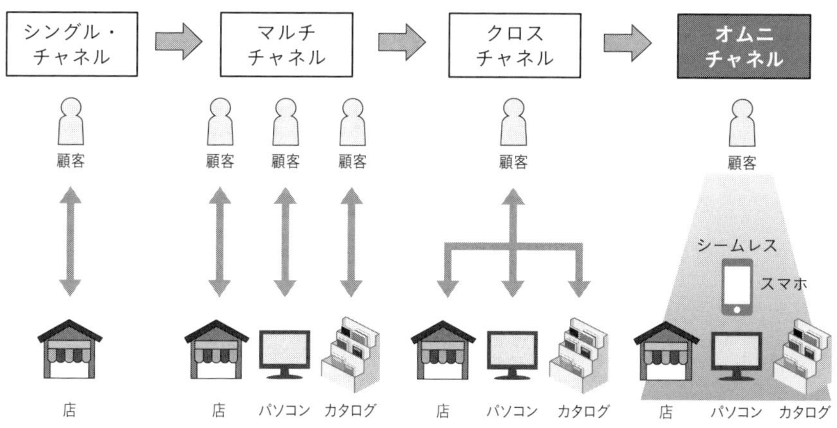

全米小売業協会（National Retail Federation：NRF）が提示している**オムニチャネル**（Omni Channel）があります。これは，すべてのチャネルによりシームレスで顧客にサービスを提供するというものです。従来は，シングルチャネルであり，顧客との接点は1つの販売チャネルでした。その後，顧客はカタログ，テレビ，インターネット，モバイル，ソーシャルメディアといったさまざまなチャネルを利用することが可能となりました。これはマルチチャネルと呼ばれますが，顧客はそれぞれのチャネルをばらばらに利用していた状態です。さらにその後，インターネットが浸透し，提供する内容も高度化するなか，顧客は複数の販売チャネルを行き交い，購買するクロスチャネルに転換してきています。そして，オムニチャネルはマルチチャネルの考え方をさらに推し進め，販売側もチャネルを統一的に管理し，顧客も複数チャネルをシームレスに使う状態を指しています(図表6－7)。顧客は認知，検討，購買という購買プロセスにおいて，さまざまなチャネルを組み合わせて利用することができるようになります。

大手小売業等は，オムニチャネルの展開を目指す傾向が強まっており，今後ネット通販と店舗販売の融合が最も重要な戦略となっています。

4.3 ネット通販と店舗販売の共存，相乗効果について

ネット通販の進展は店舗販売の比率を落とすことになりかねないという危惧があり，これまで両者はなかなか融合できないという認識がありました。その一方で，ネット通販と店舗販売の共存，さらに相乗効果があるという事例も紹介されてきています。例えばあるファッションを中心とした大手小売業のネット通販では，当初，ネット通販利用客は店舗が出店していない地域の客が大半であると想定していました。そして，従来から店舗を利用している顧客はネット通販で買う分，店舗での購入を減らすと想定していました。

しかしながら，実際はネット通販での購入額が多い顧客は，店舗でも購買をしている顧客であり，分析をするとネット通販利用後も店の購入を減らしていないという結果が出ました。ネット通販と店舗を併用している顧客の平均購買額は店舗だけを利用している顧客の２倍にも達したとしており，ネット通販によってファンをさらに囲い込み，他店に流れていた分を取り込んでいます。ネット通販対店舗販売といったチャネルを分けて考えるのではなく，複数チャネルで顧客にサービスを展開していくことが重要だといえます。

4.4 オムニチャネルを支える基盤整備

現在，日本においてはネット通販専門企業が進展する一方で，店舗販売企業，ネット以外の通販企業もネット通販を重要なチャネルとして認識し，構築しています。さまざまなチャネルを設けることは，消費者の利便性を高め，新たな市場開拓として有効であるという考え方が浸透しつつあります。しかしながら，従来の店舗販売における販売方法をネット通販に置き換えただけ，あるいはネット通販と店舗販売を結びつけただけの場合も多くなっています。先進的な企業では，消費者に対してネット通販における販売方法を変更し，より魅力的なチャネルにするためにさまざまな工夫をしている場合もありますが，ネット通販と店舗販売の融合あるいは通信販売においても各メディアの融合については，現状として遅れています。オムニチャネルにおい

ては，**ラストマイル**での商品の多様な受け取り方法を提供することも重要です。商品の受け取り方法は，場所，タイミングが多様であり，顧客のさまざまな受け取りニーズにシームレスに対応することが必要です。

ネット通販と店舗販売を融合するためには，両者の優位性をどのように結びつけ，活かせるかが鍵となります。ネット通販は，いつでもどこでも購買ができる，豊富な品揃えをしやすい，販売側と消費者の双方向の関係が構築しやすい，顧客データ，販売データ等を利用した科学的手法によるマーケティングを行いやすい，ニーズの変化に対応しやすい，さらにサプライチェーン全体の効率的な管理がしやすいなどの特色があります。この優位性を店舗販売に結びつけ，ネット通販と店舗販売の融合をするためには，両者を結ぶ基盤の整備が重要です。そのため，店舗販売とネット通販を同じ部署で管理する，店舗販売とネット通販における顧客管理を統一化する，ポイント管理のデータベース，商品の管理コードを統一化する，購買管理と在庫管理を同じ体系にする，店舗販売とネット通販の在庫を見える化し統一管理する，輸配送状況を管理するといった基盤整備が重要です。

Working 調べてみよう

1. 再配達削減に向けてどのような方策があるかを調べてください。

2. 各企業が取り組んでいるオムニチャネル戦略について調べてください。

Discussion 議論しよう

ネット通販と店舗販売が融合することのメリット，課題を明らかにしてください。

▶▶▶さらに学びたい人のために

●秋葉淳一・渡辺重光［2014］『オムニチャネル時代を勝ち抜く一物流改革の教科書』幻冬舎メディアコンサルティング。

●森田富士夫［2014］『ネット通販と当日配送』白桃書房。

参考文献

●国土交通省［2015］「宅配の再配達の削減に向けた受取方法の多様化の促進等に関する検討会」。
●国土交通省［2019］「宅配便再配達率の調査結果」。
●総務省［2016］『平成28年版情報通信白書』。
●中村博之［2013］「「オムニチャネル」活用による顧客接点の再構築に向けて」知的資産創造。
●日本通信販売協会［2012］「第19回全国通信販売利用実態調査報告書」。

第7章 経済社会を支える物流業の仕組み

Learning Points

- ▶物流業は，経済社会を支える重要な役割を果たしています。売上高が約26兆円，従業員数が200万人を超える重要な産業です。
- ▶物流業は，中小企業が大部分を占めています。サービス差異化が難しいため，激しい低コスト競争が行われています。
- ▶伝統的な事業区分に基づいて，トラック運送業，鉄道貨物運送業，内航海運業，倉庫業の仕組みを学びます。
- ▶荷主企業の物流ニーズが高度化するなか，総合的な物流サービスが広まり，物流業の業態化が進んでいます。

Key Words

貨物自動車運送事業　特別積合せ　鉄道コンテナ輸送　内航定期船
物流業の業態化

1 物流業の概要

1.1 物流業とは何か

物流業者は，貨物輸送，保管，流通加工，荷役等をサービスとして提供する事業者を指します。物流業者というとトラック運送業者を思い浮かべるかもしれませんが，多くの物流業者が総合的な物流サービスを提供しています。

物流業者が提供するサービスの大部分は，メーカー，卸売，小売等の企業向けです。これらの顧客企業は，荷主と呼ばれています。消費者向けには，宅配便や引っ越し，トランクルームなど限られたサービスしか提供していないので，消費者にとって物流業者はなじみが薄いかもしれません。

荷主は，トラックや倉庫を自社で自家用として保有し運営することもできます。しかし，自家用では他社の荷物を輸送したり保管したりできませんので，効率が低くなってしまいます。これに対して，物流業者は多数の荷主の輸送や保管を請け負うだけでなく，専門家として優れたノウハウを持っているため，自家用よりも効率的な営業用サービスを提供することができます。このため，自家用から営業用に切り替える傾向が続いています。

1.2 物流業の規模

物流業は，伝統的な事業区分に基づいて輸送機関や形態によって分類されています。物流業の現状を事業区分別にみると**図表7－1**のようになります。報告年度が異なっていたり報告書提出者数が限られていたりするため単純に合計できませんが，日本全体で約26兆円規模になります。なお，この図表には，自家用は含まれていません。

事業区分別に営業収入をみると，トラック運送業が物流業全体の半分以上を占めています。なお，「**運送**」という用語は主に法律関係で用いられ，輸送と同じ意味です。

トラックは，鉄道，航空，船舶輸送の際にも駅，空港，港までの集荷配送（集配）に用いられており，倉庫や物流センターでも不可欠です。今日の物流で，トラックは中心的な役割を果たしています。

トラック運送業に続いて，外航海運，倉庫，港湾運送，内航海運，航空利用運送等となっています。海運は長距離大量輸送機関，航空は迅速な長距離小量輸送機関として，それぞれの特性に応じて重要な役割を果たしています。

従業員数をみると，物流業全体で200万人を超えており，その大部分がトラック運送業に従事しています。物流業者の規模をみると，外航海運，航空貨物運送，鉄道貨物といった大量輸送事業を除き，中小企業の比率が高いこともわかります。トラック運送業を中心に物流業の労働集約的な特性は，少子高齢化社会で大きな弱点となっています。なかでも，労働条件が厳しい長距離トラックドライバー，船員等の確保は困難になってきています。

図表７－１ ▶▶▶ 物流業の概要（2016年度）

区 分	営業収入	事業者数	従業員数	中小企業の割合
トラック運送業	15兆8,986億円	62,276	1,870,000	99.9%
JR貨物	1,369億円	1	6,000	―
内航海運業	8,867億円	3,446	66,000	99.6%
外航海運業	4兆7,561億円	194	7,000	53.3%
港湾運送業	1兆748億円	865	51,000	88.4%
航空貨物運送事業	2,837億円	22	38,000	22.7%
鉄道利用運送事業	3,045億円	1,095	7,000	88.7%
外航利用運送事業	3,714億円	989	5,000	80.1%
航空利用運送事業	4,667億円	195	12,000	68.2%
倉庫業	1兆6,749億円	6,036	94,000	91.8%
トラックターミナル業	291億円	16	600	93.8%

注：各統計値は2016年度。一部入手可能な直近年度データを含む。
出所：『数字でみる物流』2018年。

1.3 主な物流企業

売上高上位の物流企業をみると（**図表７－２**），１位の日本通運は，もともと社名の通運にみられるように明治時代に通運（鉄道利用運送）を始めた歴史ある企業です。現在は，トラック，倉庫だけでなく，利用運送により海運，航空輸送も提供している総合物流業者です。

２，４，６位は，外航海運業の日本郵船，商船三井，川崎汽船がそれぞれ占めています。外航海運業はグローバル競争が激しく，世界的に上位集中化が進んでいるにもかかわらず，日本では３社が健闘しています。

３位のヤマトホールディングスと５位のSGホールディングスは，宅配便を中心事業としています。日本郵便と合わせて３社で，宅配便市場の大部分のシェアを占めています。

７位の日立物流は，3PL（Third Party Logistics）事業で最大手企業です。以下，セイノーホールディングスは特別積合せ，近鉄エクスプレスはフォワーダー，センコーグループは3PLというように，各事業分野の有力企業が続いています。

図表 7－2 ▶▶▶ 主な物流企業の概要（2018年度）

順位	企業名	売上高	営業利益	主要事業
1	日本通運	2兆1,385億円	795億円	総合物流
2	日本郵船	1兆8,293億円	110億円	外航海運
3	ヤマトホールディングス	1兆6,253億円	583億円	宅配便
4	商船三井	1兆2,340億円	377億円	外航海運
5	SGホールディングス（佐川急便）	1兆1,180億円	703億円	宅配便
6	川崎汽船	8,367億円	-247億円	外航海運
7	日立物流	7,088億円	227億円	3PL
8	セイノーホールディングス	6,184億円	312億円	特別積合せ
9	近鉄エクスプレス	5,920億円	207億円	フォワーダー
10	センコーグループホールディングス	5,296億円	196億円	3PL
参考	日本郵便	2兆1,149億円	1,213億円	郵便業務
参考	日本貨物鉄道（JR貨物）	1,916億円	58億円	鉄道貨物輸送

出所：『会社四季報業界地図 2020』東洋経済新報社。

ただし，物流業では，多くの企業が複数の事業分野にまたがって兼業を行っており，多かれ少なかれ総合的な事業展開を行っています。濃淡はあれ，各社は物流市場で競争しているとみてよいでしょう。

外航海運，宅配便，鉄道のようなセグメントを除き，物流市場での上位集中化はそれほど進んでいないようにみえます。実際，物流業最大のセグメントであるトラック運送業には62,000社もの事業者がひしめき合っています。 しかし，最近ではトラック運送業からの撤退者数が参入者数を上回り，物流業者間の買収・合併も増えています。荷主ニーズの高度化も続いており，物流業界の再編が加速しそうです。

2 トラック運送業

2.1 トラック輸送の発展

戦後復興期まで，日本の長距離輸送の主役は鉄道輸送でした。高度成長期に幹線道路や高速道路の整備が本格化し，同時にトラックの性能が向上するようになると，トラックが活躍するようになりました。輸送手段が道路輸送に転換することを**モータリゼーション**と呼びます。旅客だけでなく貨物の輸送でも，急速にモータリゼーションが進みました。

石油危機を経て日本経済が安定成長期に入ると，日本の産業構造は重化学工業を中心とする重厚長大型から，加工組立産業を中心とする軽薄短小型へと転換しました。その結果，貨物の出荷単位が小ロット化し，多頻度で輸送されるようになりました。物流管理の面でも，多頻度小口化やジャストインタイム物流の有効性が広く認められるようになり，トラックが輸送の主役を担うようになりました。

荷主企業の輸送需要が全国に広がるにつれ，全国に輸送ネットワークを拡大するトラック運送業者が増えてきました。消費者向けの全国輸送サービスである宅配便も急成長しました。現在では，日本通運やヤマトホールディングス，SG ホールディングスのように売上高が1兆円を超える大企業も出てきました。

しかし，トラック運送業は，一部の大企業を除けば膨大な零細業者によって占められています。このため，企業間の激しい競争や複雑な元請け・下請け関係が特徴となっています。

2.2 貨物自動車運送事業法による事業区分

トラック運送業は，**貨物自動車運送事業法**によって「一般貨物」「特定貨物」「貨物軽」「霊柩」事業が規定されています。

このうち，最も重要な事業が**一般貨物自動車運送事業**です。これは不特定多数（一般）の荷主の貨物を有償でトラック輸送する事業です。1990年に施行された貨物自動車運送事業法により，参入規制が免許制から許可制に緩和され，一定の資格要件（現在では最低保有車両5台等）を満たせば参入できるようになりました。このため，同法施行時に40,000社程度であった事業者数は，2007年には63,000社を超えるまで増加しました（図表7－3）。

貨物自動車運送事業法では，運賃規制も認可制から事前届出制へ緩和されました。経済的規制緩和の影響に加え，バブル崩壊後の荷動き停滞もあり，トラック運送業者間の競争は激化しました。その結果，トラック運送業の利益率は他産業と比べて大幅に低下しています。さらに最近では，長時間拘束が続く長距離ドライバーを中心に労働力の確保が極めて困難になっています。このため，トラック運送業から撤退するものも増えており，事業者数は微減傾向となっています。

一方，同法では社会的規制の強化が行われました。国家資格を保有する運行管理者の設置義務づけ，過積載，過労運転等の違反行為に対する罰則強化，監視のための適正化事業機関設置等が定められました。

なお，特定貨物自動車運送事業は，特定の荷主の貨物を専属的にトラック輸送する事業です。規制緩和により一般貨物自動車運送事業への参入が容易になったため，この事業に限定した事業者は減少しています。

貨物軽自動車運送事業は，バイクを含めた軽自動車を利用して行う事業で

図表 7－3 ▶▶▶事業区分別トラック運送業者数の推移（年度末）

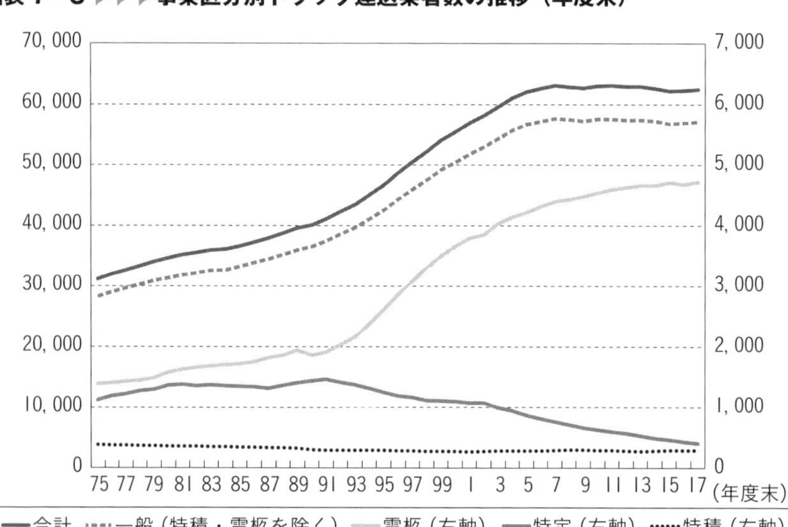

出所：国土交通省。

す。届出だけで車両1台でも事業を行うことができるため，全国に16万社もあります。

2.3 トラック輸送の仕組み

トラックにはさまざまな大きさや種類のトラックがあり，積荷に応じて柔軟なサービスが提供されています。貨物積載量では，小型（2トン以下），中型（4トン程度），大型（10トン程度）等の区分があります。荷台も，貨物の形状に合わせて，平ボディ，バンボディ，ウィング，冷蔵冷凍，ダンプ，タンク等，多様化しています。

輸送方式からみると，1台のトラックに1社の荷物を積載する貸切輸送が最も一般的です。ターミナルを利用しないで，1台のトラックで複数の荷主の貨物を混載することもあります。工場で部品等を集荷する際には，1台のトラックが複数の荷主に立ち寄って集荷するミルクラン方式の輸送が行われています。

貨物自動車運送事業法では，一般貨物自動車運送事業の中で，ターミナルを利用して貨物を積合せて輸送する事業を**特別積合せ**に区分しています。具体的には，宅配便やそれよりやや大型の貨物を輸送する事業になります。この事業を行うには，参入時に事業計画を示さなければなりません。

特別積合せ事業では，小型トラックで集荷した貨物をターミナルで方面別に仕分けたうえで，大型トラックで幹線輸送を行います。目的地近くのターミナルで貨物を方面別に仕分けて，小型トラックで配達します（**図表7－4**）。

この事業では，全国規模の輸送ネットワークを持っているほうが競争上有利になります。また，使用トラック台数やターミナルの規模が大きいほど貨物1個当たりの輸送コストが低くなります。このような特性を，規模の経済性と呼んでいます。

このため，特別積合せ事業の中で宅配便に限ると，ヤマト運輸（宅急便），佐川急便（飛脚宅配便），日本郵便（ゆうパック）の3社で90％を占めています。宅配便を除く特別積合せ事業では，上位企業が激しい競争を繰り広げて

図表 7－4 ▶▶▶ トラック輸送方式

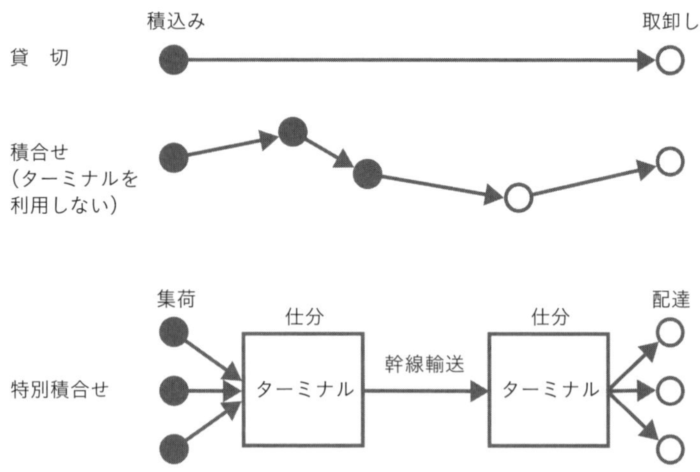

きましたが，中型商業貨物の輸送需要停滞が大きな影響を及ぼしています。ヤマト運輸，西濃運輸，日本通運等の大手特別積合せ事業者は，協力して輸送コストを削減するため，JITBOX チャーター便を開始しました。このサービスでは，各社がロールボックス（最大積載量 600kg のカゴ台車）の集配を行い，共同出資したボックスチャーター社が幹線輸送を行っています。

3　鉄道貨物輸送

3.1　鉄道輸送の役割の変化

鉄道貨物輸送は，明治初期に始まり，1960 年代まで陸上輸送の主役でした。しかし，モータリゼーションの進展とともに，鉄道輸送は中長距離輸送でも競争力を失うようになりました。旧日本国有鉄道では貨物輸送部門の大幅赤字が続き，貨物輸送の全面廃止さえ議論されました。

旧日本国有鉄道の**分割民営化**では，幸いにも長距離貨物輸送における鉄道の役割が評価されました。1987 年，全国鉄道貨物輸送網を維持しながら，

1 あなたにキホン・プラス！

その学問分野をはじめて学ぶ人のために,もっとも基本的な知識や考え方を中心にまとめられています。大学生や社会人になってはじめて触れた学問分野をもっと深く,学んでみたい,あるいは学びなおしたい,と感じた方にも読んでもらえるような内容になるよう,各巻ごとに執筆陣が知恵を絞り,そのテーマにあわせた内容構成にしています。

2 各巻がそれぞれ工夫している執筆方針を紹介します

2.1 その学問分野の全体像がわかる

まず第1章でその分野の全体像がわかるよう，○○とはどんな分野かというテーマのもと概要を説明しています。

2.2 現実問題にどう結びつくのか

単に理論やフレームワークを紹介するだけでなく，現実の問題にどう結びつくのか，問題解決にどう応用できるのかなども解説しています。

2.3 多様な見方を紹介

トピックスによっては複数の見方や立場が並存していることもあります。特定の視点や主張に偏ることなく，多様なとらえ方，見方を紹介しています。

2.4 ロジックで学ぶ

学説や学者名より意味・解釈を中心にロジックを重視して，「自分で考えることの真の意味」がわかるようにしています。

2.5 「やさしい本格派テキスト」

専門的な内容でも必要ならば逃げずに平易な言葉で説明し，ただの「やさしい入門テキスト」ではなく，「やさしい本格派テキスト」を目指しました。

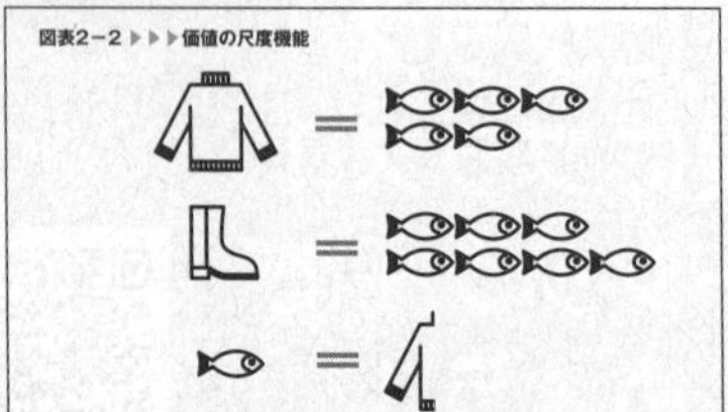

図表2－2 ▶▶▶価値の尺度機能

〈直感的な図表〉
図表を用いたほうが直感的にわかる場合は積極的に図表を用いています。

3 最初にポイントをつかむ

各章冒頭の「Learning Points」「Key Words」はその章で学ぶ内容や身につけたい目標です。あらかじめ把握することで効率的に学ぶことができ，予習や復習にも役立つでしょう。

Learning Points

▶金融政策の大きな目的は，物価や GDP などで示されるマクロ経済を安定化させることです。
しかし他方では，過去の金融政策が現在のマクロ経済状況をつくり出しているという側面もあります。
そのため金融政策とマクロ経済を切り離して考えることはできず，両方を同時に見ていくことが重要です。現在の金融政策を理解するためには，過去の金融政策や，その当時のマクロ経済状況も知っておかなければなりません。
▶本章では，1970 年代以降の日本のマクロ経済を見ていくことで，現在の日本経済の立ち位置を確認しましょう。

Key Words

マクロ経済　ミクロ経済　インフレ　バブル

4 自分で調べ,考え,伝える

テキストを読むことのほか，他の文献やネットで調べること，インタビューすることなど，知識を得る方法はたくさんあります。また，議論を通じ他の人の考えから学べることも多くあるでしょう。
そんな能動的な学習のため，各章末に「Working」「Discussion」「Training」「さらに学びたい人のために（文献紹介）」等を用意しました。

Working 調べてみよう

1．自分が所属するサークル・クラブあるいはアルバイト先の企業・組織の組織文化について調べてみよう。
2．日産，日本航空，パナソニック（旧松下電器産業）などの企業から1社を選び，どのような組織変革を実施したか調べてみよう。

Discussion 議論しよう

1．世の中には，お金を借りたい人と貸したい人が常に両方いるのはなぜでしょうか。お金を借りたい人・企業の数は常に変化するはずなのに，なぜお金を借りるときの金利はあまり変化しないのでしょうか。
2．中央銀行が金利操作を行うと，理論的には物価はどのような水準にもなり得ます。しかし，現実にはそれほど物価が大きく変化しないのはなぜでしょうか。

Column 生まれながらのリーダーって？

本文でも説明したように，リーダーシップは生まれながらの資質・能力なのか生育環境や教育によって育まれる能力なのかに関して，理論的な決着はついていません。1つだけ確かなのは，先天的要因だけあるいは後天的要因だけでリーダーシップを説明することはできないということです。それゆえに，「自分はリーダーシップがない人間だ」などと思う必要はないのです。

企業や組織で権限と責任のある地位に就いた時には，まず地位勢力（ヘッドシップ）とリーダーシップの関係を意識する必要があるでしょう。両者は厳密に区別されるわけではありませんが，「地位や権限を越えて，自分は部下（フォロアー）に影響を及ぼしているのだろうか」ということを自問自答することは有益です。こうした自覚はサークルやクラブで役職に就く場合でも有益です。

また「第5水準のリーダーシップ」で描かれるリーダーは，派手にマスコミなどに取り上げられるタイプではなく，地道な努力を積み重ねるタイプだということも説明しました。これは個人の特性といえますが，自覚と努力次第である程度は身につけられるものです。このように，責任感を持って努力すれば，リーダーシップを発揮することは可能です。

5 …and more !!

実際の企業事例や，知っておくと知識の幅が広がるような話題をコラムにするなど，書籍ごとにその分野にあわせた学びの工夫を盛り込んでいます。ぜひ手にとってご覧ください。

＊教員向けサポートも充実！ https://www.chuokeizai.co.jp/basic-plus/

・テキストで使用されている図表や資料などのスライド
・収録できなかった参考資料やデータ、HPの紹介などの情報
・WorkingやDiscussion，Trainingなどの解答や考え方（ヒント）　など

講義に役立つ資料や情報をシリーズ専用サイトで順次提供していく予定です。

日本貨物鉄道（JR貨物）が発足しました。それ以来，JR貨物は，コンテナ輸送に集中することで鉄道貨物復権を図ってきました。

最近では，地球温暖化問題に対応するため，トラックから大量輸送機関へ輸送手段を転換する**モーダルシフト**政策がとられるようになりました。鉄道輸送はトラック輸送と比べ，トンキロ当たりCO_2排出量が12分の1程度と少なく（営業トラックと比較した2017年度原単位），モーダルシフトの受け皿として期待されています。さらに，深刻化する長距離トラックドライバー不足の対応策としても注目されています。

残念ながら，JR貨物の努力や期待にもかかわらず，これまでのところモーダルシフトは進んでいません。全貨物量（トンキロベース）に占める鉄道貨物輸送のシェアは2017年度で5.2％にすぎません。長距離輸送でもトラック輸送の競争力は強力であり，あらゆる輸送距離帯でトラック輸送のシェアが鉄道を上回っています。1,000km以上の距離帯でみても，鉄道のシェアはわずか7.1％です。

なお，JR貨物以外にも鉄道貨物会社はありますが，そのほとんどは臨海部を中心に短距離の原材料輸送を行っています。全国規模の輸送を行っているのは，JR貨物のみになります。

3.2 JR貨物の運営方式

JR貨物の営業キロは7,959kmありますが，そのほとんどは旅客会社から線路を借りて輸送事業を行っています。これは，分割民営化時に経営状況の良い旅客鉄道が線路を保有し，JR貨物は旅客鉄道から線路を借りることにしたためです。このようなインフラの所有と鉄道運営を分離することを，**上下分離**と呼んでいます。

JR貨物は，旅客会社に線路使用料を払い線路を借りて貨物輸送を行っています。線路使用料は，貨物輸送が行われることよって生じるコストのみを支払うアボイダブル・コストルールが適用されています。JR貨物は，安い料金で線路を使用できる反面，輸送需要に合わせて柔軟にダイヤを設定する

図表７－５ ▶▶▶ JR 貨物輸送量の推移

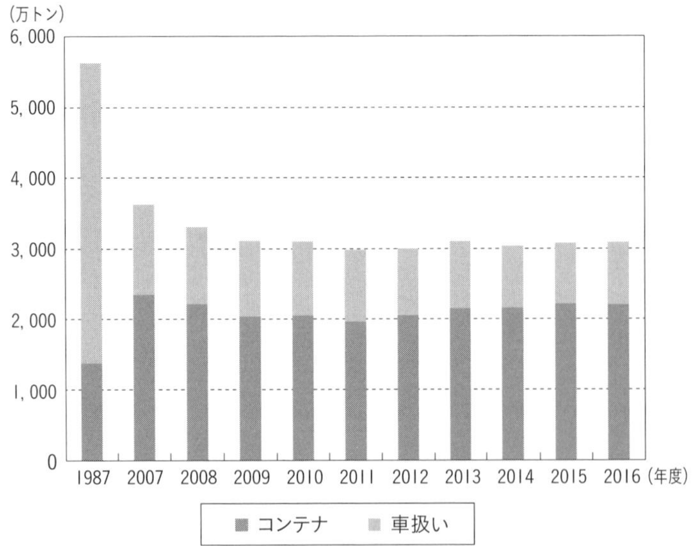

出所：JR貨物。

ことができません。

最近のJR貨物の動向をみると，輸送量は3,000万トン前後で推移し，コンテナ輸送がその約7割を占めています（**図表７－５**）。2019年4月現在，従業員数5,404人，取扱駅241駅，電気機関車410両，ディーゼル機関車143両，貨物電車42両を有しています。

3.3 鉄道貨物輸送の仕組み

鉄道貨物の輸送方法は，コンテナ輸送と車扱いに大別されます。

コンテナ輸送では，全長12フィート（約3.6m）積載量5トンの鉄道コンテナが最も一般的に利用されています。最近では，モーダルシフトを促進するため，10トントラックの荷台とほぼ同じ大きさの31フィート（約9.2m）コンテナが導入されています。区間によっては20フィート（約6.1m），40フィート（約12.2m）の国際海上コンテナを輸送することもできます。

コンテナ輸送の営業や，トラックでの集荷・配達は，鉄道利用運送事業者が行っています。鉄道利用運送事業者は，旧法で規定されていた通運事業者と呼ばれる場合もあります。荷主が支払うドア・ツー・ドアのコンテナ運賃は，鉄道運賃に発送料と到着料を加えたものになります。

JR 貨物では，コンテナ輸送時間を短縮するため，主要貨物駅で着発線荷役（E＆S）方式を導入しています。この方式は，列車の発着線で直接コンテナを積み下ろすことができるため，列車到着直後に荷役ができます。また，東京・大阪間では，時速 130km で走行可能な特急電車「スーパーレールカーゴ」を導入し，輸送時間を約 6 時間に短縮しました。

一方，車扱いは，貨車を 1 車貸切りで輸送する方式です。輸送する貨物の特性に合わせたタンク車，ホッパー車（粉状貨物を下に落とす構造の貨車）等の専用貨車が利用されています。輸送品目は石油が約 3 分の 2 を占めており，車両，セメント，石灰石が続いています。特定の荷主の輸送が大部分を占め，特定区間で専用列車が運行されています。

4 内航海運

4.1 産業基礎物資の輸送を支える内航海運

内航海運は，輸入原材料基地から国内各地に原材料を輸送したり，沿海部の工場で生産した重化学工業製品を国内各地に輸送するうえで重要な役割を果たしています。内航海運の主要輸送品目は産業基礎物資であり，石油製品，鉄鋼，セメント等の品目では大部分が内航海運で輸送されています。

産業基礎物資メーカーは，自社の物流体制の一部として内航海運を組み込んでいます。内航海運業界は，大手メーカーと元請運送契約を結ぶ大手内航海運事業者をトップにピラミッド型の産業構造となっています。内航海運事業者 3,408 社のうち 99.7％は中小企業であり（2019 年 4 月現在），その大部分が元請運送事業者のもとで下請け輸送を行っています。

産業基礎物資の輸送では，航路を定めず荷主の求めに応じて運航する不定期船（トランパー）が活躍しています。特定企業との結びつきが強く，インダストリアルキャリアとも呼ばれています。輸送や荷役の効率を向上させるため，石油，セメント，鉱石，LNG（液化天然ガス），自動車等，貨物の特性に合わせた専用船が開発されています。

4.2 定期船の仕組み

定期船は，航路とスケジュールを定めて，不特定多数（一般）の荷主の貨物を輸送するコモンキャリアです。定期船にはフェリー，RORO船，コンテナ船があります。

フェリーは，旅客や乗用車も輸送するドライバーにはおなじみの船舶です。混雑する道路のバイパスとして，1970年代に中長距離フェリー航路が発展しました。旅客も輸送するため安全基準が厳しく，海上運送法が適用されます。これに対し，他の定期船事業は内航海運業法によって規定されています。

RORO（Roll On Roll Off）は，荷役の形態を指します。RORO船はフェリーと同じくランプウェイ（乗降用の可動橋）を自動車が自走することにより荷役を行う船舶です。RORO船は，貨物専用で旅客を輸送しないため，客室や安全設備を簡略化でき，フェリーより低コストで運航できます。トラクター・トレーラー方式の車両が主に利用され，RORO船にトラクターがトレーラーを積み込んだ後で切り離してトレーラーのみを無人航送します。

コンテナ船は，コンテナのみ輸送するためトラックやトレーラーごと輸送するフェリーやRORO船よりも積載効率が高くなります。コンテナの積卸はクレーンで垂直に行うため，荷役方式からはLOLO（Lift On Lift Off）とも呼ばれています。

5 倉庫業

5.1 変貌する倉庫の役割

倉庫は，物品を保管する建物や施設を指し，需要と供給の時間的な隔たりを調整するうえで重要な役割を果たしています。例えば，収穫した農産物を倉庫に保管して通年出荷したり，海外から大量輸入して倉庫に保管した原材料を注文に応じて出庫するなどしています。このように倉庫の基本機能は，需給調整のための保管にあります。

しかし，産業構造の変化や多頻度小口化によって，倉庫に求められる機能も高度化しています。近年は，在庫削減のため，できるだけ保管量を減らして短いリードタイムで配送することが求められています。倉庫は流通拠点としての性格を強め，在庫管理，荷役，流通加工，集配等の機能が重要になっています。

5.2 倉庫業の仕組み

倉庫業法では，倉庫業への参入は登録制であり，倉庫の種類別に施設設備基準を定めています。**普通倉庫**，冷蔵倉庫，水面倉庫，トランクルームに区分され，構造強度，耐火性能，消火器具，耐浸水性等が細かく規定されています。普通倉庫は，最も一般的な倉庫事業で，耐火，防火，防湿等の基準により１～３類に分類されています。このうち１類倉庫の基準が最も厳しく，危険物等を除き保管物品に制限がありません。

倉庫業者数は，緩やかな増加傾向が続いており，普通倉庫面積も増加しています。トラック運送業者や利用運送事業者等，他の事業区分の物流業者が倉庫業を兼業するため，参入するケースが多いようです。また多くの倉庫業者も，トラック運送，港湾運送等，他の物流事業を兼業しています。なかには，保有する不動産を有効に活用するため，不動産業を兼業するものもあります。

6 物流業の業態化と課題

物流企業のなかには，自由化された経営環境のもとで従来の事業区分を超えた事業展開を行い，荷主企業の高度な物流ニーズに応えようという企業が増えています。より広い視点で物流市場を捉え，戦略的な視点から特定顧客のニーズに対応したり，特定セグメントのニーズを発掘することにより，新たなサービスを開発する動きが活発化しています。

例えば，宅配便は従来物流業者が対象外と思っていた消費者をターゲットとし，その潜在的ニーズを掘り起こしました。第８章でみるように，宅配便は事業法上でも位置づけられ，現在も急成長を続けています。

同様に，企業向け物流サービスでは，チェーン店向けに同一カテゴリー商品をまとめて納品する一括物流サービスや，特定の小売業態に対応した専用物流サービスが発展しました。同業荷主間では困難な共同輸配送を，物流業者が中立的な視点から提案することも増えています。このような動きは，対象とする顧客セグメントに対応した物流サービスを提供するということから，**物流業の業態化**と呼ぶことができます。第９章でみるように，こうした取り組みは３PL の成長へとつながっていきます（**図表７－６**）。

一方，2013 年頃から運転者や船員を中心に労働力不足が深刻化し，**物流危機**とも呼ばれる状況に陥っています。トラック運転者の労働時間は全産業平均と比較して長時間であるにもかかわらず，所得額は低い状況にあります。労働力を確保するため，運賃を値上げして労働条件を改善する動きが広まっていますが，輸送需要が少ない地方部や積み下ろしが大変な貨物等では運転者が確保できなくなってきました。このため一部では，自家用トラックの営業用輸送での利用，外国人運転者の活用等を求める動きまでみられます。

最近では，物流センターや倉庫内で自動仕分け機や AGV（自動搬送台車），AI ロボット等を導入して自動化する動きがみられます。しかし，公共空間を利用する輸配送では，自動運転トラックや配達ロボット，ドローンの導入は実験段階にあり，当面は労働力に依存しなければなりません。労働生産性

図表 7－6 ▶▶▶物流業における業態化

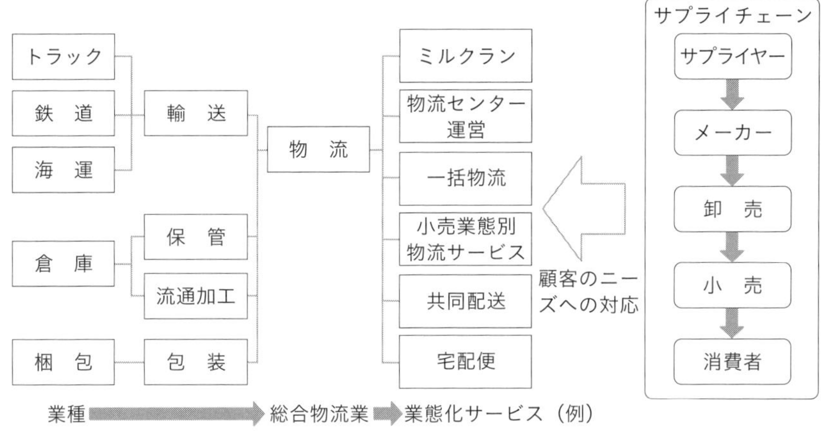

Column　物流子会社の変貌

荷主企業の中には，物流業務の効率化，物流コストの明確化等を目的に，**物流子会社**を設けている企業が多くあります。物流子会社は，親会社の物流部門が分社化されて設立される場合が多いため，その業界で求められる物流ニーズを深く理解しており，それに対応した特殊な物流設備やノウハウを持っています。

製造業者の物流子会社には，情報通信技術（ICT）や生産管理技術を駆使して，高度な物流システムを提供している企業があります。このような技術を活かして，親会社以外の企業に物流サービスを外販するケースも増えています。

日立製作所の物流子会社として設立された日立物流は，その代表的企業です。他社に先駆けて，システム物流や物流情報システムの構築に取り組んできました。重電，家電だけでなくアパレル，医薬品，食品，小売，卸売等，幅広い業種の顧客を獲得し，現在では日本最大の3PL業者です。SGホールディングスとの資本業務提携，自動車物流のバンテック買収など，事業領域を拡大しています。

一方，荷主企業の中には中核事業へ集中するため，物流子会社を売却する動きもあります。高い専門的能力を持つ物流子会社を，物流事業者が買収するケースも増えています。最近では，日本通運が，パナソニックロジスティクス，NECロジスティクスを買収しています。このような動きが続けば，物流子会社を中心に物流業界の再編が進むかもしれません。

を高めるため，待機時間の削減，荷役の機械化，車両大型化，共同輸配送の促進等に取り組む必要があります。

Working 調べてみよう

1. 物流業の規模を他の産業と比較してください。

2. 鉄道や内航海運へのモーダルシフトが進まない理由を調べてください。

Discussion 議論しよう

1. 中小物流業者の強みと弱みをあげ，なぜ物流業で膨大な中小物流業者が存在しているのか議論してください。

2. 日本の国内物流業でこれからどうのような変化が生じるか議論してください。

▶▶▶さらに学びたい人のために

- 一般社団法人日本物流団体連合会［2019］「数字でみる物流」。
- 中央職業能力開発協会［2017］『ビジネス・キャリア検定試験標準テキスト ロジスティクス・オペレーション３級（第３版）』社会保険研究所。

参考文献

- 木村達也［2002］『トラック輸送業・内航海運業における構造改革』白桃書房。
- 経済同友会［2019］『経済成長と競争力強化に資する物流改革』。
- 国土交通省海事局［2019］『海事レポート』。
- ジェイアール貨物リサーチセンター［2009］『激動する日本経済と物流』成山堂。
- 首藤若菜［2018］『物流危機は終わらない―暮らしを支える労働のゆくえ』岩波書店。
- 鈴木暁・古賀昭弘［2007］『現代の内航海運』成山堂。
- 全日本トラック協会［2019］『日本のトラック輸送産業』。
- 野尻俊明［2014］『貨物自動車政策の変遷』流通経済大学出版会。
- 福田晴仁［2019］『鉄道貨物輸送とモーダルシフト』白桃書房。
- 三木楯彦・市来清也［2005］『倉庫業及び港湾産業概論』成山堂。

第8章 生活に密着した宅配便サービス

Learning Points

- ▶宅配便は現代の物流業を代表するビジネスですが，この宅配便は優れた輸送サービスを提供することによって，急激な成長を遂げてきました。
- ▶宅配便が提供する輸送サービスは，現代の物流ニーズに適合しており，消費者と消費者（C2C），企業と企業（B2B），企業と消費者（B2C）のそれぞれの輸送市場を開拓してきました。
- ▶ネット通販事業者は宅配便の重要な顧客ですが，ネット通販事業者の物流ニーズに対応するために宅配便は物流サービスの高度化に取り組んでいます。

Key Words

輸送ネットワーク　トラックターミナル　B2C　ラストマイル　宅配クライシス

1 宅配便サービスの特徴

1.1 宅配便とは何か

宅配便は，小型の貨物を1個単位で全国に輸送するサービスです。小型貨物とは，おおむね重量が30kg以下で，貨物を包装する段ボール箱の縦・横・高さの長さが，合計で170cmもしくは160cm以下のものを指します。

宅配便は1個単位の小型貨物を送ることができるので，個人が小さなものを送る場合や，または企業が小さな貨物を個人の自宅に届けたい場合に適した輸送サービスです。これは，トラックに一度に大量の貨物を積んで，工場から工場へ大量に送る単純な輸送サービスとは根本的に異なっています。

宅配便は，当初一般の消費者である個人の貨物を対象にして，手軽に便利にそして早く送ることができる，それまでにない新しい輸送サービスとして開発されました。

1.2 宅配便の歴史

1976年に現在のヤマト運輸が，「宅急便」という商品名で宅配便のサービスを始めました。それまで，個人の小型の貨物は，郵便局の郵便小包か国鉄手小荷物（国鉄は日本国有鉄道で現在のJRグループの前身）というサービスを利用せざるを得ませんでした。ところが，この官業のサービスは，駅や郵便局に持っていかなければならない，輸送時間がかかる，いつ着くかわからない，取扱いが雑で荷物が壊れてしまうなど，そのサービス水準は低いものでした。

こうした官業の劣悪なサービスレベルに対して，新しい宅配便は，利用者が使いやすく，便利で，しかもスピードが速い輸送サービスを提供したのです。具体的に，ヤマト運輸の宅急便は，「電話１本で集荷，１個でも家庭に集荷，翌日配達，運賃は安くて明瞭，荷造りが簡単」というものです。宅配便は，これまでにない明確な輸送のコンセプトを掲げて，輸送サービスを提供したのです。

今までにない便利な輸送サービスは，一般の利用者の間で人気となりました。ヤマト運輸が提供する宅急便は，サービス開始後取扱量を急激に拡大していったのです。このため，他のトラック運送業者も同じような宅配便のサービスを次々と開始しました。一時は宅配便の「参入ラッシュ」と呼ばれるほど，多くのトラック運送業者がこの新しい宅配便を始めたのです。

こうして，宅配便をめぐるトラック運送業者の競争が激しくなりました。ヤマト運輸の宅急便が，黒猫をシンボルマークにしているように，他の運送業者の宅配便も，ペリカン，カンガルー，子熊など動物をシンボルマークにしていたことから，宅配便をめぐる事業者間の競争は「動物戦争」と呼ばれました。

宅配便は需要が増え続けるとともに，単に個人の小型貨物だけでなく，幅広い分野の輸送需要を次々と開拓していきました。このため，宅配便市場は急激に拡大していったのです。

1.3 成長する宅配便市場

1976年に宅配便のサービスが開始されて以来，宅配便の市場は急激に拡大してきました。そして現在も拡大を続けています。**図表8－1**には，宅配便の市場規模を表す取扱量が示されています。「失われた10年」と呼ばれる，経済不況が深刻な1990年代においても，増加を続けています。さらに，その後2000年代に入っても取扱量の増加が続いています。2008年に発生したリーマンショック後の世界同時不況では，日本経済も深刻な打撃を受け，このときに宅配便の取扱量ははじめて対前年度を割り込み減少しました。しかしその後短期間で回復し再び増加傾向に転じ，2018年には43億700万個に増加しています。

現在の国民の人口が約1億2,600万人ですから，単純計算すると，国民1

図表8－1 ▶▶▶宅配便の取扱量

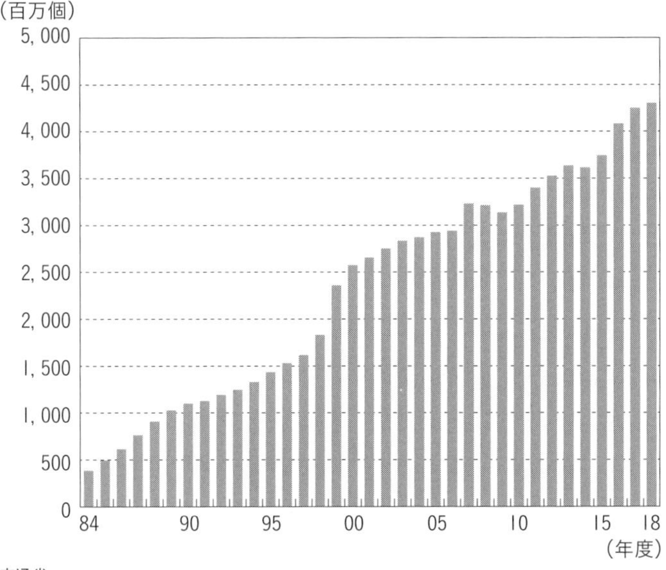

出所：国土交通省。

人当たり1年間，宅配便を約34個利用していることになります。

このように，宅配便はこれまで急激に拡大してきました。物流業者が提供している中で，こうした増加を続けている輸送サービスは他にはありません。宅配便という輸送サービスは，もはや経済活動にとって必要不可欠なものとなっているのです。

1.4 宅配便市場の市場シェア

図表８－２には，宅配便を提供している物流業者の市場占有率が示されています。第1位が最初に宅配便を始めたヤマト運輸の「宅急便」で42.3%を占めています。ヤマト運輸は宅配便のパイオニア企業であり，急激に成長を遂げる宅配便市場のトップランナーです。これに続く，第2位は佐川急便の「飛脚宅配便」で，29.3%を占めています。佐川急便は1998年に正式に宅配便を始めましたが，ヤマト運輸に次いで大きなシェアを占めています。そして，第3位は日本郵便の「ゆうパック」です。これは，もともと国営の事業で郵便局の郵便小包でしたが，2007年に民営化されてから宅配便とし

図表８－２ ▶▶▶ 宅配便の市場占有率（2018年度）

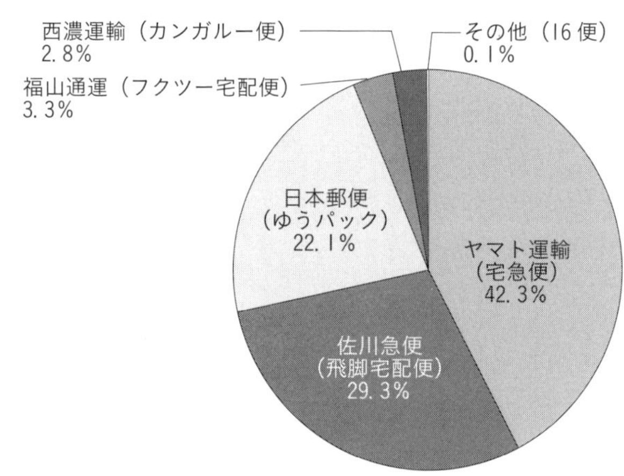

出所：国土交通省。

てカウントされるようになりました。このゆうパックが22.1%となっており，上位3社だけで市場全体の94%以上を占めています。そして，下位の宅配便のシェアは非常に小さくなっています。

宅配便市場は，少数の大手の物流業者が市場の多くを占めている寡占状態にあります。宅配便が開始され宅配便市場が急激に拡大していく中で，多くのトラック運送業者が宅配便市場に参入しました。一時，40の宅配便と，100社を超えるトラック運送業者が宅配便市場へ参入しました。しかし，そ

Column 宅配便を生み出した革新的な経営者

宅配便を正式に始めたのはヤマト運輸（当時は大和運輸）です。「宅急便」を始めたのは1976年で，第1次石油危機後の高度成長が終わりを告げた時期です。当時のヤマト運輸は関東で中堅のトラック運送業者でしたが，事業が伸び悩んで苦しい経営状態にありました。こうしたなかで，2代目社長の小倉昌男さんは，それまで他の事業者が見向きもしなかった個人の小さな貨物を運ぶという新しい宅配便ビジネスを考えたのです。

今までにない新しいビジネスには，社内でも強い反対がありました。しかし，小倉社長は反対する人たちを説得して，苦境を打開する新たな主力の事業にすべく「宅急便」をスタートしたのです。

この新たな輸送サービスは，電話1本で個人宅に集荷，翌日配達，簡単な料金表など，これまでにない画期的なものでした。まさに物流業界において革新的な輸送サービスを生み出していったのです。

それだけでなく，黒ネコのマークを使用して親しみやすくしたり，イメージキャラクターとして人気のある女優を登場させたテレビコマーシャルを打ったりしました。こうして，新しい顧客である消費者に広く「宅急便」を認知させたのです。これは，物流業界でこれまでなかったマーケティングの方法を積極的に取り入れたものでした。

さらに，ヤマト運輸が「宅急便」を拡大するなかで，トラック運送業者間の競争を制限する政府の規制が足かせとなってきました。当時トラック運送業者は，民間の事業者に強い権限を持つ政府の規制に従うのが常識でしたが，小倉社長は競争を阻害する不適切な規制に強く反対して，政府を相手に訴訟を起こすなどしました。こうして不適切な規制を取り除いていったのです。その結果，「宅急便」を全国的な規模に拡大できるようにしたのです。

こうして，小倉社長のもとで「宅急便」が成長する基盤が築かれていきました。その後「宅急便」は，ヤマト運輸の主力事業となって急激な拡大を遂げて，ヤマト運輸自体も物流業界の大企業へと成長したのです。そして，こうした基盤をつくり上げた小倉昌男さんは，戦後の優れた革新的な経営者として高く評価されています。

の後，宅配便市場が著しく拡大しているにもかかわらず，参入したトラック運送業者は次々と撤退していきました。現在では，宅配便の数は21にまで減少しています。

これは，規模の大きな事業者がますますシェアを拡大し，逆に規模の小さい事業者が不利になっていることを示しています。宅配便は，輸送ネットワークを拡大する必要があります。現在，大手の宅配便業者が全国的な規模で輸送ネットワークを拡大していますが，それによって**規模の経済**や**範囲の経済**と呼ばれる働きが作用すると考えられています。これは，取扱量が多くなればなるほど輸送のコストが減少したりして，全国的な規模で事業を展開する取扱量の多い事業者のほうが，競争を有利にすることができるというものです。こうして，現在の宅配便市場は寡占化が進み，大手３社を中心に激しい競争が繰り広げられています。

2 宅配便の優れた輸送サービス

宅配便が継続的に成長を続けているのは，基本的に宅配便が優れた輸送サービスを提供しているためです。宅配便事業者は，利用者が積極的に利用したくなるような，優れた物流サービスを提供するよう努力してきました。

2.1 迅速な輸送サービス

優れた輸送サービスの重要な要素は，輸送のスピードであり，迅速性です。しかも，広域にわたって迅速な輸送サービスを提供できることが，特に重要です。宅配便は，全国の津々浦々の各家庭まで小型の貨物を迅速に届けることが可能です。輸送の迅速性は**翌日配達**で表されますが，大手の宅配便は，全国を対象として多くの地域で翌日配達が可能です。例えば，宅配便のリーダー企業であるヤマト運輸は，東京から翌日配達できる地域は，本州全域と四国に及びます。また北海道および九州は，翌々日の午前中に配達可能です。

図表８－３ ▶▶▶宅配便の輸送ルート

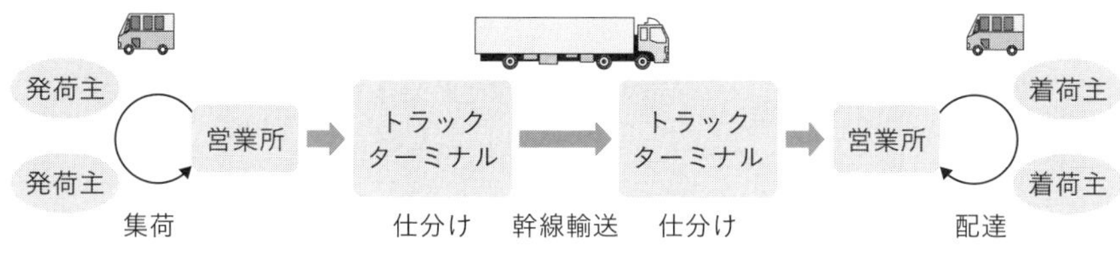

図表８－４ ▶▶▶宅配便の輸送ネットワーク

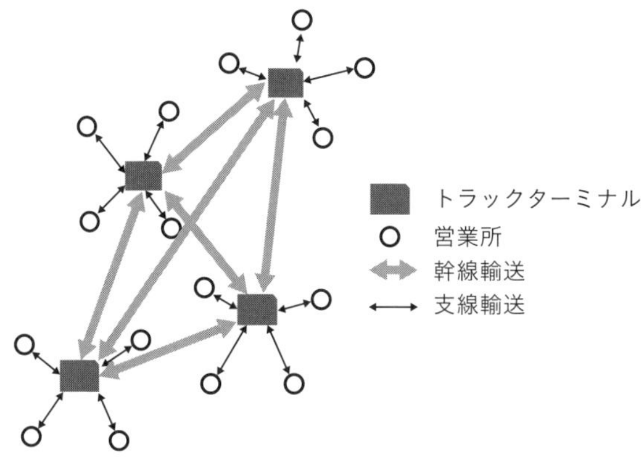

こうして，宅配便は全国的な規模で翌日配達という迅速な輸送サービスを提供できます。

宅配便事業者は，全国的な規模で迅速性を実現できる輸送ネットワークを構築してきました。１個，１個異なる小型貨物を全国どこでも届けられるようにするためには，図表８－３に示されるように，複数の機能を有機的に結合した複雑な輸送のルートが必要となります。具体的には，①小型のトラックで貨物の**集荷**，②大規模な物流拠点のトラックターミナルで方面別の**仕分け**，③方面別に仕分けた貨物をまとめて，目的地のトラックターミナルまで，大型トラックで**幹線輸送**，④到着したトラックターミナルでの仕分け，⑤小型のトラックで最終目的地に**配達**，となります。

この輸送ルートは，図表８－４に示されているように，**トラックターミナル**を中心として面的な広がりを持って結ばれる輸送ネットワークを構築することが必要となります。宅配便が全国に配送できるということは，こうした輸送ネットワークが全国レベルで形成されていることなのです。宅配便事業者は，最初限られた地域で輸送ネットワークを構築して宅配便を始めました。そして，この輸送ネットワークを次第に拡大してゆき，やがて全国的な規模にまでつくり上げていったのです。

面的な広がりをもって，発地から着地まで迅速な輸送を達成するためには，長距離輸送となる幹線輸送で，高速道路を利用して速い輸送スピードを確保することが必要です。それだけでなく，宅配便の輸送プロセスは，集荷，発地のトラックターミナルでの仕分け，幹線輸送，着地のトラックターミナルでの仕分け，配達と異なる機能が有機的に結合しているため，輸送以外に荷役(にやく)を迅速に行うことが重要となります。

特に，トラックターミナルの機能が重要となります。トラックターミナルでは，膨大な量の貨物が集中し，これを短時間で方面別に仕分けることが必要です。このために，トラックターミナルでは，大規模な物流施設の中に**高速自動仕分け機**が導入されており，短時間での貨物の仕分けが可能です。

宅配便の輸送ネットワークは，大型物流施設であるトラックターミナルを全国の主要な拠点に建設して，輸送ネットワークを構築しています。こうして，全国的な規模の宅配便の輸送ネットワークが構築されることによって，翌日配達という迅速な輸送サービスを提供できるのです。

2.2 高付加価値サービスの提供

2.2.1 保冷宅配便

高付加価値の宅配便サービスが提供されています。高付加価値とは，より高い価値があるため通常の宅配便運賃にプラスして特別の料金を得ることができることです。こうした高付加価値のサービスは，宅配便の取扱量の拡大をもたらすとともに，収入の増加をもたらすことになります。

従来の宅配便サービスに，新たな高い付加価値をつけたものが，**保冷宅配**

便です。クール宅配便とも呼ばれています。これは，発から着まで温度管理ができる高度な宅配便です。保冷宅配便は，冷凍（－15℃以下）と冷蔵（0℃～10℃）の2温度帯が設定されています。これによって，温度管理が必要不可欠な生鮮食品や冷凍食品，さらには医薬品などを宅配便で送ることができます。

温度管理という高い付加価値のついた宅配便を提供するためには，大規模な設備投資が必要となります。従来の宅配便の輸送ネットワークに，温度管理を可能にする冷凍・冷蔵機器を設置しなければならないからです。実際に，宅配便の物流業者は，トラックターミナルに冷蔵・冷凍庫を設置し，集配車や幹線の大型トラックにも冷蔵・冷凍機器を導入して，全国的規模での宅配便の保冷輸送を可能にする輸送ネットワークをつくり上げました。こうして高付加価値の保冷宅配便が提供されているのです。

2.2.2 代引きサービス

宅配便に新たな付加価値をつけたのが代引きサービスです。**代引き**とは代金引換のことで，コレクトとも呼ばれています。通信販売で購入した商品を購入者に届ける際に，宅配便のセールスドライバーが販売者に代わって代金を徴収するサービスです。現金による支払いだけでなく，クレジットカードやデビットカード，電子マネーによる支払いもできます。宅配便のセールスドライバーは，ハンディターミナルという電子機器を所持しているので，配送先で簡単にカード決済ができます。

代金回収が大きな課題であった通販事業者にとって，配達時に商品と引換に確実に支払いを受けることのできる代引きは，非常に便利なサービスです。さらには購入者にとっても，その場で支払えるのは便利です。このため，代引きサービスは，宅配便をさらに使いやすいものにしています。代引きも宅配便の新たな付加価値と考えることができます。それによって，通販事業者の利便性が増すとともに，宅配便の物流業者は代引きサービスによって新たな収入をあげることができるのです。

3 宅配便の需要開拓

3.1 宅配便の需要パターン

宅配便は新たな輸送需要を次々と開拓してきました。宅配便市場の成長は，新たな需要が拡大した結果として考えることができます。宅配便がどのような輸送需要を開拓してきたのかを考える際に，送り手と受け取り手のパターンで宅配便の需要を分類することができます。

宅配便では3つ需要パターンが存在しています。第1に，消費者から消費者に送られるパターンです。これは**C2C**（Consumer to Consumer）と表すことができます。第2に，企業から企業へ送られるパターンで，**B2B**（Business to Business）と呼ばれています。第3に企業から消費者に送られるパターンで，**B2C**（Business to Consumer）です。実際にこれらの需要パターン別の宅配便に関する統計はありませんが，おおよその推移は**図表8－5**に示すことができます。

図表8－5 ▶▶▶ 宅配便の需要パターン

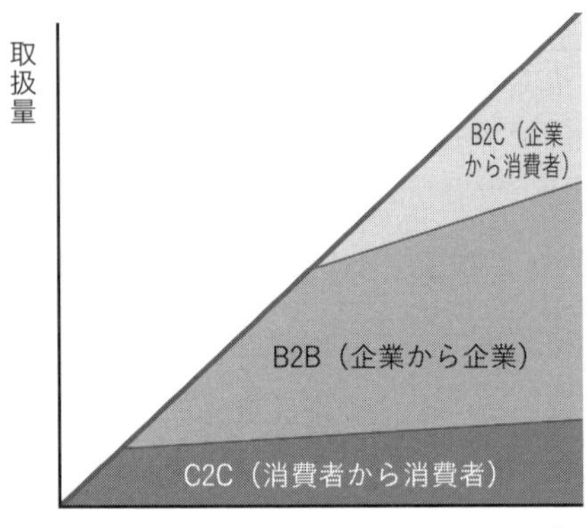

3.2 消費者から消費者（C2C）

もともと宅配便は，消費者を対象とした物流ビジネスとして開始されました。このため，一般の消費者の利用を拡大するために，迅速で利便性の高いサービスを提供してきました。家庭まで集荷したり，コンビニエンスストアを取扱店として利便性を高めたりして，一般の消費者の輸送需要を拡大しました。

宅配便は当初からこうした需要開拓を進めており，このような需要は一定程度のウエイトを占めています。現在でも，基本的な宅配便の輸送需要として存在しています。最近では，インターネットのオークションが盛んに行われるようになっていますが，これも消費者から消費者への宅配便の需要を拡大するものです。

3.3 企業から企業（B2B）

当初想定したC2Cだけの需要では，これほど急激な需要拡大は不可能です。さらに広い宅配便の需要開拓が行われてきました。それがB2Bの輸送需要です。迅速で利便性の高い輸送サービスであれば，その利用は消費者だけに限りません。多くの企業もまた，他の企業との取引を行うなかで必要な輸送の機能を充足するために，宅配便を積極的に使うようになりました。

B2Bの宅配便需要の拡大は，企業における物流の変化と深く関係しています。企業の物流において，**多頻度小口化**が大きく進展しました。かつて企業は，商品をまとめて注文して，一度に大量に届けてもらいました。しかし，企業が在庫を持つことを嫌うようになり，こまめに発注しその都度配送することを要求しました。このため，配送回数は増えて，1回当たりの貨物量は少なくなり，小さくなりました。これが多頻度小口化です。こうして企業が送る貨物の大きさや重量が，宅配便の範囲の中に入ってきたのです。

また多頻度小口化の進展は，企業が余分な在庫を持たないために，指定した時間に確実に届けることが必要となります。このため，時間指定がなされ，ジャストインタイム輸送が求められます。そうすると，迅速性に優れ，しかも時間指定にも確実に対応できる宅配便が，企業にとっても使い勝手の良い輸送サービスとなります。宅配便は，こうした企業の物流のニーズにも適合しています。宅配便は，C2C だけでなく，より大きな企業間の B2B の輸送需要を取り込みながら，急激な成長を続けるようになったのです。

3.4 企業から消費者（B2C）

宅配便は，小さな貨物を全国のどこの家庭でも迅速に輸送できる輸送サービスですが，最近その強みを生かすことのできる新しい輸送需要が出現しています。次なる新たな宅配便の輸送需要は，通信販売，さらに**ネット通販**によって生み出されています。とりわけ，ネット通販は，企業から消費者へ B2C の輸送需要を急激に拡大しています。

インターネットを利用した取引は e コマースといわれますが，企業が消費者向けに販売する形態がネット通販です。このネット通販が，新たな消費者向けの販売ビジネスとして急激な勢いで拡大しています。これは世界的なトレンドですが，わが国においてもネット通販は，まさに右肩上がりで急激に増加しています。

ネット通販は，商品を購入者の家庭に届けることが必要不可欠です。ネット通販の商品を顧客まで届ける配送のことを**ラストマイル**（またはラストワンマイル）と呼びます。商品が顧客に到達する最後の行程を意味します。このネット通販のラストマイルを担うのが宅配便です。ネット通販は，購入された商品を全国の家庭に届けることのできる宅配便に依存しています。宅配便を使えば，全国のほとんどの地域で購入した商品を翌日に届けることができます。

ネット通販はそのビジネス形態が宅配便を前提にして成り立っており，宅配便はネット通販ビジネスをサポートする重要な役割を担っています。このため，ネット通販の急激な拡大によって，新たな宅配便の輸送需要が増加しているのです。

4 宅配便の新たな展開

4.1 迅速な輸送ニーズ

宅配便は新たな物流ニーズに対応して，その輸送システムをさらに高度化しています。特に，今後ネット通販が急激に拡大していくものと考えられますが，こうしたネット通販の新たな物流ニーズを取り込むかたちで，宅配便はその輸送サービスに革新をもたらす取り組みを行っています。

ネット通販において求められているニーズは，注文する顧客の**リードタイムの短縮**です。インターネットで注文して，その商品が自宅に届くまでの時間がリードタイムとなりますが，それは注文から到着まで24時間以内が一般的でした。つまり，今日注文して，翌日に届くというもので，宅配便は翌日配達となります。これに対して，新たなニーズは，今日注文したら今日のうちに届く，あるいは，ネット通販の注文のゴールデンタイムは深夜といわれていますが，注文を受けて12時間以内に配達するというものです。こうして，ネット通販のリードタイムは大幅に短縮されますが，これを実現するために宅配便は**当日配達**（当日配送）が必要となります。

4.2 弾力的な輸送システムの構築

現在の宅配便は，当日配達が可能になる仕組みを新たに開発しています。その取り組みのひとつが，宅配便の幹線輸送を弾力化することによって，輸送時間を短縮することです。

これまでの宅配便の輸送システムでは，発と着のトラックターミナル間の幹線輸送は，大型トラックによる夜間の限られた定期運行でした。このやり方を見直し，トラックターミナルから出る大型トラックの貨物が満載になった時点で，随時目的地のトラックターミナルに向けて出発させるやり方へ転換します。

こうして，幹線輸送を弾力的に多頻度運行させることにより，定時に運行するまでトラックターミナルで貨物が滞留する時間を節約することが可能となります。結果的に，トラックターミナル間の貨物の移動時間を短縮できるのです。その結果，従来の翌日配達から当日配達に輸送時間を短縮することが可能となります（図表８－６の②）。

宅配便の最大手のヤマト運輸は，首都圏，中京圏，阪神圏を結ぶ幹線輸送で，こうした新たな取り組みを行っています。太平洋ベルト地帯を結ぶこのルートは，まさに日本の物流の大動脈ですが，宅配便においても貨物輸送量が最も多いルートです。この間の幹線輸送を弾力的に多頻度輸送することによって，時間短縮を実現するシステムの構築が行われているのです。

これを実現するためにヤマト運輸は，首都圏，中京圏，阪神圏の主要な拠点に，新たな多機能の大規模なトラックターミナルを建設して，この新たなシステムの実現を目指しています。こうして，わが国の主要な大動脈となっている地域間で，当日配達を可能にする取り組みがなされているのです。

さらに，当日配達を可能にする別の仕組みも構築されています。これは同じ宅配便のシステムのうち，集荷してトラックターミナルへ持ち込む工程を

図表８－６ ▶▶▶宅配便の新たな輸送ルート

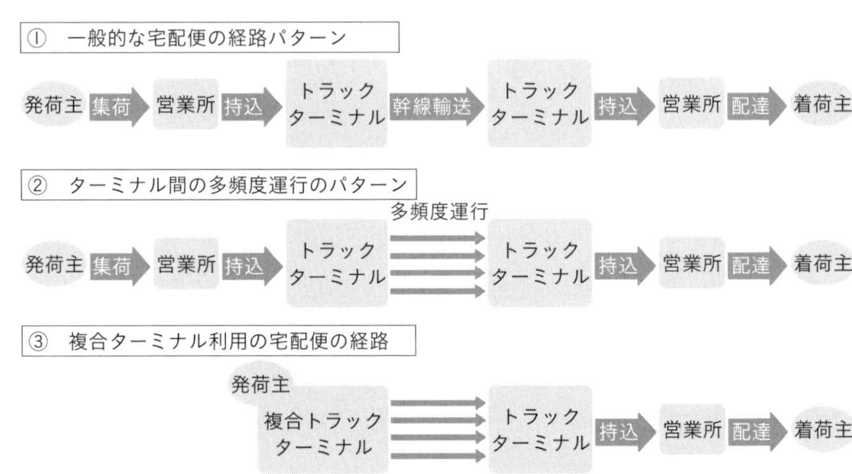

なくすことによって，時間を短縮するものです。こうした時間短縮は，宅配便事業者が，荷主企業の物流センター機能を取り込むことによって可能になっています。

ネット通販事業者は，物流センターで商品を在庫して注文に応じて品揃えをしてそこから出荷します。そして，宅配便事業者が出荷された貨物を受け取って，宅配便の輸送システムで消費者に届けることになります。

新しい仕組みでは，この物流センターの機能を，宅配便事業者のトラックターミナルに併設された物流センターで行うことができるようにします。トラックターミナルが物流センターを併せ持つ複合的な物流施設となって，こうしたことが可能になります。

ネット通販に必要な一連の物流作業が，宅配便の物流業者の複合施設で行われ，同じ施設内のトラックターミナルに横持ちされて，即座に宅配便の輸送システムに載せられます（**図表８－６**の③）。こうして宅配便の従来の集荷作業がなくなって，時間短縮が可能となり，当日配達を実現することができます。宅配便の物流業者は，こうした物流センター機能とトラックターミナルの機能を統合することによって，当日配達という輸送の迅速化を実現することができるのです。

4.3 宅配クライシスの発生

宅配便ではB2Cの貨物が大幅に増加しています。ネット通販が急激に拡大するなかで，宅配便が運ぶ貨物が著しく増えたのです。ところが，こうした貨物輸送量の増大は，配送する宅配便のドライバーの負担を大幅に増やしてしまいました。ドライバーの配送業務はこれまで以上に長時間労働となり，配送の現場が疲弊してしまいました。

こうした事態に対応して，宅配便最大手のヤマト運輸は，宅配便の輸送量を制限したのです。このため，ネット通販事業者はこれまでのように販売した商品を運んでもらえず，しかも宅配便の運賃も値上げされることになりました。こうして**宅配クライシス**（**危機**）と呼ばれる状態が発生したのです。

宅配クライシスが発生した背景には，物流業界における深刻な**ドライバー不足**があります。トラックを運転するドライバーは，他産業に比べて賃金が安く長時間労働のため，景気が良くなって他産業の雇用が拡大すると労働力が流失し物流業界に集まらなくなります。物流業界は深刻な労働力不足に直面しています。宅配便でも，こうしたドライバー不足に陥っており，宅配便貨物の増加に応じてドライバーを集めることができません。このために，貨物が増えると既存の配送ドライバーに過重な負担がかかってしまったのです。

また，宅配便の配送の現場では，**再配達**が大きな問題になっています。ネット通販の商品を家庭に配達しますが，不在の場合には貨物を持ち帰り，再度改めて配達しなければなりません。実際にこの再配達が多く発生しており，再配達は全体の宅配便貨物の約２割に達していました。

再配達は，むだにドライバーの配送回数を増やすことになり，ドライバー不足が深刻化する中で余計にドライバーが必要になります。さらに，ドライバーの長時間労働にもつながります。こうしたなかで，ドライバーの配送業務がハードになり，ドライバーが集まらない要因となります。

こうした状況の中でヤマト運輸は，大口荷主であるアマゾンの当日配達の業務から撤退しました。当日配達の貨物の配送はドライバーの負担が大きいため，当日配達の貨物を運ぶのをやめたのです。さらに，ドライバーに過重な負担がかからないように，宅配便の全体の輸送量を制限したのです。運ぶ貨物量を制限されるネット通販事業者には，大きな痛手となりました。

さらに，ヤマト運輸は，ネット通販事業者などの荷主企業に対して，宅配便の運賃の値上げを求めて，大幅な運賃の値上げを実現しました。宅配便の運賃は，定額の運賃が設定されていますが，大口荷主などは個別の運賃交渉が行われて決められています。宅配便は市場が寡占化して少数の大手が大きなシェアを占めていましたが，これまで大手の宅配便事業者どうしで運賃競争を繰り広げた結果，宅配便運賃は下落を続けてきました。しかし，ヤマト運輸は，宅配クライシスで取扱量を制限するなかで，１千を超える荷主企業と運賃交渉を行い，大幅な宅配便運賃の値上げを行いました。

これまで下落してきた宅配便運賃を値上げしたことは，非常に大きな意味があります。運賃の値上げによって，収益を拡大することができます。こうして増加した利益を原資として，低かったドライバーの賃金を上昇させるとともに，長時間労働だったドライバーの労働条件を改善することができます。長時間労働などの過酷な労働条件をなくす働き方改革を実施するのです。こうして，より高い賃金，より良い労働条件にすることによって，不足するドライバーを多く雇用できるようになり，さらに働いているドライバーの定着を促進することができます。

これからもネット通販を中心として宅配便貨物の需要は急激に増加していくと考えられます。こうした中で，宅配便のボトルネックとなっているのがドライバー不足です。宅配便事業者は，収益をしっかりと確保したうえで，ドライバー不足を改善するための施策を積極的に繰り広げて，増加する宅配便貨物の需要に対応できる体制を構築しています。

Working　調べてみよう

1. 宅配便の輸送サービスを提供するために，宅配便事業者はトラックターミナル，営業所，トラック車両，トラックドライバーがどの程度必要なのかを調べてみよう。
2. 宅配便の具体的なサービス内容を事業者間で比較してください。いかなるサービスの差があって，それが宅配便事業者の競争にどのような影響を与えるのか考えてみよう。
3. 宅配便市場は寡占化していますが，最近大手宅配便のシェアが変化しています。その理由を考えてみよう。

Discussion　議論しよう

1. 宅配便は便利なサービスを提供してきましたが，これから宅配便市場をさらに拡大するためには，どのような新しいサービスがあるのか議論してみよう。
2. 宅配便は翌日配達から当日配達へと迅速な輸送サービスを提供していますが，こうした輸送の迅速性を高めることによって，物流にどのような影響を与えるのか議論してみよう。
3. 宅配便ビジネスを拡大していくうえで，宅配便事業者はこれからどのような課題に直面するか議論してみよう。

▶▶▶さらに学びたい人のために

- 小倉昌男［1999］『経営学』日経 BP 社。
- 首藤若菜［2018］『物流危機は終わらない』岩波書店。
- 中田信哉［2013］『小倉昌男さんのマーケティング力』白桃書房。

参考文献

- 齊藤実［2016］『物流ビジネスの最前線』光文社。
- 林克彦［2017］『宅配便革命』マイナビ出版。
- 林克彦・根本敏則編著［2015］『ネット通販時代の宅配便』大成出版。
- 日本経済新聞社［2017］『宅配クライシス』日本経済新聞出版社。
- 日本交通政策研究会　労働力不足に対応した宅配便ネットワークの構築に関する研究プロジェクト［2017］『労働力不足に対応した宅配便ネットワークの構築に関する研究』日本交通政策研究会。

第9章 企業の物流を担う3PL

Learning Points

- ▶一般の企業は，物流をアウトソーシング（外部委託）する傾向を強めています。これによって，物流業者の3PLビジネスが拡大しています。
- ▶3PLビジネスは，これまでの物流業とは異なり，コンサルティング，情報システム，物流センターのオペレーションと，複合的な物流業務を提供しています。
- ▶3PLビジネスを行う物流業者は，優れた物流サービスを提供して，物流コストを削減できる能力を備えていることが重要となります。

Key Words

サードパーティ・ロジスティクス　アウトソーシング　コンサルティング能力　情報システム構築能力　物流現場の運営能力

1 3PLビジネスの特徴

1.1 企業の物流と3PLビジネスの関係

3PLとは，サードパーティ・ロジスティクス（Third Party Logistics）のことです。この3PLは，物流サービスを商品として提供する物流業のビジネスとして急激に拡大しています。そして，3PLは，一般の企業の物流を担う重要な役割を演じるようになっています。

最初に，この3PLとは，物流業のどのようなビジネスなのか，従来の物流業のビジネスといかに異なっているのかを明らかにします。

まず，従来の企業における物流と物流業者と関係についてみると，**図表9－1**のようになります。企業が事業活動を行うためには，物流が必要不可

Column 3PLの由来

3PLとは変わった名称です。英語でThird Party Logisticsですが，Thirdは3rdとも書くので，3PLと短縮形で呼ばれています。Third Partyとは「第三者」を意味します。これは，貨物を運ぶときに荷主企業と運送業者の間に介在する第三の事業者のことを指します。具体的には，両者の間にはいって輸送を手配するフォワーダー（利用運送業者）やブローカーを指しています。

こうした第三者が，1980年代にアメリカにおいて従来の輸送や保管だけでない新しい物流業務を始めたのです。このような第三者が提供する物流サービスが3PLなのです。その後，こうした新しい複合的な物流サービスの提供は，フォワーダーだけでなく，さまざまな物流業者によって提供されるようになりました。その意味で必ずしも第三者ではありませんが，しかしオリジナルの名称は変わることなく世界的に使われています。日本もまた，この名称で「サンピーエル」もしくは「スリーピーエル」という呼び方をしています。

欠で，そのためには物流機能を充足することが必要です。物流機能とは，具体的に輸送，保管，荷役，包装，流通加工，情報です。一般の企業は，事業活動を行うために必要不可欠なこの物流機能を自社でまかなうか，もしくは専門の事業者に委託するかして，物流機能を充足します。この専門の事業者が物流業者です。

従来の典型的な物流業者は，トラック運送業者です。このトラック運送業者は，一般の企業の物流機能のうち輸送サービスを提供しています。同じよ

図表9－1 ▶▶▶従来の企業と物流業者の関係

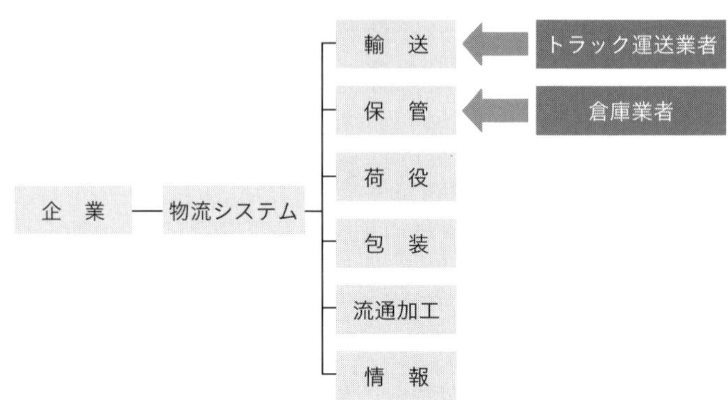

図表９－２ ▶▶▶ 企業と3PL ビジネスの関係

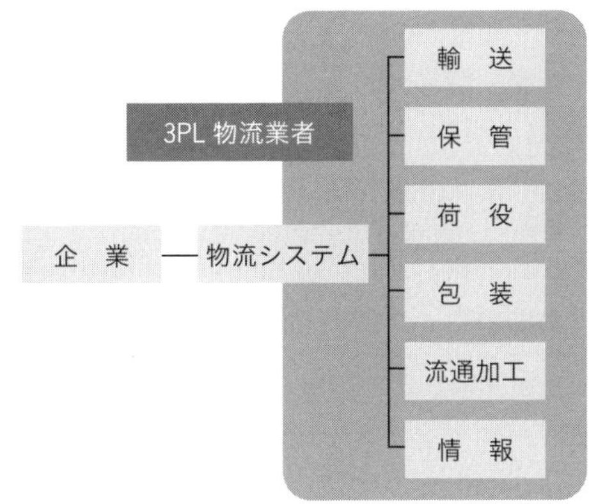

うに保管機能は，倉庫業者が保管サービスを提供します。一般の企業の場合，自社の物流機能を外部の事業者に委託する場合に，これまでは輸送や保管といった物流機能が多く，これに応じる形でトラック運送業者や倉庫業者がそれぞれ事業を展開していました。これらの事業者は，一般の企業の物流機能のうち，輸送や保管など単体の物流機能を一部だけ提供しているのです。

これに対して，3PL は，トラック運送業者や倉庫業者による単体の物流機能の提供といった従来の枠組みを大きく超えて，一般の企業が充足しなければならない物流の機能を複合的に網羅して提供します。**図表９－２**に示されているように，従来の単体の物流機能提供ではなく，物流システムの構成要素である輸送，保管，荷役，包装，流通加工，情報を対象として，一般の企業の物流システムの全体，もしくは複数の機能を網羅したものを提供することになります。このように，3PL ビジネスは，事業領域が広がり，より複雑な業務を受け持つことになるのです。

1.2　3PL の事業領域

より具体的に，3PL ビジネスの事業内容を見てみましょう。3PL は顧客である一般の企業の物流システムの全体を請け負い，それを管理運営することになります。**図表９－３**に示されていますが，大きく分類すると一般企業の物流を３つの分野で受け持つことになります。

第１には**物流センター機能**です。これは物流システムの中の機能のうち，保管，ピッキングや仕分けなどの荷役，流通加工などです。物流センターは企業の物流システムの中核的な機能を担っていますが，3PL ビジネスはこの物流センターを運営し管理します。

そして第２が**配送機能**です。これは物流センターで顧客からの注文に応じて品揃えされた貨物を，それぞれの顧客にトラックを使用して届けることが行われています。配送機能も 3PL の事業の重要な１つとなっています。

さらに第３が**情報機能**です。これは，顧客からの注文を受けるために必要な情報システムを導入して，日々の受注業務を行います。さらには，受けた情報を物流センターに出荷情報として流し，物流センター内の一連の作業をサポートする情報システムに接続し，物流センター内の作業効率を高めます。こうした一連の情報システムの運営も重要な業務となるのです。

図表９－３ ▶▶▶ 3PL ビジネスの業務領域

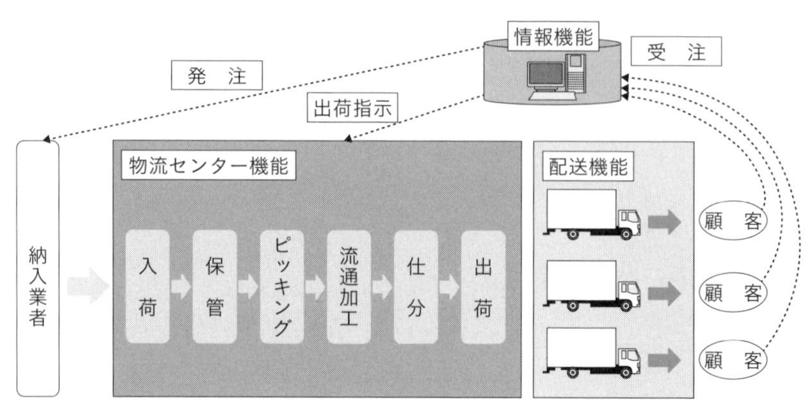

2 3PLビジネスの展開

2.1 3PLが必要とされる背景

3PLは，物流センター機能を含めて一般の企業の物流を全体的に引き受けるのですが，なぜ一般の企業は自ら行っていた物流を3PLに任せようとするのでしょうか。

経済がグローバル化して，企業は世界的な規模でより厳しい競争を強いられるようになりました。そうすると，企業は，経営資源（ヒト，カネ，モノ，情報）を競争力の強化につながる重要な部門に集中的に投下する必要があります。これは，企業の**コア・コンピタンス**（Core Competence：中核的能力）を強化するという戦略になります。例えば，メーカーですと競争力を強化できる開発部門や生産部門に経営資源を集中するようになります。

そして，企業の経営資源は限られているので，コア・コンピタンスを強化するためには，他の部門から経営資源を持ってくることが必要です。その結果，コア・コンピタンス以外の部門は，**アウトソーシング**（Outsourcing：**外部委託**）することになります。こうした対象が，まさに物流部門なのです。企業はこれまで自ら行っていた物流を，企業の競争力強化のために戦略的にアウトソーシングすることになるのです。

さらに，企業が物流センターを持ってみずから物流を行っていても，実際に物流の管理・運営が難しく，非効率な物流を繰り広げている場合があります。このために，企業の物流コストが高くなってしまいます。物流部門のコスト増加は，企業の収益性を低下させます。また非効率な物流だと顧客に対する物流サービスレベルも低く，企業の競争力の低下につながります。こうした状態で，企業は物流コストを削減したり，その上昇を抑制したり，さらに物流サービスレベルを改善する必要性に迫られています。このために，3PLに自社の物流をアウトソーシングすることになるのです。

2.2 3PL市場の拡大

わが国の物流業者は，これまでトラック運送業，利用運送業，倉庫業などに分かれており，それぞれ専用の輸送サービスや保管サービスを提供してきました。そして，一部の物流業者は，従来の得意とする単体の物流サービスの提供から，顧客企業の物流アウトソーシングという新たなニーズを受けて，提供する物流サービスの範囲を拡大して，3PLビジネスを展開するようになりました。こうして，物流業者は3PLビジネスへと事業を拡大していったのです。

わが国では，1990年後半から3PLビジネスが注目され始めました。この時期に「失われた10年」と呼ばれる経済不況のなかで，物流業者が3PLという新たなビジネスを拡大し，物流における新たな市場を開拓したのです。こうして，物流業において新たな市場が出現し，市場規模を拡大してきました。

そこで，3PLビジネスの市場規模ですが，最近の動向が**図表9－4**に示されています。2006年度で3PLビジネスの市場は，すでに1兆円を超えて

図表9－4 ▶▶▶ 3PLビジネスの市場動向

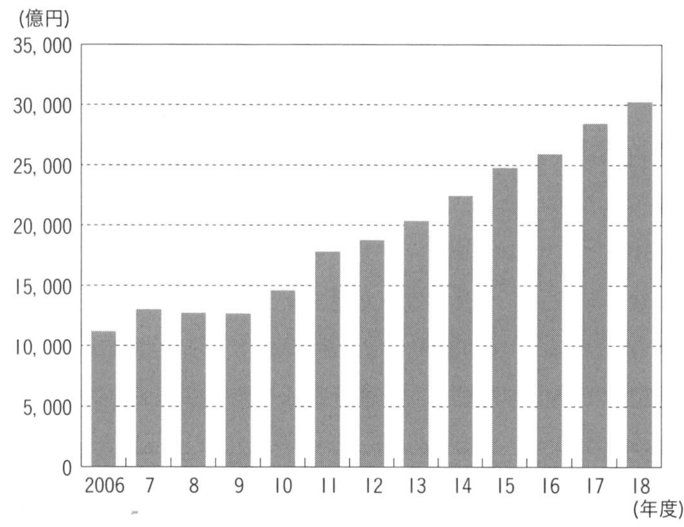

出所：『Logi biz』2019年9月号。

いました。その後，市場規模は2008年度，2009年度と2年連続で2007年度を下回りました。これは，リーマンショックによる世界的な経済不況の影響を受けて，市場の拡大が一時的に停滞したためです。しかし，2010年度には，リーマンショック以前の市場規模を上回りました。その後はまさに右肩上がりで年々増加を続け2018年度は3兆円に達しています。このことから明らかなように，3PLビジネスの市場はリーマンショックに端を発した世界的規模での経済不況の影響からいち早く回復し，その後継続的に市場規模を急激に拡大しているのです。この間に企業の物流アウトソーシングがさらに一段と進み，これに応じて3PLビジネスの市場の拡大が続いているのです。

2.3 3PLビジネスの物流業者

どのような物流業者が3PLビジネスを展開しているのでしょうか。**図表9－5**には，3PLビジネスにおける売上高の上位20社が示されています。売上高がトップの日立物流やキューソー流通システム，さらにニチレイロジグループは，メーカー系の物流子会社です。また，郵船ロジスティクス，近鉄エクスプレスは，フォワーダーとも呼ばれる利用運送業系の物流業者です。

図表9－5 ▶▶▶ 3PLビジネスにおける物流業者の売上高ランク（2018年度）

（億円）

順位	会社名	売上高	順位	会社名	売上高
1	日立物流	4,494	11	山九	921
2	センコーグループホールディングス	3,055	12	SBSホールディングス	889
3	郵船ロジスティクス	2,000	13	ニチレイロジグループ本社	845
4	日本通運	1,850	14	ハマキョウレックス	615
5	近鉄エクスプレス	1,761	15	三井物産グローバルロジスティクス	568
6	日本アクセス	1,720	16	トランコム	511
7	ヤマトホールディングス	1,474	17	丸和運輸機関	496
8	キューソー流通システム	1,411	18	セイノーホールディングス	440
9	SGホールディングス	1,315	19	鈴与	402
10	C&Fロジホールディングス	1,057	20	大和物流	390

出所：『Logi biz』2019年9月号。

さらに，ヤマトホールディングス，SGホールディングスは宅配便が専門のトラック系の物流業者です。三井倉庫という倉庫系の物流業者もいます。このように，もともと，特徴が異なる多様な物流業者が3PLビジネスを繰り広げており，成長を続ける3PLビジネスの市場において競争しています。

3　3PLビジネスの競争力

3.1　3PLビジネスと3つの能力

一般の企業において物流をアウトソーシングする傾向が顕在化しており，これを受けて3PLビジネスが拡大しています。それと同時に3PLビジネスを展開している物流業者は，こうした拡大しつつある3PL市場において激しい競争を繰り広げています。

当然この成長している物流市場において，3PLビジネスを順調に拡大できる物流業者と，逆に事業の拡大ができない物流業者がいます。これは同じ3PLの物流業者といっても，物流業者によって競争力が異なっているために，大きな差が出るのです。3PLビジネスにおいて競争力を獲得することが，極めて重要になってきます。それでは，3PLビジネスにおける物流業者の競争力とは何によって決まるのでしょうか。

3PLビジネスを展開している物流業者の競争力を考えるうえで重要なことは，市場において持続可能な競争優位性を獲得するために能力（capabilities）を身につけているかどうかです。常に市場において上位に位置することを**持続可能な競争優位性**といいますが，それを実現するためには，物流業者の内部に特有の能力を持っていることが必要です。

3PLビジネスで競争優位性を獲得するのに必要な能力とは，3つあると考えることができます。それは，**コンサルティング能力**，**情報システム構築能力**，そして**物流現場の運営能力**です（図表9－6）。

図表9－6 ▶▶▶ 3PLに必要な3つの能力

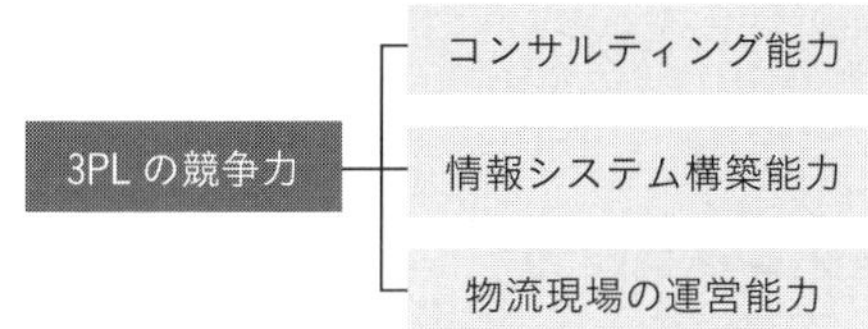

3.2 コンサルティング能力

3PLビジネスの1つの大きな特徴は，3PLを事業展開する物流業者が，顧客となる企業の物流について**コンサルティング**を行うことです。コンサルティングとは，企業の物流システムの問題点や課題を把握したうえで，物流システムを改善して，効率化をもたらす新たな仕組みや方法を提案することです。

物流のアウトソーシングを望む企業は，自社の物流システムが非効率で，物流のサービスレベルが低かったり，物流コストが高かったりといった諸問題を抱えています。そこで，3PLの物流業者は，まず顧客企業のこうした問題点を正確に調査します。そのうえで，これらの問題点をどのようにして解決できるか，具体的な物流システムの制度設計を行います。それを企画書という形で提案するのです。

こうした改善や提案は，もともとコンサルタントという企業にアドバイスをする専門家の仕事です。しかし，3PLの物流業者は，こうしたコンサルティングを行うことのできる優秀な人材をスタッフとして抱えており，顧客企業に最初に具体的な提案を行います。このため，3PLの物流業者は，営業拡大の最前線部隊として，コンサルティング専門の部門を設置することが必要です。

このコンサルティングは，極めて重要な役割を占めています。なぜならば，顧客の企業は物流をアウトソーシングするときに競争入札を行い，多くの3PL事業者から企画書を提出させて，それに基づいて事業者の選定を行うからです。さらに，実際に物流を請け負った際に，提案された新たな物流システムの仕組みが導入されて実践されるため，その後の物流業務の成功をこの最初の制度設計が鍵を握るからです。

3.3 情報システム構築能力

現代の物流において情報システムは重要な役割を演じています。物流システムにおける課題や問題点も，それに適した情報システムを導入することによって，正確で，迅速で，より効率的な物流作業を実現することが可能となります。

企業の物流システムの中で重要な役割を担う情報システムとして，次のような情報システムが求められています。まず受注情報を伝える**EDI**（電子データ交換）があります。また，**WMS**（倉庫管理システム）は，物流センター内の在庫管理や一連の作業を支援するのに重要な役割を演じています。さらに，**TMS**（輸送管理システム）は，物流センターからの配送を効率的に行えるよう支援する情報システムです。

企業の物流システムは，それぞれ特殊性を持っており，このため特殊性に対応して，それぞれの企業に適合した情報システムを構築することが必要となります。つまり，企業の個別の状況に応じて，最適な情報システムを設計していかなければなりません。こうした必要な情報システムをつくり上げる能力が，3PLの物流業者に求められています。これがまさに情報システム構築能力です。

このために，3PLの物流業者は，顧客の企業の特殊性に応じて最適な情報システムを設計できるシステム・エンジニア（SE）の部隊を擁しています。企業の物流の実態や特性を充分に把握したうえで，情報システムを個別に独自につくり上げることになります。顧客の企業に対して，物流システムに適合した効率性を実現できる情報システムを構築できるかが極めて重要であり，その能力が3PLの物流業者の競争力にも大きく影響することになります。

3.4 物流現場の運営能力

3PL ビジネスの最大の特徴の 1 つが，物流センターを中心とした一連の作業とその管理運営を行うことです。物流現場とは，物流センターの管理運営と，物流センターからの配送です。とりわけ，物流センターは，一般に大規模な物流施設で，一連の複雑な物流業務を行っています。このため，物流センターの管理運営が重要となっています。

ここでの課題は，物流サービスと物流コストです。一方で，物流サービスのレベルを確実に維持して，さらに高めていくことが求められています。具体的には，注文からの納品までのリードタイムを短縮するために，物流センター内の作業を迅速に行ったり，商品の配送において遅延をなくしたりすることが必要です。また，顧客が時間指定を設定した場合に，これに対応して的確な配送を行わなければなりません。

さらに，多頻度小口化が進行するなかで，物流センターにおけるピッキングでのミスを極力なくして，注文とは異なった商品を届けてしまう誤配をできるだけ減少させ，正確な納品を実現できることも極めて重要です。これらは，まさに 3PL の物流業者が提供する物流サービスの品質そのものです。

他方で，さらに重要なことは，こうした物流現場で物流コストを削減していくことです。顧客の企業にとって物流はコストであり，物流のアウトソーシングで求められる最大のポイントは，いかに企業自身の物流コストを削減するかです。したがって，3PL の物流業者は，このように一定の物流サービスのレベルを維持しながら，物流コストそのものを削減していくことができるのかが重要となってきます（図表９－７)。こうしたことは，まさに物流現場の運営能力に含まれるのです。

具体的には，物流センターでは，一連の物流の作業において，ムダ，ムラ，ムリをなくして，効率性を高めていき，そして作業における生産性を上げていくことが重要となります。こうして，作業の効率化を実現できれば，物流センター内の物流コストを削減することができます。**ゲインシェアリング**（Gain Sharing）という仕組みがあります。これは，物流コスト削減によ

図表 9－7 ▶▶▶ 物流現場の運営能力の要素

って利益が生じた場合，顧客である企業と3PLの物流業者でその利益を分配するものです。この仕組みが導入されていれば，3PLの物流業者もコスト削減に努力した分利益の拡大になります。

いずれにせよ，物流サービスのレベルを維持向上し，さらに物流コストを

Column　3PLと物流センターの管理運営

数多くの物流業者が3PLビジネスを行っていますが，その中でもハマキョウレックスの取り組みがユニークです。ハマキョウレックスは，静岡県の浜松市に本拠地を置く物流業者です。3PLビジネスによって，これまで売上高や利益を継続的に拡大してきました。特にハマキョウレックスは，物流センター業務において独自のやり方を開発しています。

そのいくつかを紹介すると，まず「日替わり班長制度」があります。物流センターは労働集約的な現場で，多くの作業員が働いています。こうした作業員が交代で作業グループの責任者になる仕組みが「日替わり班長制度」です。リーダーを経験することによって，個々の作業員が作業全体の効率性を考えて行動できるようになります。

また，「日計収支計算」という仕組みがあります。これは，個々の作業員が1日にどれだけ作業をして売り上げたのかを日々細かく計算するのです。これによって，作業員レベルで人件費をカバーするだけの仕事をしたのか，チェックすることができます。こうして，作業員のコスト意識を高めることができます。

さらに「センター長登用制度」もあります。物流センターを効率的に管理するためには，管理者である物流センター長が重要な役割を担っています。このために，それにふさわしい能力があれば，年齢や役職に関係なく物流センター長に登用する制度です。この制度によって，若くても能力のあるセンター長が，物流センターの優れた管理を行うことができます。

3PLビジネスは，物流センターの運営が極めて重要な役割を担います。そこで，この物流センターを携わる人々が，しっかりと仕事ができるような仕組みを開発しているのです。これらが実践され，それがまた3PLビジネスの競争力の源泉となっているのです。

削減できることが，物流現場の運営能力にかかっているのであり，その能力を高めることが極めて重要なのです。

4　3PLビジネスの新たな展開

4.1　M&Aによる3PLビジネスの拡大

3PLビジネスを繰り広げている物流業者は，これまで3PLビジネスを急激に拡大してきましたが，このビジネスの拡大には1つの大きな特徴があります。それは，他の物流業者を積極的にM&A（Mergers and Acquisitions：合併・買収）して事業の拡大を図ってきたことです。つまり，同じように3PLビジネスを行っている他の物流業者を買収して合併し，さらに自社のグループ企業にしてきました。

これまで多くの物流業者がM&Aをされてきましたが，特に物流子会社がM&Aの対象となってきました。物流子会社とは，メーカーなどが自社の物流を賄うために設立した物流専門のグループ企業であり，親会社であるメーカーの物流を担ってきました。わが国ではこうした物流子会社が，数多く設立されています。

例えば，わが国を代表する家電業界の大手メーカーは，それぞれ物流子会社を持って自社の物流を任せていました。こうした大手メーカー9社のうち，じつに6社の物流子会社が3PLの物流業者によって買収されています。他の業界でも，同じように物流子会社を対象とした3PLの物流業者によるM&Aが行われてきました。**図表9－8**には，3PLの物流業者による物流子会社のM&Aの状況が示されています。このように，主要な3PLの物流業者は，物流子会社を積極的に買収して，ビジネスの拡大を図ってきたのです。

なぜ3PLの物流業者は，こうした物流子会社などを積極的にM&Aをするのでしょうか。こうした買収は，新たな顧客の獲得になります。物流子会社を買収することによって，これまで物流子会社が行ってきた規模の大きい

図表９－８▶▶▶物流子会社の買収

年次	買収した物流業者	買収された物流業者	親会社
2009年	日立物流	オリエントロジ	内田洋行
2010年	ハマキョウレックス	JAL ロジスティクス	JAL
2011年	日立物流	DIC ロジスティクス	DIC
	日立物流	ダイレックス	ホーマック
	三井倉庫	三洋電機ロジスティクス	三洋電機
2012年	三井倉庫	TSA エクスプレス	トヨタ
2013年	DHL	コニカミノルタ物流	コニカミノルタ
	日本通運	NEC ロジスティクス	日本電気
2014年	日本通運	パナソニックロジスティクス	パナソニック
	日本トランスティ	JSR 物流	JSR
	センコー	岩谷物流	岩谷
2015年	三井倉庫ホールディングス	ソニーサプライチェーンソルーションズ	ソニー
	丸全昭和運輸	日本電産ロジスティクス	日本電産
	丸紅ロジスティクス	アシックス物流	アシックス
2016年	センコー	アクロストランポート	オンワードホールディングス
2018年	SBS ホールディングス	リコーロジスティクス	リコー

出所：日本経済新聞，各社ホームページ等から作成。

親会社の物流を獲得することができます。物流子会社は物流センターなどを所有して運営しているので，それを引き受ければすぐに物流の業務を受託できます。こうして，業界で3PL ビジネスを容易に拡大ができるのです。

さらに重要なことは，こうしたM&A には3PL ビジネスの戦略的な目的に基づいて行われていることです。特定の業界の物流子会社を買収することによって，物流子会社が持つその業界に特有の物流のノウハウを取得することができます。一口に物流といっても，業界によって多様な特徴を持っており，その物流を引き受けるには特有の物流のノウハウが必要となります。

買収によってノウハウの取得が可能になり，物流子会社の物流センターをベースにして，ノウハウが共通する同じ業界の別の企業の物流も新たに担うことができます。これは，業界の企業の物流を取り込むために共通した基盤をつくるということで，プラットフォームを形成すると考えられています。こうして，特定の業界のM&A は，その業界の他の企業との物流を共同化して，3PL の市場のさらなる拡大をもたらします。

4.2 物流センター機能のイノベーション

3PL の物流業者は，変化する環境に対応して新たな取り組みを始めており，それによって競争力を強化しようとしています。3PL ビジネスにおいて物流センター機能を賄うことは極めて重要です。企業の物流の中核的部分が物流センターであり，この物流センターをいかに効率的に管理して運営するのかは，3PL ビジネスにとって極めて重要なポイントとなります。

この物流センターは基本的に労働集約的な作業が行われており，多くの作業員が必要となります。物流センターの業務は，多くの労働力によって成り立っているのです。ところが，わが国の物流において労働力不足が深刻になっています。貨物輸送ではドライバーが不足して物流危機と呼ばれる状態が生じていますが，同様に物流センターで働く作業員も大幅に不足しています。

人手不足で物流センター内の作業の拡大が難しくなり，作業員の賃金も上昇して，物流コストの増加が避けられません。わが国では人口減少が続いており，少子高齢化と労働人口の減少が，これからさらに一段と深刻化することは明らかです。

こうした状況に対応して，3PL の物流業者は，これまでにない新たな取り組みを始めています。それは物流センターに最新の自動化設備を積極的に導入して，物流の作業効率を高めて省力化を実現する取り組みです。例えば，物流センターのピッキングには多くの作業員が必要でしたが，ここに AI（人工知能）を備えた**物流ロボット**と呼ばれる AGV（Automated Guided Vehicle: 無人搬送車）を導入しています。物流ロボットを導入することによって，ピッキング作業の効率性を高めることができ，より少ない作業員でピッキング作業のすることができます。また，物流センターの作業ではフォークリフトが重要ですが，作業員の運転が必要ない自動運転の無人フォークリフトを導入して，省力化を図っています。

このように 3PL の物流業者は，新たな自動化設備を導入するために積極的な設備投資を行い，効率性を高め省力化を実現する物流の仕組みを構築しているのです。自動化設備の導入は大規模な設備投資となり，そのために投入した資金を回収するのにリスクが伴います。しかし，労働力が不足する環境変化の中で，これから3PLビジネスの競争力を高めていくために重要な取り組みとなっています。

Working　調べてみよう

1. **3PL事業者に物流を外部委託する荷主企業が，それまで自らの物流にどのような課題を抱えていたのか調べてみよう。**
2. **3PLビジネスを行っている主要な物流業者が，荷主企業の物流業務を具体的にどのように請け負っているのか調べてみよう。**

Discussion　議論しよう

1. **3PLビジネスで競争優位性をもたらす3つの能力について，いかなる能力がとりわけ重要となるのかを議論してみよう。**
2. **3PLビジネスを今後さらに発展させるために，3PL事業者はどのような事業戦略をとる必要があるか議論してみよう。**

▶▶▶さらに学びたい人のために

- 齊藤実編著［2009］『3PLビジネスとロジスティクス戦略』白桃書房。
- 「特集 3PL白書2019」［2019］『Logi biz』No.222，19-62頁。

参考文献

- 大下剛・秋川卓也「3PL事業におけるマーケティング・プロセスに関する研究」『日本物流学会誌』(21)，95-102頁。
- 大下剛［2018］「3PL事業における物流センター運営の費用構造に関する研究」『日本物流学会誌』(26)，129-136頁。
- 大矢昌浩［2018］「3PLの再成長が始まっている」『Logi biz』No.203，20-25頁。
- 小野塚征志［2019］『ロジスティクス4.0』日本経済新聞出版社。
- 齊藤実［2013］「物流における3PLビジネスの発展」『商経論叢』48（4），31-50頁。
- 杉山康文［2018］「発展する3PL市場と取組みの一端」『流通ネットワーキング』No.305，15-19頁。

第 III 部

グローバル化と社会的課題への対応

第10章 グローバル展開の基礎となる物流

Learning Points

- ▶経済社会のグローバル化が進むなかで，国際物流の管理は重要な課題となっています。
- ▶国際物流では，空間・時間の隔たりが大きくなるだけでなく，国境障壁があるために，より高度な物流管理が必要になります。
- ▶企業の国際物流管理がグローバル・ロジスティクス管理へと広がっていることを理解します。
- ▶グローバル企業のなかには，国境を越えた統合を図り，グローバルレベルでの物流センターの設置やネットワークの管理を行う企業が増えています。

Key Words

国際物流管理　グローバル企業　トータル物流コスト分析
国際調達拠点（IPO）

1 国際物流の管理

1.1 国際物流管理の重要性

現在の日本の暮らしでは，衣食住すべてに輸入品があふれています。同様に，海外へもさまざまな日本の物品が輸出されています。現代は，地球規模で物品を輸出入し合う時代となりました。このように貿易が拡大してくると，**国際物流管理**が重要な課題になってきます。

国際物流は，国内物流と比べ輸送距離が長く積替えも多いため，コストがかかります。輸送時間が長いため，高付加価値品ではその間の在庫コストが膨大になります。短期間で価格が下落する最新型電子機器等や，時間とともに品質が劣化する生鮮食品等では，輸送中に物品の価値そのものが低下してしまいます。また，海難事故や物品の破損，盗難等，輸送中のリスクに備えるため，海上保険をかけることも必要です。

国境を越えるためには，**通関・検査・検疫**が必要となり，輸出・輸入関税も支払わなければなりません。国際物流では，貿易に関連する書類（船荷証券，信用状，通関書類等）の処理も重要な課題となります。

関税以外に貿易を阻害する**非関税障壁**は，国によっては非常にやっかいな問題です。輸出規制，自主規制，輸入割当，セーフガード，技術的障壁等，制度に関する障壁だけでなく，言語や通貨，文化等の差異が大きな障壁となる場合も多くあります。

1.2 国際物流コストの削減

国際物流にかかるコストは，国内物流と比べ非常に高くなります。アメリカの研究では，出荷地の物品価格に対し輸送コストが21%（時間コスト9%を含む），国境関連コストが44%かかり，トータルで74%（$1.21 \times 1.44 - 1 = 0.74$）かかると推定しています。国内の物流コストは商品価格の5%程度（JILS調査による）ですから，国際物流では物流コスト管理がいかに重要かわかります。

輸送コストのうち，海上輸送コストは輸送技術の発展や船会社間の運賃競争により相対的に低下しています。国連の推計によれば，先進国では輸入価格の6.5%程度，アジア発展途上国でも7.9%程度まで下がっています。海上輸送コストよりも，むしろ港湾までの国内転送コストや荷役等のさまざまなコストの低減が重要な課題になっています。

国境関連コストの低減は，さらに重要な課題です。企業は，通関等の諸手続きや書類作成の効率化を進めていますが，各国の制度や慣行に委ねられる部分が大きいのが実状です。

このため，世界貿易機関（World Trade Organization：WTO）や経済連携協定（Economic Partnership Agreement：EPA）を通じて，国際的に国

境障壁を低減する努力が続けられています。工業製品については，先進国間では国境障壁がかなり削減され，貿易や水平分業が促進されています。一方，農産物や一部の工業製品では，なおも高い関税率や非関税障壁が残されています。

しかし最近では，イギリスのEU離脱やアメリカのトランプ政権の誕生など，貿易自由化から保護主義へ向かう動きが顕著になっています。その結果，関税率の引き上げや数量規制，貿易手続きの厳格化など，貿易制限措置が相次いで導入されています。このような措置によって，輸出入貨物量が減少するなど国際物流に大きな影響を及ぼし始めています。

1.3 トータル物流コスト分析

国際物流では，輸送時間が長期間にわたる場合が多いため，時間コストの削減が重要です。例えば，日本からアメリカへは海上輸送だけでも約2週間，ヨーロッパへは約1カ月かかります。この間，物品はコンテナ内で寝かされて販売することができませんから，仕入れや生産にかかったコストを回収することができません。需要変動が大きなアパレルや電子機器等の商品であれば，販売機会を逸するかもしれません。

時間コストの算定は，輸送中の金利や販売機会損失率を設定し物品価格にかけるなどの方法で行います。ちなみに，前節のアメリカの研究では，時間コストを9%と推定しています。

このような時間コストを含め**トータル物流コスト**を分析することにより，物流全体を管理する必要があります。たとえば，日本では，安い運賃で輸送時間がかかる海上輸送と，高い運賃で速い航空貨物輸送しか，国際輸送手段がありません。航空貨物輸送は，海上コンテナ輸送と比べて運賃が5～10倍かかります。しかし，航空貨物輸送を利用すると，リードタイムを大幅に短縮でき時間コストを削減できます。両者のトレードオフを考慮したトータル物流コスト分析により，輸送機関を適切に選ぶことができます。

トータル物流コスト分析は，輸送機関の選択に限らず，輸送ルートの選択，物流センターの立地等，さまざまな局面で利用されます。多様な要素から構成される国際物流の管理では重要な分析方法です。

2 企業のグローバル化と国際物流

2.1 グローバル化が国際物流に及ぼす影響

貿易が活発化する一方，企業自らも国境を越えて活動を行うようになりました。多くの企業が，１つの国で経営活動が完結する国内企業から，国境を超えて経営活動を行う国際企業へと変化しています。その中には，多国籍企業，グローバル企業へと活動領域と規模を拡大するものも少なくありません。

ここで，多国籍企業は，規模が大きく多数の海外子会社を有する企業を指しています。多国籍企業の中でも，世界各地の労働力や資本蓄積の状況，原材料・部品の調達可能性等を考慮して，世界規模で最適な機能配置や調整を行っている企業を**グローバル企業**と呼んでいます。

このような企業が世界各地での調達,生産,販売活動を活発化するにつれ,物品の輸出入量が増加しています。最近では，製品間や工程間で国際的な水平分業が広がり，製品だけでなく部品や半完成品の国際物流が急増しています。このため,グローバル規模でのサプライチェーン・マネジメント（SCM）が重要な課題となってきました。

2.2 国際物流が企業立地に及ぼす影響

国際物流の効率化は，企業の海外移転を促し，グローバル化を促進する要因になっています。企業の立地選択要因には，調達，生産にかかわるコストや販売市場の規模等さまざまな要因がありますが，物流コストも重要です。

生産コストについては，資本集約型産業では資金や技術等が重要であり，労働集約型産業では人件費が重要な検討事項になります。ここでは，労働集約型産業で海外の人件費が非常に安い場合について考えてみましょう。例えば，国内のみで販売する製品の場合で他の要因が同じとして，海外での生産コストが国内の半分になったら，生産拠点を海外に移転するでしょうか。

仮に国内での調達コストが50，生産コストが50，国内物流コストが5とすると，トータルコストは105となります。なお国内販売のみですので，販売コストは比較対象としません。海外移転すると，調達コストがそのまま50，生産コストが半減して25となります。ここで物流コストが影響してきます。物流コストが高い場合には（前例のように物品価格の74%），国内生産の場合よりトータルコストが高くなるため海外には移転しないでしょう。しかし，国境障壁の撤廃や輸送革新によって物流コストが十分に下がれば（前例のように21%），海外移転する可能性が高くなります（**図表10－1**）。

グローバル企業の場合には，世界市場向けに大量生産を行い規模の経済性を活かして圧倒的に低コストで生産しています。同様に調達でも，世界中のサプライヤーから大量調達を条件に極めて低コストで調達しています。この場合も，十分に物流コストが安くなければ，世界最適地調達・生産は成り立ちません。

ここでは国内販売のみとしましたが，調達，生産した国で販売すれば物流

図表10－1 ▶▶▶物流コストが生産・調達拠点の立地に及ぼす影響

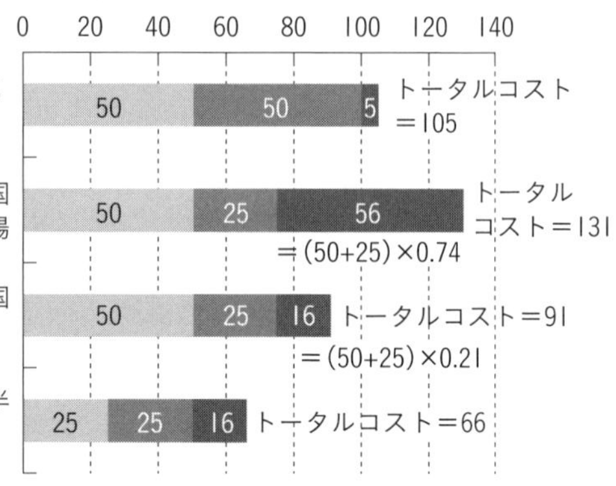

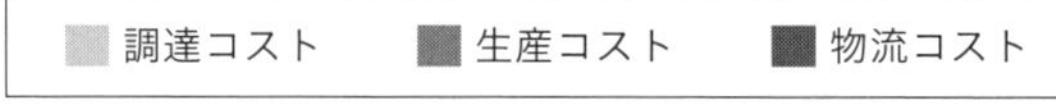

コストが削減され，さらに有利になります。海外市場に合致したマーケティングや市場変化への迅速な対応でも，需要地の近くに販売拠点を設けたほうが効果的です。

3 日本企業の国際化と物流管理

3.1 発展段階

日本の製造業者の国際化を振り返ると，販売，生産，研究開発の順に機能を海外に移転し，最後はフルセット移転に至っています。これらの段階は，①輸出，②海外販売拠点の設置，③生産・技術開発の海外移転，④経営資源のフルセット海外移転，⑤グローバル戦略に基づく海外拠点整備に区分できます。①～④については本節で，⑤については次節**4**で説明します。なお，この段階は電機，自動車等，グローバル化で先行する加工組立型産業を前提としており，産業特性によっては該当しない場合もあります。

この国際化の発展段階では，物流管理が重要な役割を果たしています。

3.2 輸出と間接貿易

戦後復興期から高度成長期にかけて，日本の製造業者の国際化は輸出で始まりました。輸出貿易は，**直接貿易**（直貿）と**間接貿易**（間貿）とに大別されます。直貿は製造業者が自社の貿易部門を通じて輸出することであり，間貿は商社など他者を通じて輸出することです。

当時，製造業者は，海外市場の開拓力や貿易ノウハウの不足，資金面での制約などから，商社の販売網を利用する間貿に依存していました（**図表10－2**の①）。そうすることにより，製造業者は本業である生産に集中し，商社が開拓した販売網を利用して海外市場へ製品を輸出することができました。

この場合，製造業者の物流管理は，国内生産拠点から商社に商品を引き渡

図表 10－2 ▶▶▶ 日本企業の国際化と物流管理の発展段階

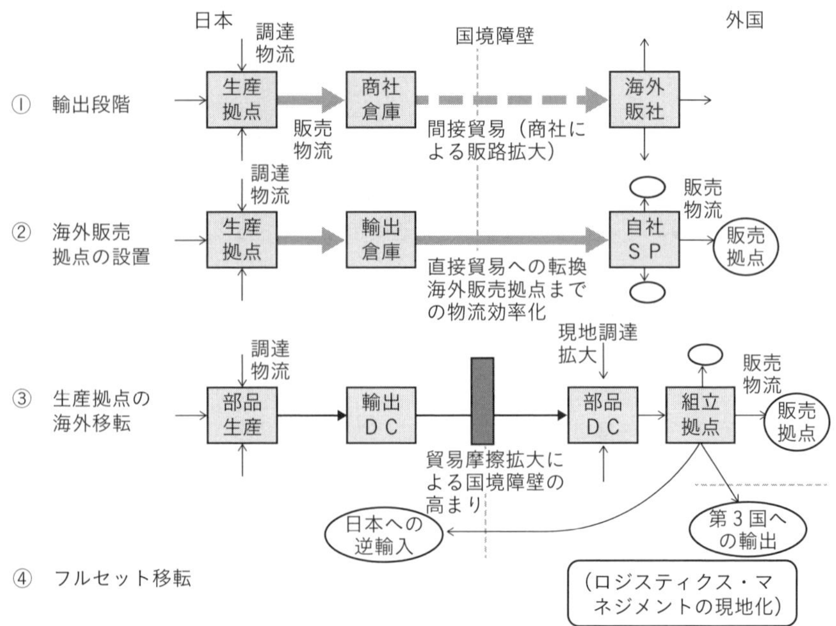

すまでの範囲ですみます。それ以降は，商社が輸出や通関手続き等を行います。この段階では，港間（ポートツーポート）の効率的な大量輸送，国内の物流効率化（輸出手続きを含む）が重要です。ただし当時，物流概念はまだ十分浸透しておらず，大量輸送や港湾荷役等の効率化が重要課題でした。

3.3 販売拠点の設立と物流管理

高度成長期以降，日本企業は国内で集中生産した製品を大量に輸出するようになりました。この時期，為替レートが円安に評価され，国内の労働コストも相対的に低く，国内生産が有利でした。生産規模を拡大し規模の経済を活かすためにも，熟練度が高い労働力を利用するためにも，国内生産は有利でした。当時まだ発展途上国であった日本に対して，先進諸国は低い関税率を適用していました（図表 10－2 の②）。

電機，自動車などの大手企業は，輸出にあたって商社離れを進め，直接貿易に切り替え始めました。マーケティング上差異化が必要な製品では，顧客のニーズをより直接的に把握する必要がありました。海外に販売会社を設立し，現地での販売や物流を効率化する動きが加速しました。

こうして，製造業者の物流管理の範囲は，海外現地での販売物流まで拡大しました。具体的には，国内生産拠点から海外の自社ストックポイントを経て内陸地の販売拠点まで，輸送効率化や海外拠点の物流効率化（輸入手続，輸送手配を含む）が必要になりました。たまたま，この時期にコンテナリゼーションが進み，荷役時間やコストが削減されただけでなく，内陸までドアツードア輸送ができるようになりました。

日本企業は，音響機器や光学機器等で市場革新的な製品を生み出し，世界に輸出しました。こうした高付加価値品では，品切れ損失や輸送中の金利負担等の大きさが指摘されるようになりました。トータル物流コスト分析の考え方により，運賃が高くても輸送時間の短い航空貨物輸送のほうが総合的に安いことが認識されるようになりました。その背景には，大型ジェット機が大量に導入され，本格的な航空貨物輸送時代を迎えたこともあります。

海外拠点の物流効率化では，消費者に近い場所に市場立地型の物流センターを設置する企業が増えました。物流管理面では，海外特有の規制や慣習等に合わせて，効率的で効果が高い管理方式が求められました。海外現地法人に物流担当部署を設置し，物流管理の権限を移管して現地の状況に合った管理を行うようになりました。

3.4 貿易摩擦による国境障壁の高まり

日本製品の大量輸出が続くと，欧米諸国との貿易摩擦が生じるようになりました。1968 年にはアメリカでカラーテレビのダンピング問題が発生し，1977 年には輸出自主規制をとらざるをえなくなりました。繊維，自動車，半導体，工作機械でも同様な摩擦が生じ，高関税率やさまざまな非関税障壁が導入されました。

日本の製造業者は，欧米諸国での現地生産に切り替えることを余儀なくされました。もともと国境障壁の高かったアジア諸国では，それ以前から現地生産を行っていました。例えば，繊維産業は1950年代，電機産業では1960年代に，現地市場を確保するため，労働集約的な最終組立工程を中心に現地生産を開始していました。

1970年代に入ると，貿易摩擦が激化する欧米向け輸出生産基地としてアジアへ生産拠点を移転する製造業者が増えてきました。この動きは，輸出加工区を設置して競争力の高い外国企業を誘致するアジア諸国の政策によって加速されました。こうして，台湾，韓国，シンガポール，マレーシアなどで大規模な海外生産が行われるようになりました。

3.5 生産拠点の海外移転と物流システム

1980年代前半までの国際化の中心は輸出であり，海外生産は国境障壁を回避するため仕方なく行うものでした。日本企業が，現地生産に本格的に踏み込むのは，1985年のプラザ合意以降急速に進んだ円高局面からでした。

海外生産の本格化に伴い，物流管理の領域は拡大しました。新たな領域として，海外生産拠点での原材料，部品の調達物流，海外生産拠点から販売拠点への販売物流，日本や第三国への製品輸出等が挙げられます（**図表10－2の③**）。

海外生産拠点での調達物流は，日本からの輸入で始まり，徐々に現地調達比率を高めてきました。自動車産業を例にとると，当初は主要部品をそのまま輸出し現地で組み立てるKD（Knock Down）生産が行われます。北米へのKD部品の輸出では，国内のジャストインタイム輸送が国際物流に拡大され，「**海を渡るコンベア**」とも呼ばれる方式が導入されました。これは，日本から北米西岸まで定曜日運航のコンテナ船で輸送し，西岸の主要港でコンテナ2段積み列車（Double Stack Train：DST）に積み替え中西部の組立工場まで一貫して輸送する方式です。

しかし，KDのように主要部品を輸入に頼ると，現地工場へは組立工程の移管にとどまり，地域経済への波及効果が限られます。このため，現地調達部品の購入を義務づけるローカルコンテント規制が導入されるようになりました。同時に，海外進出先に高品質の部品工場が集積するようになり，物流コストを含めると現地調達のほうが有利となってきました。その結果，主要地域では現地調達率が高まりました。

海外生産拠点からの販売物流では，販売先によって，内陸輸送や第三国への輸出，日本への逆輸入が生じます。北米，欧州，アジアともに現地販売比率が高まっており，域内の物流事情を十分調査して現地環境に合った物流管理を行う必要があります。

アジアには世界市場向けの集中生産拠点も多く，日本や欧州，北米への輸出も巨額です。アジア諸国では国際物流にかかわる制度が複雑なことが多く，細心の注意が必要です。

3.6 経営資源のフルセット海外移転

円高経済が定着すると，国際化先進企業は海外拠点の経営効率を向上させるため，生産機能にとどまらず管理機能を含めて経営資源をフルセットで海外に移転するようになりました（図表10－2の④）。その背景には，グローカリゼーション（グローバリゼーション＋ローカリゼーション）経営に基づく現地化促進があります。

この段階では，企業の現地化に対応し，海外拠点の経営効率化に資するロジスティクス管理が重要な課題となります。調達，生産，販売部門に従属する形で物流管理を行うのではなく，これらを統合したロジスティクス管理が求められます。

現地法人でも，ロジスティクスを管理する専門部署が独立して設置されるようになります。現地の物流事情に合わせて，倉庫，荷役施設，物流センターなど物流施設への投資や情報システムの整備が現地法人の経営判断で進められるようになります。

4 グローバル企業のロジスティクス管理

4.1 企業活動のグローバル化

日本企業の海外展開は続き，2017年度末における日本企業の海外現地法人数は2万5,000社を超えました。現地法人の地域別分布をみるとアジアが最大で67%を占め，北米13%，欧州11%となっています。最近では，アジアのなかでもチャイナプラスワンの動きが活発化し，中国のシェアが30%に低下する一方，ASEANが27%まで高まっています。

海外生産比率（国内全法人ベース）は過去最高の25%となり，研究開発等を含めた海外投資が拡大しています。調達，販売，物流等を含めて経営資源をフルセット移転し，グローバル化段階に至った企業も数多くみられます。なかでも電子機器，機械，家電，自動車等は膨大な部品で構成され，多数の工程により生産されており，それぞれの部品や工程に合致した生産規模や立地に基づいて細分化された国際分業が行われるようになりました。このような分業方式は，「**国境を越えた統合**」と呼ばれています。

日本の製造業者は，国内では高度な技術と資本集約的な設備を用いて高付加価値な素材や部品を生産し，アジアを中心とする現地法人で部品加工や組立を行っています。日系製造業者の現地法人の調達先をみると，部品産業の集積や工業化により海外域内で調達する傾向が高まっています。しかし，なおも現地調達が困難な高付加価値部品等を中心に，日本からの調達が4分の1程度を占めています。

海外現地法人の販売先をみると，アジア，北米，欧州ともに域内販売が大部分を占めるようになりました。しかしアジアは世界の工場として位置付けられる傾向が強く，アジア域内のみならず日本を含め世界市場に販売しています（図表10－3）。

図表 10－3 ▶▶▶ 日系現地法人の地域別調達先，販売先（2017年度）

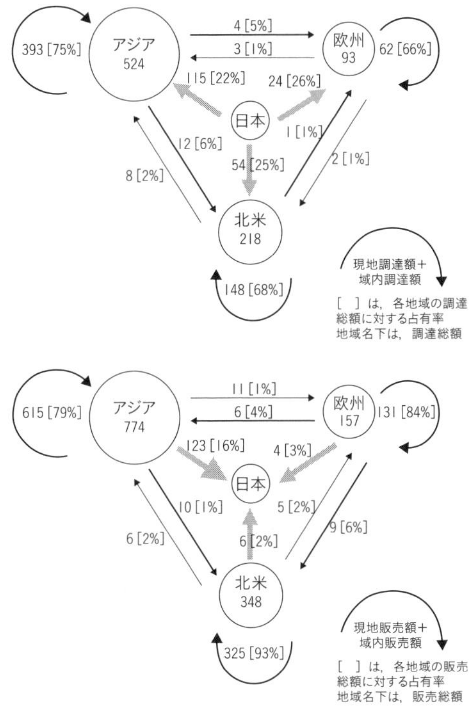

出所：経済産業省『海外事業活動基本調査』。

4.2 地域統括拠点とロジスティクスセンターの配置

グローバル規模で，調達，生産，販売が行われると，これらの活動を結びつけるロジスティクス管理が重要になります。また，部品や部材の調達や製品等の販売には多数の企業が関係していることから，企業間のSCMが重要な課題となることがわかるでしょう。

ここでは企業レベルでのロジスティクス管理についてみると，輸送や保管にかかる国際物流コストを最小化するだけでなく，リードタイムを削減し，原材料，部品，仕掛品，製品の在庫を削減することが重要となっています。この点で，グローバルレベルでロジスティクス機能を適切に配置する必要があります。

グローバル企業は，地域レベルでの統括管理や為替の一元管理等を行うため，地域統括拠点（Operational Headquarter：OHQ）を設置しています。地理的条件や誘致政策もあり，ASEAN 地域ではシンガポール，華南地域では香港に OHQ を設置する企業が多くみられます。

OHQ と共に**国際調達拠点**（International Procurement Office：IPO）を設ける企業もあります。IPO の目的は，その地域の生産拠点で使用する原材料や部品をまとめて調達，保管，在庫管理することで効率化を図ることです。大量購買により調達単価が下げられるほか，部品，資材の在庫の削減や梱包，出荷の合理化等が可能になります。

部品在庫を削減するため，IPO を VMI（Vendor Managed Inventory）型とする企業が増えています。VMI では，IPO にある在庫の所有権は調達側ではなく納入業者（Vendor）にあるため，調達企業は在庫を削減することができます。また，在庫を保税倉庫に保管することにより，関税や諸税の支払いを延期できるなどのメリットを享受することも可能となります。

調達だけでなく販売物流機能を持つロジスティクスセンターの整備も進んでいます。対象地域の製品を集中保管して，仕向け地別に出荷することにより，在庫削減や品揃えの拡充を図ることができます。運賃が割高な LCL（Less than Container Load：コンテナ単位に満たない小口貨物）を FCL（Full Container Load：コンテナ単位貨物）にまとめて，輸送費用を削減することもできます。日本向けでは，割高な国内トラック運賃を削減するため，東京湾や大阪湾の主要港湾を利用せず地方港向けに混載して輸出する場合もあります。

ロジスティクスセンターに流通加工機能を付加し，集約したコンポーネントを組み立てて再輸出している企業もあります。コンポーネントを生産する段階では規模の経済を活かして大量生産し，最終組立のタイミングをロジスティクスセンターまで延期することにより重要動向を見極めながら組み立てることができます。

4.3 輸送ネットワーク

グローバル・ロジスティクスでは，輸送距離が長くなるため，物流拠点間や顧客，調達先を効率的に結ぶ輸送ネットワークを構築する必要があります。原材料輸送で専用船を用いる場合を除き，ほとんどの場合に荷主企業は船会社，航空会社，フォワーダーのサービスを利用しています。

国際輸送では，特性が全く異なる海運と航空を適切に利用することが重要です。運賃負担力，ライフサイクル，リードタイム，緊急性，在庫費用等，さまざまな要因を考慮したうえで，決定しなくてはなりません（第11章参照）。

規制緩和が浸透した国際輸送では，交渉による契約運賃が一般化しています。グローバル企業は，地域別に輸送需要をとりまとめ輸送条件を提示したうえで，世界の物流企業に対し国際入札（グローバルビッド）を行うなど，低コストで安定した輸送サービスを確保しようとしています。

拠点立地が内陸部にまで拡大するようになり，従来の港湾間の輸送だけでなくトラック，鉄道を結びつけた複合輸送の利用が拡大しています。国境での迅速な通関処理や，港湾，空港での積み換え時間の削減が重要な課題となっています。

内陸輸送については，国や地域によって状況がまったく異なっています。北米や欧州では，高速道路網が整備され，長距離では鉄道輸送も利用できます。一方，アジア諸国では，一般的に鉄道や道路等のインフラ整備が進んでおらず，十分に調査したうえで適切な輸送機関とルートを設定しなければなりません（第12章参照）。

4.4 情報ネットワーク

グローバルレベルの企業活動を調整するうえで，情報システムは重要な役割を果たしています。グローバル企業は，世界の調達，生産，販売，物流拠点を繋ぐ情報システムの整備を進め，販売，生産，在庫情報を一元的に管理

Column 自動車産業のグローバル・ロジスティクス

自動車産業は，最もグローバル化が進んだ産業です（図表10－4）。

自動車組立メーカーは，世界最適地調達・生産・販売体制を推進しています。1国で十分な量産規模に達する車種については，消費地での組み立てが基本となっています。1国では適正な生産規模に達しなくても地域レベルでは十分な量産規模となる車種では，世界戦略車を投入しています。

一方，部品メーカーでも，メーター，ワイヤーハーネス，エアバッグ等，標準化が進んだ部品では，量産効果を活かすため集中生産する傾向がみられます。組立メーカーでは，世界各地から最適な部品を大量調達するようになってきました。

トヨタでは，海外での部品調達でもジャストインタイムを基本としており，販売と生産，調達を連動させようとしています。しかし，海外ではサプライヤーからの部品調達量が少なく物流品質も優れていない場合もあるため，このような場合には自らミルクランで部品を引き取りに行っています。

また海外からの部品調達では，多頻度小口物流とするとコンテナ積載率が低下してしまいます。このため，同時に使用する部品を海上コンテナに混載することにより積載率を確保しています。さらに組立工場近くに物流センターを設けて，生産工程に合わせて使用する部品をロット分割したうえでジャストインタイム納入するなどさまざまな工夫をしています。

図表10－4 ▶▶▶自動車産業における部品・完成車の物流

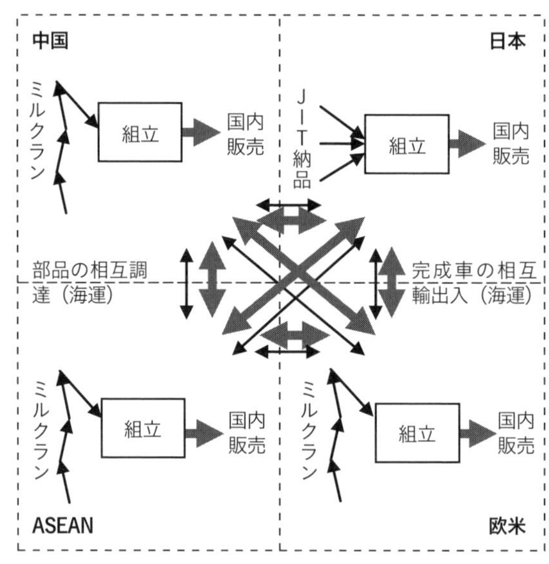

できるシステム構築に取り組んでいます。

企業内の情報システムの整備のみでは不十分で，取引企業を含めたSCMへの取り組みが進められています。グローバル企業の場合には，取引先が数千社規模に及び，管理すべき部品，製品のアイテム数は膨大な数になります。最近の情報通信技術を活用することにより，主要取引先と情報ネットワークで繋がり，調達，生産，販売管理の短サイクル化を進めています。

国際的な情報ネットワーク構築での課題の1つとして，貿易手続きの電子化が遅れていることがあげられます。船荷証券（Bill of Lading：B／L）等の輸出入関連書類の電子化では，欧州でボレロ（BOLERO），日本でTEDI（Trade Electronic Data Interchange）といったプロジェクトが進められていますが，国際的な標準化には至っていません。

通関，検査，検疫等の情報システム化では，税関，検疫所，港湾管理者，銀行等，多くの主体が関係しています。日本では，輸出入・港湾関連情報処理システム（NACCS）が導入され，さらに他の省庁との手続きを行うシステムと接続されてシングルウィンドウ化されています。しかし，他の国では異なるシステムが導入されており，国際的な標準化は十分進んでいません。また，発展途上国では情報システム化が遅れており，書類で手続きを行わなければならない国も数多くあります。

Working　調べてみよう

1. 日本から海外の主要都市へ輸出する場合の輸送手段，経路，日数等を調べてください。

2. 国際物流管理で優れている荷主企業の事例を調べてください。

Discussion　議論しよう

1. 日本企業の海外現地法人が販売，生産，調達に係る物流でどのような課題に直面しているか，どのように対処しているか議論してください。

2. 中国上海近郊の工場で生産したPCを日本に輸出する場合，どのような輸送手段を使うべきか議論してください。

▶▶▶さらに学びたい人のために

●経済産業省［2019］『海外事業活動基本調査』

http：//www.meti.go.jp/statistics/tyo/kaigaizi/

●ジェトロ［2019］『貿易ハンドブック』。

参考文献

●瀬藤澄彦［2014］『多国籍企業のグローバル価値連鎖』中央経済社。

●黒須誠治・岩間正春編著［2017］『グローバル・サプライチェーンロジスティクス』白桃書房。

●田邉勝巳［2006］「どのように貿易費用を測定するか？」『運輸政策研究』Vol. 8, No. 4。

●根本敏則・橋本雅隆［2010］『自動車部品調達システムの中国・ASEAN展開―トヨタのグローバル・ロジスティクス』中央経済社。

●ピーター・ディッケン（宮町良広・鹿嶋洋・今尾雅博・富樫幸一［2001］『グローバル・シフト―変容する世界経済地図』古今書院。

●宮下國生［2011］『日本企業のロジスティクス革新力』千倉書房。

●宮田要・遠藤隆雄［2007］『IBMのグローバル・ロジスティクス―経営環境に応えた最適化手法』日刊工業新聞社。

●山下洋史・諸上茂登・村田潔・木村達也［2003］『グローバルSCM』有斐閣。

第11章 世界を結ぶ国際物流サービス

Learning Points

- ▶船会社，航空会社，フォワーダー等の物流企業が提供する物流サービスは，貿易を支える重要な役割を果たしています。
- ▶船舶の大型化・専用化やコンテナリゼーションによって，海上輸送が効率化されたことを理解します。
- ▶航空会社とフォワーダーとの連携やインテグレーターによって，迅速な航空貨物輸送が行われていることを学びます。
- ▶国際物流市場は，規制緩和やグローバリゼーションによって，大競争時代を迎えています。

Key Words

コンテナリゼーション　グローバル・アライアンス　インテグレーター
フォワーダー　複合輸送

1 貿易を支える海上貨物輸送

1.1 海上貨物輸送の現状

日本は，輸入した原料やエネルギーを使って生産した製品を輸出する**加工貿易**で経済成長を遂げました。近年は，水平分業体制が広がり，製品類の輸入が増えましたが，貿易量からみると加工貿易の特徴が強く表れています。

日本の輸出入貨物量をみると，景気変動の影響により増減が続いています。2018年の輸出量は1億6,100万トンとなり，鉄鋼，機械類，セメント，乗用自動車が主要品目です。金額ベースでは，単価の高い機械類，乗用自動車，電気製品が上位を占めています（図表11－1）。

一方，輸入量は，7億5,800万トンとなり，石炭，原油，鉄鉱石等の原材料，

図表 11－1 ▶▶▶ 日本の品目別海上貨物輸出量（2018 年）

品　目	数量（千トン）	シェア	金額（億円）	シェア
総　計	161,637	100%	574,313	100%
鉄　鋼	36,113	22%	34,167	6%
セメント	10,653	7%	361	0%
機械類	13,621	8%	197,062	34%
乗用自動車	6,201	3%	109,329	19%
電気製品	1,494	4%	53,778	9%
肥　料	476	0%	120	0%
その他	93,079	56%	179,506	32%

出所：国土交通省海事局『海事レポート 2019』。

図表 11－2 ▶▶▶ 日本の品目別海上貨物輸入量（2018 年）

品　目	数量（千トン）	シェア	金額（億円）	シェア
総　計	758,206	100%	600,293	100%
乾貨物計	488,294	64%	437,405	73%
鉄鉱石	123,852	16%	10,296	2%
石　炭	189,320	25%	28,121	5%
その他	175,122	23%	398,988	66%
液体貨物計	269,912	36%	162,888	27%
原　油	148,957	20%	89,036	15%
ＬＮＧ	82,852	11%	47,389	8%
ＬＰＧ	10,734	1%	6,908	1%
重　油	2,536	0%	1,423	0%
その他	24,833	3%	18,133	3%

出所：国土交通省海事局『海事レポート 2019』。

エネルギー資源が上位を占めています。金額ベースでは，機械類等を含むその他乾貨物の占める比率が高く，**水平分業**が行われていることがうかがわれます（図表 11 － 2）。

1.2 専用化と大型化

第２章でも紹介したように，海上輸送は，輸送方式により定期船（Liner）

と不定期船（Tramper）とに大別されます。定期船は，船会社が寄港地とスケジュールを定めて定期的に運航する船舶です。一方，不定期船は，大量の貨物を貸切りで輸送する方式です。鉄鉱石，石炭，穀物のようなばら貨物（Bulk Cargo）や，原油，石油製品等の液体貨物等で，積出港から荷揚港にまとめて輸送する場合に利用されます。

海上輸送をより効率的に行うため，船舶の専用化と大型化が進展しています。**専用船**は，積載効率と荷役効率を向上させるため，貨物の形状や特性に合わせて船型を設計した船舶です。液体貨物では，原油タンカー，LNG（液化天然ガス）船等が開発されています。ばら貨物では，石炭専用船，チップ専用船，鉱石専用船等があります。この他に，コンテナ専用船，自動車専用船，重量物専用船等もあります。

船舶を大型化すると，積載貨物１トン当たりの運航コストや建造コストを削減することができます。このため，原油タンカーでは40~50万DWT（Dead Weight Tonnage：載貨重量トン（積載可能な貨物の重量を示す））級の船舶が登場するなど，船舶の大型化が進んでいます。ただし，大型船の輸送力に見合う輸送需要の確保が前提となり，また，大水深の岸壁や航路等の整備が必要になります。

1.3 コンテナリゼーション

コンテナリゼーションは，規格化されたコンテナを利用して荷役，輸送することをいいます。ガントリークレーン等の大型荷役機械が導入できるため，港湾での荷役時間と費用を大幅に削減できます。コンテナを一貫輸送用具として利用することにより，ドアツードアの複合輸送も可能になります。

コンテナ単位の大口貨物を**FCL**（Full Container Load），コンテナ単位に満たない小口貨物を**LCL**（Less than Container Load）と呼んでいます。FCLは，港湾にあるCY（Container Yard）に搬入され，船舶に積み込まれます。一方LCLは，CFS（Container Freight Station）で方面別に混載され，コンテナ単位に仕立てられたうえでCYに搬入されます。

海上輸送でのコンテナの利用は，1960年代後半に始まり，世界の主要航路で急速に進展しました。海上輸送用コンテナの規格は，国際標準化機構（International Organization for Standardization：ISO）が定めており，20フィート，40フィートコンテナが一般的に用いられています（**図表2－4**）。コンテナ船は，船倉がコンテナ規格に合わせて区分され自動的にコンテナが固定されるセル構造となっているため，迅速に積み下ろしができます。

コンテナ船の大型化も顕著です。1970年代末頃にはパナマ運河を通航可能な最大船型である**パナマックス**型まで大型化しました。80年代後半には，パナマ運河を通航できない4,400TEU（Twenty-foot Equivalent Unit：20フィートコンテナ換算個数）積みの大型船が太平洋航路や大西洋航路に投入されました。その後低コスト競争が激化し，最近では20,000TEU級の巨大船も登場しています。

船舶の大型化に対応するためのパナマ運河の拡張工事が2016年に完了しました。13,000TEU級のコンテナ船やLNG専用船等の大型船がアジア～北米東岸航路で利用するようになりました。

ここで2017年の国際海上コンテナ輸送量をみると，全世界合計で2億792万TEUになりました。このうち東アジア域内の荷動き量が15.3%，東アジア～北米が12.9%，東アジア～欧州が11.1%を占めており，東アジア関連航路が世界の全荷動き量の4割近くを占めています（**図表11－3**）。

1.4 コンテナ船社の上位集中化

コンテナリゼーションは，標準化を通じて定期船業の構造にも影響を及ぼしました。在来船では輸送サービスの差異化が可能でしたが，コンテナリゼーションによって輸送サービスの均質化が進みました。また1980年代になると，規制緩和によって自由競争が促進され，先進国の船社が加盟する海運同盟の市場支配力が低下しました。一方，海運同盟に加盟していない新興国の盟外船社は，価格競争力を武器に市場シェアを拡大しました。

激しい運賃競争が続き，船社はコスト削減のため，船舶大型化を追求する

図表 11－3 ▶▶▶世界の国際海上コンテナ流動量（2017年）

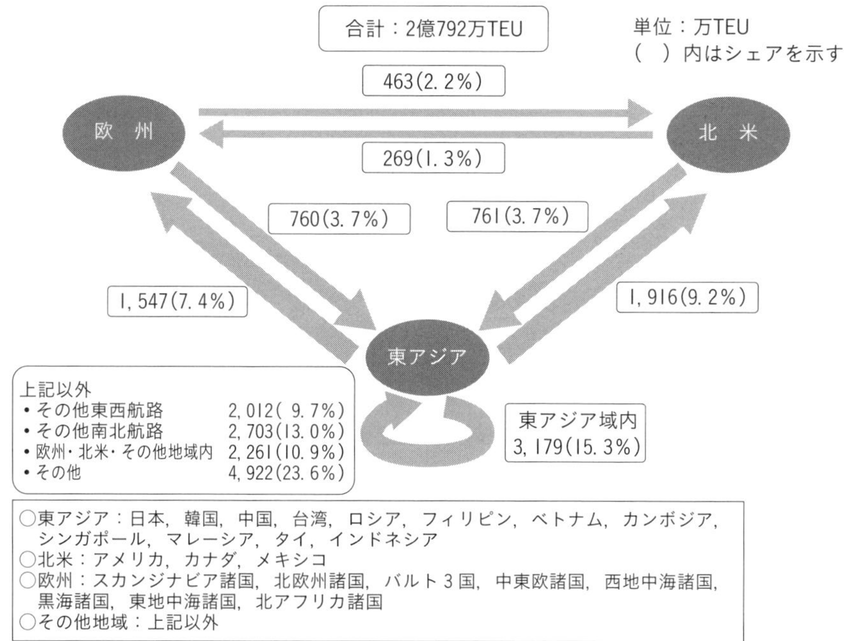

○東アジア：日本，韓国，中国，台湾，ロシア，フィリピン，ベトナム，カンボジア，シンガポール，マレーシア，タイ，インドネシア
○北米：アメリカ，カナダ，メキシコ
○欧州：スカンジナビア諸国，北欧州諸国，バルト３国，中東欧諸国，西地中海諸国，黒海諸国，東地中海諸国，北アフリカ諸国
○その他地域：上記以外

原出所：日本郵船資料より国土交通省港湾局作成。
出所：国土交通省海事局［2019］『海事レポート』。

ようになりました。一方，高度化する荷主ニーズに対応するため，寄港頻度の増大，輸送時間の短縮，航路の拡大も必要になりました。多数の大型船舶を建造し同時にサービス水準を維持することは，単一船社では限界になってきました。

このため，航路別に複数の企業が協調配船するコンソーシアムが組まれるようになりました。当初は限られた範囲にとどまっていましたが，1995年以降**グローバル・アライアンス**と呼ばれる巨大コンソーシアムの結成が相次ぎました。広範囲の航路で国籍や同盟・盟外の枠を超えて，大手船社同士が戦略的提携関係を結ぶようになりました。

2005年頃からは，買収・合併による強固な統合を目指す動きが目立ち始めました。同一アライアンス内のみならず，異なるアライアンスに属する買収・合併が続いています。現在では，マースク・ライン（デンマーク），

図表 11－4 ▶▶▶ 世界のコンテナ船社運航船腹量（2019 年 4 月）

順位	運航会社	TEU
1	Maersk Line（デンマーク）	4,092,047
2	MSC（スイス）	3,357,314
3	COSCO（中国）	2,804,882
4	CMA-CGM（フランス）	2,666,830
5	Hapag-Lloyd（ドイツ）	1,671,234
6	ONE（Ocean Network Express）	1,534,957
7	Evergreen（台湾）	1,236,686
8	陽明海運（台湾）	682,318
9	現代商船（韓国）	436,768
10	Pacific International Lines（シンガポール）	417,793
全世界		22,878,916

出所：日本海事センター［2019］『Shipping Now』。

MSC（スイス），COSCO（中国），CMA-CGM（フランス）が高いシェアを占めています。この上位 4 社で世界全船腹量の半分以上を占めており，上位集中化が顕著です（**図表 11 － 4**）。

日本船社は，激しいグローバル競争の中で日本郵船，商船三井，川崎汽船の 3 社が健闘してきました。3 社は 2018 年にコンテナ船部門を統合し，新会社 ONE（Ocean Network Express）を設立しました。

2 航空貨物輸送の発展

2.1 高付加価値品の貿易を支える航空貨物輸送

航空輸送の最大の特徴は，迅速性にあります。この特性のために価格の高い商品の輸送では必要不可欠な輸送手段となっています。日本の貿易に占める航空貨物の比率（航空化率）は，重量ベースでは 1％未満ですが，金額ベースでは 29％を占めています（**図表 11 － 5**）。

航空貨物の主要品目を見ると，輸出入ともに半導体等電子部品，科学光学

図表 11－5 ▶▶▶日本の国際貨物輸送量と金額（2016 年度）

		航　空（%）	海　運（%）	合　計（%）
金額ベース（十億円）	輸　出	20,799（29）	50,723（71）	71,522（100）
	輸　入	19,003（28）	48,546（72）	67,549（100）
	合　計	39,802（29）	99,269（71）	139,071（100）
重量ベース（千トン）	輸　出	1,678（1.0）	167,661（99.0）	169,339（100.0）
	輸　入	1,817（0.2）	767,559（99.8）	769,376（100.0）
	合　計	3,494（0.4）	935,219（99.6）	938,713（100.0）

出所：日本物流団体連合会『数字でみる物流』2018 年。

機器，電気計測機器，事務用機器等，高付加価値品が上位を占めています。これらは，かつては日本の主要輸出品でしたが，最近は輸入が急増しています。なかでも事務用機器は，輸入額が輸出額を上回っています。

日本発着の国際航空貨物輸送量は，長期的に増加傾向にありましたが，2008 年のリーマンショックにより大幅に落ち込みました。その後回復傾向にあり 2016 年度の輸送量は過去最高の 349 万トンを記録しました（国土交通省航空局資料調べ）。

しかし最近の米中貿易摩擦により，世界の航空貨物需要が落ち込んでいます。日本に発着する国際航空貨物にも影響が及び始めており，成田空港の貨物取扱量は 2018 年 6 月以降 8 カ月連続でマイナスとなっています（速報値）。

2.2 航空会社

航空機の貨物輸送方式には，旅客機の下部貨物室（ベリー）を利用する方式と貨物専用機（フレーター）を利用する方式とがあります。航空貨物輸送需要が増えるにつれ，貨物専用機が増えており，世界の航空貨物輸送量の約 6 割が貨物専用機によって運ばれています。

国際航空でも規制緩和が進展していますが，海運と比べればなおも厳しい規制があります。現在の規制の枠組みはシカゴ条約に基づき，当該 2 国間の航空協定に基づいて参入航空会社や便数等が決定されています。

アメリカは，諸外国と自由主義的な航空協定（オープンスカイ協定）を締結することにより，自由競争を促進してきました。他にも自由化を進める国が増え，日本も発着制約がある首都圏空港を除く空港でオープンスカイ協定を結ぶようになりました。競争が激化した世界の航空市場では，航空会社の倒産や買収・合併など業界再編が続いています。

航空会社間では，従来から路線や便を相互に補完する共同運航が行われてきました。このような企業連携は，より包括的なグローバル・アライアンスへと拡大しています。現在は，旅客分野を中心にスターアライアンス，ワンワールド，スカイチームが結成されています。貨物分野では，スター・アライアンスのメンバーを中心とするWOWとスカイチーム・カーゴがあり，貨物輸送網の構築，情報システム化，貨物施設の共同利用等を行っています。

2.3 航空フォワーダーによる混載輸送

航空貨物輸送では，伝統的にキャリアである航空会社と航空フォワーダーが分業しています（図表11－6）。フォワーダーが，荷主に対する営業や集荷・配達を行い，航空会社が空港間の輸送を行っています。この分業関係は，旅客輸送における航空会社と旅行代理店との関係に似ています。

分業方式で輸送される航空貨物は，混載貨物と呼ばれています。この方式では，フォワーダーが複数の荷主から集荷した貨物を空港周辺の上屋で混載貨物に仕立てて，航空会社に輸送を委託します。航空会社の運賃率は，貨物が重いほど単位当たり運賃が安くなる重量逓減制となっており，フォワーダ

図表11－6 ▶▶▶混載貨物の流れ

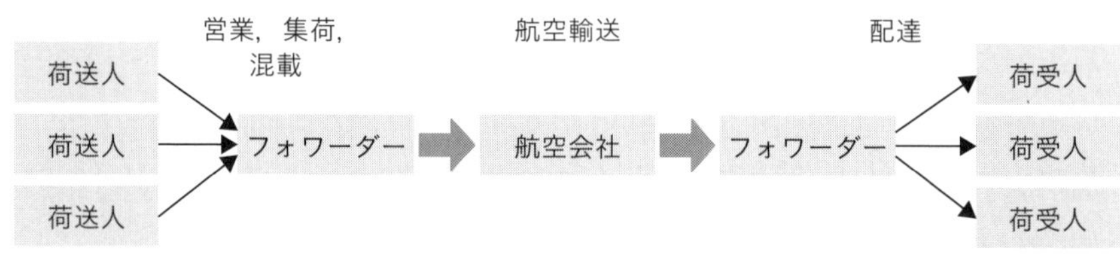

ーが大口貨物にまとめるほど割安な運賃が適用されます。荷主から収受する運賃と航空会社に支払う運賃の差額（混載差益）が，フォワーダーの大きな収益源となっています。

フォワーダーは，混載輸送以外にもさまざまなサービスを提供しています。現代のフォワーダーの意義は，単なる輸送業者というよりも，荷主ニーズにに応じてきめ細かなサービスを提供することにあります。フォワーダーによる物流サービスについては，本章の第**3**節で紹介します。

2.4 インテグレーター

海外でも，航空貨物輸送は航空会社とフォワーダーの分業体制が一般的です。しかし，アメリカでは1970年代に，両方の機能を統合する**インテグレーター**（Integrator）と呼ばれる事業者が登場し，現在では世界中でサービスを提供しています。

先駆者であるフェデックスは，アメリカ国内の航空事業の規制緩和を契機に，自ら航空機を購入して翌日配達サービスを始めました。フェデックスに追随し，UPS，DHL等のインテグレーターが急成長しました。1980年代後半以降になると，インテグレーターは国際輸送に進出し，世界中で迅速なサービスを提供するようになりました。

インテグレーターは，書類（クーリエ）・小型貨物（スモールパッケージ）を対象に徹底的にシステム化を図りました。その輸送方式は，**ハブアンドスポーク**・システムと呼ばれています（**図表11－7**）。トラックで集荷した貨物は，最寄りの空港で航空機に積み替えられてハブ空港に輸送されます。深夜に方面別に仕分けて航空機で目的地近くの空港に輸送し，トラックに積み替えて配達します。

もともとインテグレーターが輸送する貨物は小型貨物に限定され，より大型の貨物を中心に取り扱うフォワーダーへの影響は限定的との見方がありました。しかし，インテグレーターはフォワーダーを買収するなどして，より大型の貨物を取り扱うようになりました。一方フォワーダーも，航空会社と

図表 11－7 ▶▶▶ハブアンドスポーク・システム

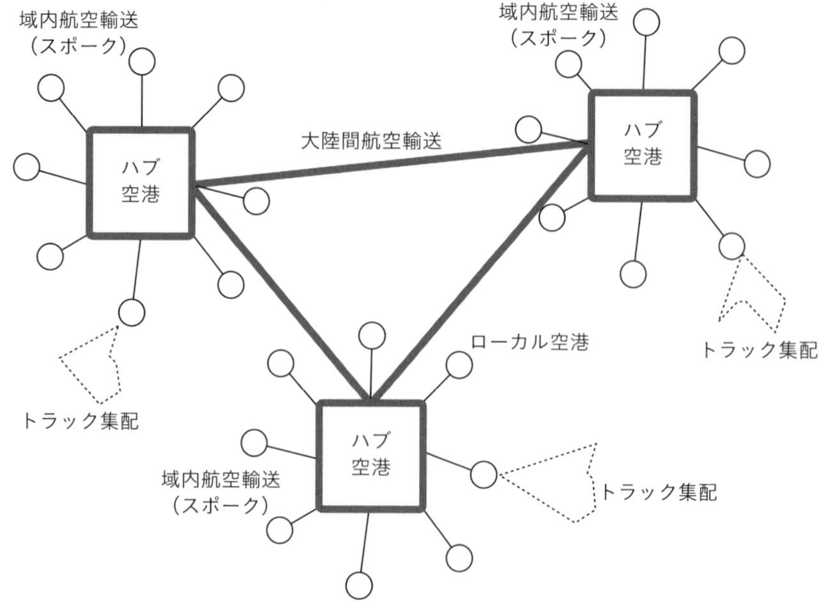

協力して情報システムや貨物処理方式を改善するなど，連携を強化することにより輸送サービスの向上を図っています。

3 フォワーダーの国際物流サービス

3.1 利用運送

フォワーダーは，航空会社だけでなく船会社，鉄道会社等，実運送事業者の輸送スペースを利用して荷主に輸送サービスを提供しています。日本では，貨物利用運送事業法により，このような輸送サービスを利用運送事業と規定しています。

利用運送事業者は，多数の実運送事業者のサービスを縦横無尽に組み合わせて柔軟なサービスを提供することができます。一方，実運送事業者は，自社の輸送ネットワークに限定されますが，確実に輸送することができます。

航空輸送では，前述の通りフォワーダーと航空会社の分業体制が伝統的にとられています。一方，海上輸送では，主に船会社が荷主に対して営業，集荷，配達を一貫して行ってきました。船会社が貨物輸送を主体としていることやFCLの大口貨物が主流であることが，その理由と考えられます。しかし，近年は，海上輸送でもフォワーダーによる柔軟な輸送サービスが高く評価されています。

かつては輸送産業を保護育成するために，利用運送事業者の参入による実運送事業への影響に配慮して，参入や運賃に関する規制が厳しく定められていました。しかし，貨物運送取扱事業法（改正前の貨物利用運送事業法）により，競争を促進するため規制が緩和されました。事業者数は増加を続け，2016年度末現在，外航海運利用運送事業者数989社，国際航空利用運送事業者数128社となりました。

3.2 フォワーダーの海外進出

荷主企業は，国際物流で基本的な輸送サービスにとどまらず，さまざまなサービスを求めています。フォワーダーは，船会社や航空会社を利用運送するだけでなく，荷主ニーズに対応したさまざまなサービスを提供しています。その内容は，運送関係書類作成，スペース手配，仕分け，集配，通関，複合輸送，保管，在庫管理，流通加工，梱包，情報処理，保険代理，金融補助等であり，これらを組み合わせた総合的な物流サービスを提供しています。

荷主企業の海外進出の後を追うように，フォワーダーも海外に進出しています。主要フォワーダーは，80年代に欧米地域へ活発に進出し始めました。90年代には，アジア地域の中でもハブ港・空港等の中核物流拠点がある香港やシンガポールに進出するフォワーダーが増えました。

2000年以降になると，中国への進出が急増しました。沿海部ばかりではなく，内陸部へ進出するフォワーダーも増えました。最近では，チャイナプ

Column 日本通運のグローバル展開

日本通運は，47 カ国，725 拠点を持ち，日本，米州，欧州，東アジア，南アジア・オセアニアの５極体制を展開しています。陸海空の輸送サービスだけでなく，世界各地の拠点とネットワークを通じて総合的な物流サービスを提供しています。

最近では，荷主企業の内陸展開に対応して，国際定期トラック輸送網の整備を急ピッチで進めています。従来の海上輸送を中心とした複合輸送と比べ，トラック輸送は輸送時間が大幅に短縮でき納期も正確になります。

アジア域内では，上海～シンガポール間 7,000km を結ぶ SS7000 を商品化しています。上海～華南 2,000km，華南～ハノイ 1,500km，ハノイ～バンコク 1,500km，バンコク～シンガポール 2,000km から構成されます。このほかにも，バンコク～ホーチミンのサザンメコン・ランドブリッジエクスプレス（820km）等を開始しています。バンコク～クアラルンプールでは，大量輸送ニーズに対応した鉄道コンテナ輸送も行っています。

北米，欧州でも，定期トラック輸送を開始しています。北米では，メキシコから，アメリカ，カナダまで 3,300km を結んでいます。欧州は，オランダからポーランド，ロシアまで 3,000km のルートです。いずれも GPS を搭載したトラックを用いており Web ベースで貨物追跡ができます。

ラスワンの動きが加速し，ASEAN が重要な進出先となっています。

フォワーダーの中には，多数の海外拠点を設け，それらをトラック，鉄道，海運等で繋ぎネットワーク化するものもあります。進出国の国内輸送だけでなく，日本を経由しない進出先の３国間を複合輸送で結ぶ場合もあります。荷主追随型ではなく，自らのネットワーク構築により新たな物流サービスを提供する動きとして注目されます。

3.3 複合輸送サービス

フォワーダーの代表的な輸送サービスとして，複数の輸送機関を利用してドアツードアで輸送する**複合輸送**があります。なお複合一貫輸送，結合輸送と呼ぶ場合もあります。

輸送技術面では，コンテナリゼーションによって港で貨物を積み下ろさなくてもすむようになったことが複合輸送の発展に貢献しています。コンテナのまま，トラックから船舶へ，さらに船舶から鉄道やトラックへ積み換えることにより，発地でコンテナ詰めした貨物を目的地でコンテナから下ろせるようになりました。

狭義には，一貫した運送責任による引受け，通し一貫運賃の設定，複合運送証券の発行が，国際複合輸送の条件とされます。しかし，これらの条件すべてを満たす場合は限られており，広義には複数の輸送機関を相次いで利用する輸送サービスを国際複合輸送と呼んでいます。

日本発の国際複合輸送の仕向け地は，地域では中国を含めたアジアが最大で，北米，欧州がこれに続いています。アジア向けサービスは，荷主企業が内陸部へ進出するようになり活発化しています。さらにアジア現地生産の拡大に伴い，アジア発の3国間輸送や欧米向け輸出が増えており，多様なサービスが開発されています。

4 グローバル・ロジスティクス・サービスの展開

4.1 ロジスティクス・サービスの提供

第10章でみたとおり，サプライチェーンはグローバル規模に拡大しており，企業のロジスティクス・ニーズは高度化しています。船会社やフォワーダー，インテグレーター等の物流企業はネットワークをグローバル化し，ロジスティクス・サービスを拡大しています。世界中に規制緩和の潮流が広がり，物流企業にとって自由な事業環境になったことも影響しています。

ロジスティクス・サービスは，荷主ニーズに応じて開発されるため，その内容はさまざまです。例えばフォワーダーは，柔軟なノンアセット型3PLへの取り組みを強化しており，特定顧客向けにロジスティクス・サービスを開発しています。自動車メーカー向けの調達物流では，部品調達のオーダーを受け，買付け代行，梱包，通関，船積みチェックまで管理し，海外工場の生産工程に合わせて部品をジャストインタイムで納入しています。この他にも，パソコン，輸入住宅，生鮮食品，花卉（かき）等の特定製品の特性に対応する流通加工，検品等の機能を付加したロジスティクス･サービスを提供しています。

このほか，代表的なロジスティクス・サービスの事例には，**IPO**（国際調達拠点）サポート・サービス，バイヤーズ・コンソリデーション（Buyers' Consolidation），非居住者在庫管理，パーツバンク・サービス等があります。

4.2 グローバル競争の激化

物流市場がグローバル化するにつれ，物流企業間の競争も激化しています。大手物流企業はネットワークの拡大とサービスの高度化を進めていますが，なかでもアメリカ系のインテグレーターとヨーロッパ系の郵便事業者の躍進には目を見張るものがあります。

インテグレーターであるフェデックスと**UPS**は，世界中に航空ネットワークを張りめぐらし，自社の集配体制の整備を進めてきました。急送サービスを柱にさまざまなロジスティクス・サービスを開発しており，なかでもハブ施設に部品在庫を置き，受注した部品を即配するパーツバンクは有名な事例です。フォワーダーやトラック運送業者等を続々と買収しており，小型貨物から大型貨物まであらゆる貨物輸送を行うロジスティクス企業に脱皮しています。

ヨーロッパ諸国では，相次いで郵便民営化が行われました。民営郵便事業者の中には，新たな事業分野として物流に取り組むものも多く，なかでもドイツポストは積極的です。ドイツポストは「世界第1位のロジスティクス・サービス提供者」を目標として掲げ，インテグレーター（DHL），フォワーダー（ダンザス），3PL（エクセル）を続々と買収し，世界最大規模のロジスティクス企業となりました。

一方，日本の物流企業も前述の通り，海外展開を進めています。日本国内と同様な高度なサービスを提供することで，海外進出した日系荷主企業を中心に高い評価を得ています。しかし，日系荷主企業でも，システム化された効率的なサービスを提供する欧米系物流企業を評価する向きもあります。またコスト面では，進出先の地場物流企業を評価する意見も多くあります。

Working 調べてみよう

1. 国際輸送で利用されている船舶の種類と大きさを調べてください。

2. 大手フォワーダーにはどのような企業があるか調べてください。

Discussion 議論しよう

1. 海上コンテナ輸送と航空貨物輸送とを比較し，両者の強みと弱みを議論してください。

2. 世界の代表的な物流企業を調べ，その強みと弱みを明らかにしてください。

▶▶▶さらに学びたい人のために

● オーシャンコマース［2019］『国際輸送ハンドブック』。

● 国土交通省海事局［2019］『海事レポート』。

参考文献

● アジア物流研究会［2019］『グローバル・ロジスティクス・ネットワーク』成山堂。

● 石原伸志・合田浩之［2010］『コンテナ物流の理論と実際』成山堂。

● 小林晃・木下達雄・平田義章［2002］『21 世紀の国際物流―航空運送が創る新しい流通革命』文眞堂。

● 小林潔司・古市正彦［2017］『グローバルロジスティクスと貿易』ウェイツ。

● 鈴木暁［2017］『国際物流の理論と実務（6訂版）』成山堂。

● ピーター・モレル著　木谷直俊・塩見英治・本間啓之監訳［2016］『国際航空貨物輸送』成山堂。

● マルク・レビンソン著　村井章子訳［2007］『コンテナ物語―世界を変えたのは「箱」の発明だった』日経 BP 社。

第12章 海外の物流事情を知る

Learning Points

▶国際競争力の優位性を確保するため，世界各国は物流の効率性を高める努力を続けています。
▶アジアの主要港湾・空港では，ハブ施設を整備し貨物取扱量を急増させています。一方，内陸部では物流インフラ整備や国境通過手続等の改善が急務となっています。
▶アメリカでは，規制緩和後，物流革新が続き効率化が進んだことを学びます。
▶ヨーロッパでは，EU の共通交通政策により物流市場の統合や欧州横断交通網の整備が続けられていることを理解します。

Key Words

ハブ　物流パフォーマンス指標　規制緩和　共通交通政策

1 ハブ競争

1.1 ハブ港湾をめぐる競争

海上輸送コストを低減するため，コンテナ船の大型化が続いています。ハブアンドスポーク方式により，大型船は世界でも限られた数の**ハブ**港にのみ発着し，ハブ港から各地の港湾へは中小型船がフィーダー輸送しています。このため，大型船が直接発着するハブ港が国内にないと，積み替えのための時間やコストがかかり，その国の産業の国際競争条件が不利になりかねません。

世界各地では，ハブ港を目指して大型船が着岸可能な大水深バースや最新荷役機器等を競って整備しています。なかでもアジア諸国では，大規模な港

図表 12－1 ▶▶▶世界の港湾別コンテナ取扱個数ランキング（万 TEU）

順位	2000 年		2018 年	
1	香港（中国）	1,810	上海（中国）	4,201
2	シンガポール	1,704	シンガポール	3,660
3	釜山（韓国）	754	寧波舟山（中国）	2,635
4	高雄（台湾）	743	深圳（中国）	2,574
5	ロッテルダム（オランダ）	628	釜山（韓国）	2,166
6	上海（中国）	561	広州（中国）	2,162
7	ロサンゼルス(LA)(アメリカ)	488	香港（中国）	1,960
8	ロングビーチ(LB)(アメリカ)	460	青島（中国）	1,932
9	ハンブルク（ドイツ）	425	LA ／ LB（アメリカ）	1,755
10	アントワープ（ベルギー）	408	天津（中国）	1,601
	東京（15 位）	290	東京（27 位）	511

注：2018 年は速報値。薄い網掛けはアジア，濃い網掛けは日本。
出所：国土交通省［2019］『海事レポート』。

湾投資が行われています。最近の港湾別コンテナ取扱量をみると，中国，シンガポール，韓国の港湾が上位８位まで占めています（**図表 12－1**）。

先進国のコンテナ港湾はみなランクを下げていますが，なかでも日本は顕著です。1990 年には，神戸港が世界５位，横浜港が 11 位を占めていましたが，現在では東京港の 27 位が最高です。日本の港湾が船舶の大型化への対応に遅れたため，大型船が日本の港湾を素通りする「**ジャパンパッシング**」の問題が指摘されています。実際，日本の地方港のなかには，大型船の寄港が多い釜山港をハブ港として利用し，フィーダー輸送して大型船に積み替えるケースが増えています。

1.2 ハブ空港

航空貨物輸送でも，ハブ空港への貨物集中が進んでいます。ここでもアジアにある香港，上海，ソウル各空港の貨物取扱量が世界の上位を占めています。中東地域で物流ハブを目指すドバイ空港が急速に貨物取扱量を増大させ

図表 12－2 ▶▶▶ 世界の空港別貨物取扱量ランキング（千トン）

順位	2000年		2018年	
	空港	取扱量	空港	取扱量
1	メンフィス（アメリカ）	2,489	香港（中国）	5,121
2	香港（中国）	2,268	メンフィス（アメリカ）	4,470
3	ロサンゼルス（アメリカ）	2,039	上海浦東（中国）	3,769
4	成田（日本）	1,933	ソウル仁川（韓国）	2,952
5	ソウル（韓国）	1,874	アンカレッジ（アメリカ）	2,807
6	ニューヨーク（アメリカ）	1,817	ドバイ（アラブ首長国連邦）	2,641
7	アンカレッジ（アメリカ）	1,804	ルイスビル（アメリカ）	2,623
8	フランクフルト（ドイツ）	1,710	台北（台湾）	2,323
9	シンガポール	1,705	成田（日本）	2,261
10	マイアミ（アメリカ）	1,643	ロサンゼルス（アメリカ）	2,210

注：国内貨物，郵便を含む。薄い網掛けはアジア，濃い網掛けは日本。
出所：Airports Council International.

ていることも注目されます（**図表 12－2**）。

アメリカでは，大都市空港よりもインテグレーターのハブ施設が設けられているメンフィス，アンカレッジ，ルイスビルの貨物取扱量が多くなっています。ヨーロッパでは，フランクフルト（ドイツ）が13位，パリ（フランス）が14位を占めています。

日本の成田空港は，地理的に太平洋路線で北米大陸に最も近く，輸送距離制約が大きい航空貨物輸送ではアジアのゲートウェイとして位置付けられてきました。しかし，最近では航空機の性能向上や周辺諸国の空港整備のため，ハブ空港としての地位は低下傾向にあります。

1.3 物流の効率性

国際物流では，大量輸送により効率化が進んだ国際輸送よりも，国境での通関，検査等の諸手続きや国内物流サービス水準のほうがより大きな課題となる場合があります。また港湾，空港，道路等のインフラ整備水準も，物流に大きな影響を及ぼします。

世界銀行では，これらの物流の効率性に及ぼすさまざまな要因を**物流パフォーマンス指標**（Logistics Performance Indicator：LPI）として指標化しています。日常の物流業務で直面する課題を捉えるため，LPIは世界の物流業者約1,000社に対するアンケート調査を基に作成されています。

世界160カ国のランキングで，先進国がトップ10を占めており，日本は5位でした。アジアでは，ハブ港湾が立地するシンガポール，香港が高く評価されています。中国もインフラ整備や国際輸送手続きの改善が進み26位となりました。しかし，発展途上国では，なおもインフラ整備が遅れており，税関の効率性，国際輸送手続き，物流能力等，ソフト面での課題が山積しています（図表12－3）。

図表12－3 ▶▶▶ 物流パフォーマンス指標（2018年：5段階評価）

国・経済地域	順位	物流パフォーマンス指数（LPI）	評価項目					
			税関の効率性	インフラの質	国際輸送手続き	物流能力	貨物追跡	適時性
ドイツ	1	4.20	4.09	4.37	3.86	4.31	4.24	4.39
スウェーデン	2	4.05	4.05	4.24	3.92	3.98	3.88	4.28
ベルギー	3	4.04	3.66	3.98	3.99	4.13	4.05	4.41
オーストリア	4	4.03	3.71	4.18	3.88	4.08	4.09	4.25
日本	5	4.03	3.99	4.25	3.59	4.09	4.05	4.25
オランダ	6	4.02	3.92	4.21	3.68	4.09	4.02	4.2
シンガポール	7	4.00	3.89	4.06	3.58	4.10	4.08	4.32
デンマーク	8	3.99	3.92	3.96	3.53	4.01	4.18	4.41
イギリス	9	3.99	3.77	4.03	3.67	4.05	4.11	4.33
フィンランド	10	3.97	3.82	4.00	3.56	3.89	4.32	4.28
香港	12	3.92	3.81	3.97	3.77	3.93	3.92	4.14
韓国	25	3.61	3.40	3.73	3.33	3.59	3.75	3.92
中国	26	3.61	3.29	3.75	3.54	3.59	3.65	3.84
台湾	27	3.60	3.47	3.72	3.48	3.57	3.67	3.72
タイ	32	3.41	3.14	3.14	3.46	3.41	3.47	3.81
ベトナム	39	3.27	2.95	3.01	3.16	3.40	3.45	3.67

注：薄い網掛けはアジア，濃い網掛けは日本。
出所：World Bank [2019] *LPI Global Rankings.*

2 アジアの物流事情

2.1 中　国

2.1.1 港湾・空港

中国では，社会主義市場経済へ移行後，急速な経済発展を遂げました。1990年代には物流需要が急増し，鉄道，道路，港湾等の物流インフラ整備が追いつかない状況でした。このため，中国政府は，巨額投資により物流インフラ整備を進め，現在では沿海部の港湾，空港等の整備水準は極めて高い水準に達しました。2013年には，アジア，欧州，アフリカを結ぶ「一帯一路（One Belt One Road）」構想を発表し，関係諸国との協力により港湾，鉄道，道路などを整備するようになりました。

世界の工場として発展するためには，工業製品の貿易を支えるコンテナ港湾の整備が不可欠です。**上海港**では，1990年代に長江沿いで近代的なコンテナターミナルの整備が始まりましたが，土砂の堆積のため大型コンテナ船が着岸可能な深い岸壁や航路を整備できませんでした。そこで，沖合30kmの島まで架橋し埋め立てて，洋山ターミナルを整備しました。2010年には，取扱量でシンガポール港を抜き，世界一のコンテナ港になりました。このほか，華中地域では上海港に近い寧波舟山港で急速に港湾整備が進められ，世界3位の貨物量を取り扱っています。

香港は，外国船舶と貨物の自由な出入りが認められた**自由港**として，中国返還前から中国本土との中継貿易で重要な役割を果たしてきました。返還後も1国2制度のもとで自由港の役割が保たれたため，中継貨物を中心に最近まで世界一のコンテナ取扱量を誇っていました。しかし最近は，中国本土で大規模コンテナ港湾の整備が進み，コンテナ取扱量は横這い傾向となっています。

香港に隣接する中国本土側の深圳港では，中央政府が重点プロジェクトとして塩田ターミナル等を整備しています。さらに華南地域では，自動車産業が背後圏に集積する広州でも港湾整備が進み，取扱量が急増しています。その結果両港のコンテナ取扱量は香港を上回っています。

国土の広い中国では，経済発展とともに航空輸送が重要な役割を果たすようになってきました。旧香港空港は，中継貿易の拠点として重要な役割を果たしてきましたが，市街地に隣接し狭隘化や騒音等の問題が生じていました。海を埋め立てて建設された新空港が1998年に開港すると，貨物取扱量は急増し世界トップになりました。中国本土では，北京首都空港，上海浦東国際空港，広州白雲国際空港が国内ハブ空港として位置付けられています。なかでも上海浦東空港の貨物取扱量は，世界第3位になるほど急増しました。

2.1.2 内陸部の物流ネットワーク

道路，鉄道，航空，水運等の物流ネットワークの整備は，沿海部から始まりましたが，現在は内陸部も含めて急ピッチで進められています。なかでも，近年の幹線道路整備のスピードには目を見張るものがあります。

「五縦七横」幹線道路計画（南北5本東西7本の幹線）が発表された1990年には，高速道路延長は約500kmしかありませんでしたが，2005年には40,000kmを超えました。現在は，「**7918網**」（首都北京から7本の放射線，南北9本，東西18本の幹線）計画が進められています。2016年末の高速道路の総延長は約136,500kmに達し，世界第1位となりました（**図表12－4**）。

中国には総延長93,000kmの鉄道路線があり，石油，石炭，セメント等の基礎物資の輸送で重要な役割を果たしています。さらに「八縦八横」幹線鉄道計画により，整備が進められています。最近では，コンテナ輸送にも積極的で，発着駅，時刻，ルート，列車番号，運賃を定めた5定列車が運行されるようになりました。全国に18の鉄道コンテナターミナルを整備し，この間を直行コンテナ列車で結ぶ計画が進んでいます。最近では一帯一路構想のもと，中国と欧州の間に国際定期コンテナ列車が運行されています。

長江や各地の運河を利用した内陸水運も，重要な役割を果たしています。

図表 12－4 ▶▶▶中国の高速道路ネットワーク整備計画（7918 網）

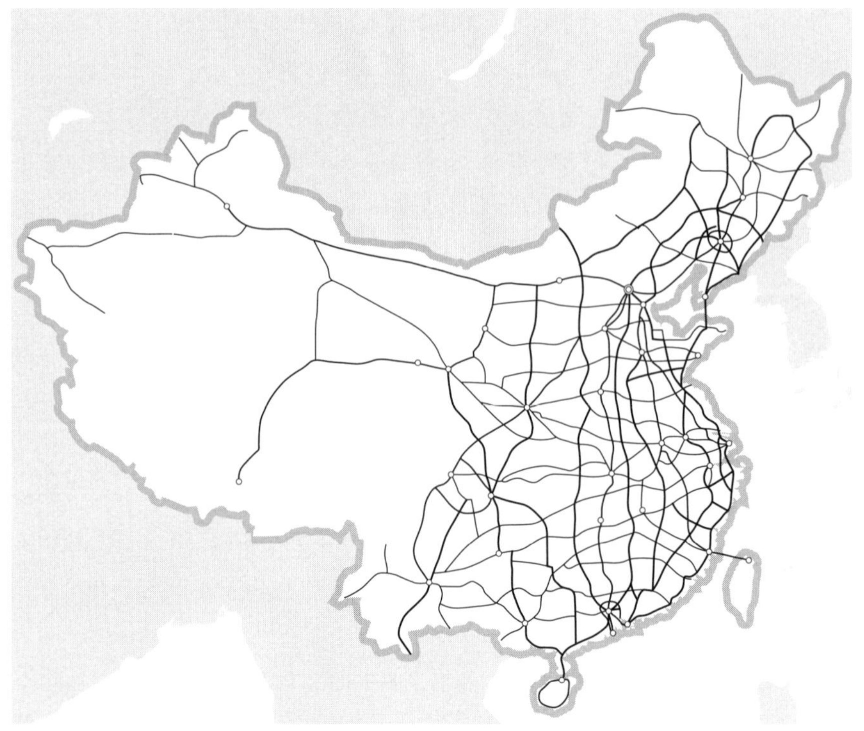

出所：国家公路網計画（2013－2030年）を参考に作成。

長江水運は，三峡ダムの完成により水位が安定し航路が整備されたため，上海から重慶を経て上流の成都付近まで約 2,700km が航行可能となり，コンテナ船も運航されています。

2.2 韓　国

韓国では，国策として東アジアのハブを目指しており，大規模な港湾・空港整備が行われています。

釜山港では，狭隘化していた旧港地区から西に 30km ほど離れた場所に，大規模な釜山新港の整備が進められています。既に世界最大級のコンテナ船が着岸可能な水深 17m 岸壁 23 バースの供用を開始しています。2018 年の釜山港のコンテナ取扱量は世界第5位の2,166万TEUとなり，日本全体の外貿コンテナ取扱量1,890万TEUを上回っています。釜山港取扱コンテナのうち約半分が韓国を輸出入国としない中継貨物であり，ハブ港としての特徴が表れています。

ソウル仁川（インチョン）国際空港は，干潟を埋め立てて2001年に開港しました。釜山港と同様に東アジアのハブを目指し，輸出入貨物に近い量の中継貨物を取り扱っています。一方，成田空港では，中継貨物の比率は全貨物の20%ほどしかありません。このため，輸出入貨物だけをみると仁川空港の取扱量は成田空港を下回っていますが，中継貨物を加えると仁川空港が上回ります。

このように中継貨物からみると，韓国は東アジアのハブという目標に近づいているようにみえます。その背景には，政府主導の大胆な戦略策定や積極的なインフラ投資があり，さらに荷主や貨物誘致のための優遇措置等があります。このような海外諸国の物流政策が，日本の港湾や空港にも影響を及ぼしていることにも注目すべきです。

2.3 ASEANの物流事情

2.3.1 港湾・空港

東南アジア10カ国から成るASEAN（東南アジア諸国連合）は，チャイナプラスワンの進出先として日本企業の注目を集めています。2015年末のAEC（ASEAN Economic Community：ASEAN経済共同体）創設によって，人口6億人を超える巨大経済圏が誕生したことにも期待が寄せられています。

しかしASEANは発展段階の異なる多様な国から構成されており，各国の物流事情は大きく異なっています。シンガポールのような先進国や経済成長が著しいタイ，マレーシア等では大規模な港湾や空港が整備されていますが，他の国ではいまだ低い整備水準に留まっています。

世界で最も豊かな国に含まれるシンガポールは，**自由港**として長い歴史を歩んできました。早い段階から政府が港湾整備に力を入れ，**シンガポール港**

には世界でも最大規模のコンテナターミナルが整備されています。ASEANのハブ港として世界第2位のコンテナ貨物量を取り扱っていますが，その8割以上が中継貨物です。

シンガポール港の成功を目の当たりにして，他の国でも大規模コンテナターミナルを整備する動きが活発化しています。主な港湾としては，マレーシアのポートケラン（1,232万TEU），タンジュンペラパス（896万TEU），インドネシア・タンジュンプリオク（同780万TEU），タイ・レムチャバン（808万TEU），ベトナム・ホーチミン（659万TEU）があります（2018年）。

航空輸送でも，シンガポール・チャンギ空港がASEANのハブの役割を担っており，成田空港に匹敵する220万トン（2018年）を取り扱っています。他の国でも大規模空港整備が行われており，なかでもバンコク・スワンナプーム（144万トン），クアラルンプール（75万トン）の貨物取扱量が突出しています。

2.3.2 域内物流ネットワーク

ASEANの物流ネットワークは，ノード（結節点）となる一部の大規模港湾，空港の整備は進んでいますが，これを繋ぐリンク（通路）の整備が遅れています。海上輸送ネットワークは利用できるものの，道路，鉄道等の陸上輸送ネットワークの整備が遅れています。このため，沿海部で工業化が進展しているのに対し，内陸部のポテンシャルが十分に生かせていない状況です。

もともとASEAN諸国では，関税や法人税等の優遇措置を活用できる**自由貿易区**（**FTZ**：Free Trade Zone）や輸出加工区（EPZ：Export Processing Zone）を沿海部に設け，工業化を進めてきました。FTZやEPZでは，輸入した部品や原材料を加工して製品をすべて輸出してしまうため，外国と港湾で繋がっていればすみ，港湾背後地域との物流はありません。このため，内陸部の陸上輸送ネットワークの整備は後回しにされがちでした。

中進国になったタイやマレーシア，インドネシアでは，国内の道路ネットワーク整備により内陸部の工業化が促進されつつあります。しかし，タイプラスワンとして注目されるミャンマーやカンボジアでは，いまだ大型トラックの通行が可能な道路が一部幹線道路に限られた状態にあります。

さらに道路や鉄道，内陸水運は，長い間国境で分断された状態でした。

Column　陸の ASEAN における国際道路網の整備

これまで海上輸送に依存してきた ASEAN にとって，経済回廊は新たな物流ルートとして大きな期待が寄せられています。東西経済回廊は，ベトナムからタイを経由してミャンマーに至る回廊です。すでに第２メコン国際橋をはじめ主要区間が開通し，この回廊を利用した国際トラック輸送サービスが始まっています。従来は，バンコクからハノイまで海上輸送で 10 日以上かかっていましたが，トラック輸送では３日程度に短縮されました。越境交通協定（Cross Border Transport Agreement：CBTA）により，国境での通関・検査手続きが改善されれば，さらに短縮されるでしょう。

タイから中国昆明に至る南北経済回廊も，第４メコン国際橋が完成しミャンマー国内区間を除きほぼ完成しています。タイからカンボジアに至る南部経済回廊も，メコン川の橋梁が竣工しほぼ全区間完成しています。これらの経済回廊の整備によって，GMS の物流ネットワークが強化され地域開発に貢献すると期待されています（図表 12 －５）。

図表 12－5 ▶▶▶ GMS 経済回廊

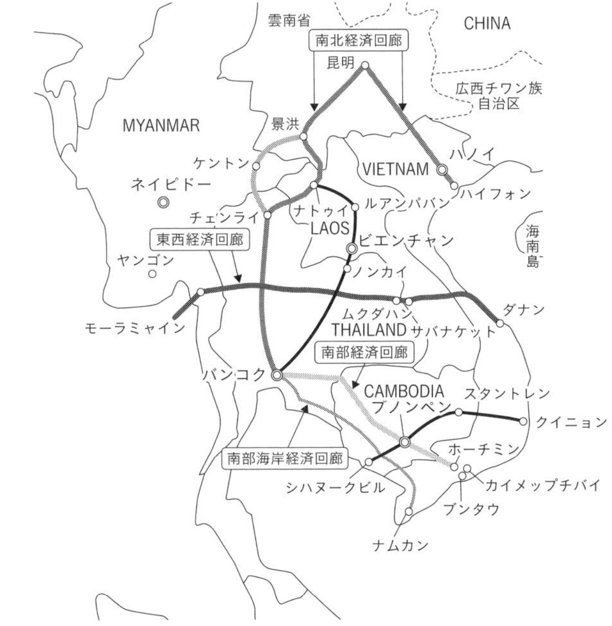

出所：アジア開発銀行の資料を参考に作成。

ASEAN全域で工業化が進み域内貿易が拡大してくると，輸送時間のかかる海運だけでなくより迅速に小ロットで輸送できる国際陸上輸送のニーズが高まってきました。

なかでも大メコン圏（Greater Mekong Sub-region：GMS）と呼ばれるメコン川流域圏（タイ，カンボジア，ラオス，ミャンマー，ベトナム，中国南部2省）は，メコン川や山脈によって分断されてきました。GMSでは，地域の大動脈となる**経済回廊**整備計画を定めて，アジア開発銀行の融資や政府開発援助（ODA：Official Development Assistance）を利用して整備を続けています。

3 アメリカの物流事情

3.1 海上コンテナ輸送

アメリカでは，1970年代後半から**規制緩和**が本格化し，物流事情は様変わりしました。アメリカの物流の特徴は，規制撤廃により自由競争を通して物流の効率化が促進され，革新的な物流サービスが登場したことです。

海運についてみると，世界有数の貿易国であるアメリカは，世界の海運市場に大きな影響力を及ぼしています。かつて，定期船輸送では船会社が結成する海運同盟が強い市場支配力を持ち，運賃が高止まりしていました。アメリカ政府は海運同盟が競争を阻害していることを問題視し，1984年海運法により海運同盟の拘束力を大幅に削減しました。同法により，船会社は海運同盟から独立して荷主と輸送契約を結ぶようになり，運賃水準は大幅に下落しました。

以後，コンテナ船社間の競争が激化し，国境を越えた買収・合併やグローバルアライアンス結成に至ったのは第11章の通りです。その過程で残念なことに，世界で最初にコンテナを導入したアメリカのシーランド社やAPL社が海外企業に買収されていきました。

コンテナ船の大型化に対応し，アメリカでもコンテナ港湾の集中化が進んでいます。西海岸では，ロサンゼルス／ロングビーチ（1,755万TEU），東海岸ではNY/NJ（718万TEU）が中心になっています。

3.2 航空貨物輸送

アメリカ国内の航空輸送は，1978年航空規制緩和法により自由化されました。貨物輸送分野は，その前年から規制緩和が始まり，これをきっかけにフォワーダーと航空会社の機能を統合したインテグレーターが登場し，広大なアメリカ国内で翌日配達サービスが始まりました。

1980年代になると，インテグレーターはアメリカ国内だけでなく国際急送サービスを開始しました。**フェデックス**社は世界最大の航空貨物会社フライングタイガー社を買収し，世界中にネットワークを広げました。

アメリカ政府は，諸外国と自由化を旨とする2国間航空協定を締結することにより国際航空輸送の規制緩和を世界に広めました。これを**オープンスカイ**政策と呼んでいます。なお，貨物輸送分野は既に海上輸送がほぼ自由化されていることもあり，旅客分野に先行してオープンスカイが世界中に広がっています。

貨物取扱量が多い空港は，インテグレーターのハブ施設が設置されたメンフィス，ルイスビル，アンカレッジです。旅客機の発着が多いマイアミ，ロサンゼルス，ニューヨーク，シカゴでも，年間貨物取扱量が100万トンを上回っています。

3.3 鉄道輸送

広大なアメリカでは，鉄道輸送が重要な役割を果たしています。国内貨物輸送機関分担率（トンキロベース）をみると，鉄道が最大のシェアを占めています。

かつては厳しい独占規制により，参入，退出や運賃が厳しく規制されていましたが，1980年スタガーズ鉄道法により自由化されました。鉄道会社間の競争激化により買収・合併等が続き，現在では大手4社（ユニオンパシフィック，BNSF，CSX，ノーフォークサザン）による寡占状態となりました。大手4社の運行路線距離は約17万km，売上高約7.1兆円に及んでいます。

石炭，石油，穀物等のバルク貨物だけでなく，複合輸送用のコンテナ，トレーラー等の輸送量も膨大です。国際複合輸送では全長20フィート（約6.1m），40フィート（約12.2m），45フィート（約13.7m）の海上コンテナが利用されています。国内輸送では，日本では導入不可能な48フィート（約14.6m），53フィート（約16.2m）の長大コンテナが普及しています。

1980年代後半からは，輸送効率を高めるため**コンテナ2段積列車**（DST：Double Stack Train）が導入されています。全長1マイル（1.6km）を超えるDSTが，ロッキー山脈を越えて北米大陸を横断する光景は壮大です。

3.4 トラック輸送

広大な国土の隅々まで効率的に結ぶためには，道路網整備が重要な課題となります。アメリカでは，原則無料の高速道路が約99,000km整備されています。大型トレーラーやダブルストレーラーを用いて効率的な道路輸送が行なわれています（**図表12－6**）。

トラック輸送では，1980年自動車運送事業者法以降，急速に新規参入が増加しました。規制緩和以前は，労働組合員を雇用するトラック運送業者が上位を占めていました。規制緩和後に新規参入した事業者は労働組合員を雇用しない小規模事業者が多くを占め，人件費の高い既存事業者に対し運賃競争で優位に立ちました。

単純なトラック輸送のみでは差異化が難しいため，低運賃業者が有利になります。そこで一部の物流事業者は，荷主企業の高度な物流ニーズに対応したサービスを提供するようになりました。この動きは，3PLへと繋がっていきました。

図表 12－6 ▶▶▶アメリカの高速道路ネットワーク

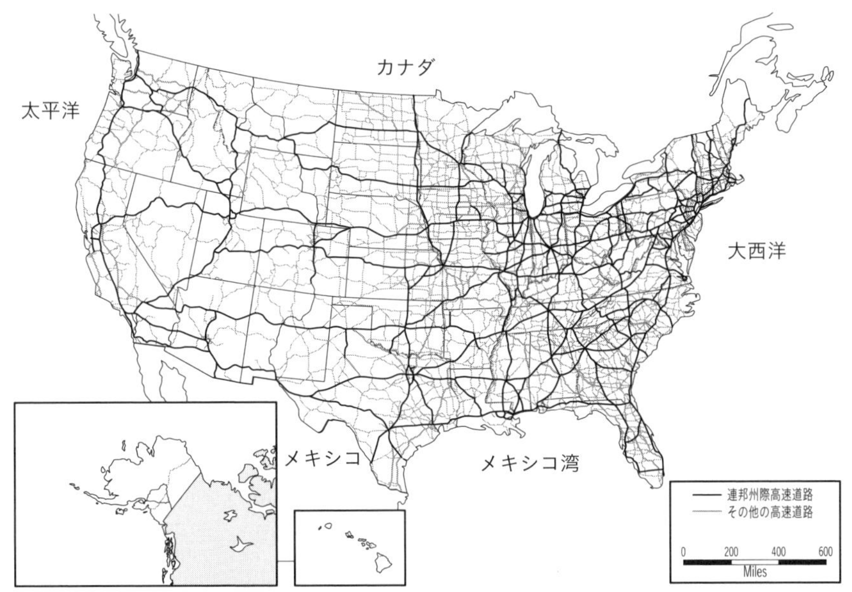

出所：アメリカ運輸省連邦高速道路局の資料を参考に作成。
http://ops.fhwa.dot.gov/freight/freight_analysis/nat_freight_stats/images/hi_res_jpg/nhslnghultrktraf2011.jpg

4 ヨーロッパの物流事情

4.1 市場統合とハブ港湾

ヨーロッパでは，欧州連合（EU）により市場統合が進められました。域内国境での複雑な通関手続きが不要となり，物流コストが低減されました。この結果，従来の国別市場から欧州市場へと広域化が進みました。そこに，最近イギリスの欧州連合離脱（Brexit）の動きが本格化し，欧州の物流に大きな影響を及ぼす可能性が生じています。

かつては国別に物流センターが設けられていましたが，近年は欧州全域やいくつかのサブ地域に分けた広域型の物流センターへ集約化が進んでいます。国際物流面でも，国別に港湾や空港を使い分けるのではなく，ハブ港・空港を集中利用することにより，効率化を図る傾向が強まっています。

コンテナ港湾では，ロッテルダム（1,451万TEU），ハンブルク（877万TEU），アントワープ（1,110万TEU），ブレーメルハーフェン（547万TEU）の取扱量が群を抜いています。

空港では，フランクフルト（218万トン），パリ（216万トン），ロンドン（177万トン），アムステルダム（174万トン）が年間100万トン以上の貨物を取り扱っています。

4.2 共通交通政策

EUは共同体の視点から**共通交通政策**を推進しています。初期の共通交通政策の中心は交通市場の統合措置であり，自由化を進めました。

もともと物流事業に対する各国の規制はばらばらでしたが，EU指令に基づき各国政府は物流事業への参入・退出や運賃の自由化を進めました。その一方，安全を確保するための労働時間規則や運転免許制度等の調和が進められました。現在では，EU加盟国に設立された物流業者は，域内で差別されることなく自由に事業展開できるようになりました。

EUでは，短期間に規制を撤廃するのではなく，時間をかけて段階的に規制を緩和してきました。輸送分野では，まず域内国際輸送を自由化し，次いで域内外国事業者による国内輸送を認めました。参入規制についても，まず免許発行数を拡大し，次いで質的な基準で参入を認めるようにしました。

インフラ整備も共通交通政策の重要な課題です。従来は道路，鉄道，内陸水運等の交通ネットワークは国別に整備されてきました。このため，EU全体では重要性が高くても，各国の予算制約等により整備が進まない国際交通ルートが数多くあります。

EUは，共同体の視点から整備の優先度が高い**欧州横断交通網**（Trans-European Networks：TEN）を指定し，投資を促す支援策を講じています。道路，鉄道（貨物・旅客），複合輸送，内陸水運等のTEN整備計画が策定されています（図表12－7）。

図表 12－7 ▶▶▶中核 TEN（道路，港湾，ターミナル，空港）

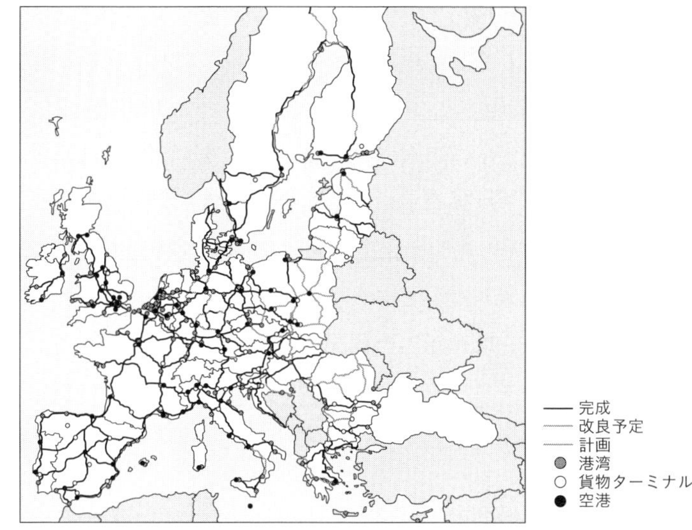

出所：EU委員会の資料を参考に作成。

EUの共通交通政策の特徴は，環境問題への対応を重視していることです。EU交通白書（2011年）では，地球温暖化ガス削減が重要課題の1つとして掲げられています。効率の良いTEN整備やモーダルシフト等の施策により，2050年に交通部門からの温室効果ガス排出量を60％削減するという意欲的な目標を掲げています。

4.3 物流事業

欧州の物流では，伝統的にフォワーダーが重要な役割を果たしています。市場統合前は，フォワーダーが国境通過に必要な複雑な手続きや一貫輸送の手配を行っていました。域内国境障壁がなくなると，フォワーダーは物流ニーズの広域化や高度化に対応して，3PL事業を拡大しました。現在では，国境を越えた買収･合併により，世界最大規模のフォワーダーが誕生しています。

トラック輸送は，EU指令によって自由化されました。現在では質的基準に基づく参入規制となり，運賃は自由化されています。物流ニーズの広域化もあり，トラック運送業者間の競争は域内全域に広がっています。中東欧諸国の加盟により同地域の事業者が参入し，運賃競争が激化しています。

鉄道輸送は，もともと各国国有鉄道の独占であり，国内市場中心に発展してきました。EUは鉄道改革を進め，鉄道インフラと運営主体を分離する上下分離を行い，運営主体の民営化を進めています。貨物輸送量の多い路線では，新規参入者もあり鉄道運営事業者間の競争が促進されています。

EUでは郵便事業の民営化が進められており，物流事業にも影響を及ぼしています。民営化された郵便事業者の中には，成熟化した郵便市場にとどまらず，物流市場への取り組みを強化するものもあります。なかでもドイツ郵便は，インテグレーターやフォワーダー，3PL事業者等の買収を続け，世界最大級の物流事業者に成長しています。

Working　調べてみよう

1. 日本，中国，アメリカ，EUにおける輸送機関分担率を調べてください。

2. 世界のハブ港・空港の地理的な条件を地球儀で確認してください。

Discussion　議論しよう

1. 北東アジアのハブ港湾競争について，日本の港湾の地位が低下している理由と，今後の日本の港湾のあり方を議論してください。

2. 日本企業が海外進出した場合，どのような物流上の問題に直面するか，特定の国を想定して議論してください。

▶▶▶さらに学びたい人のために

●日本港湾経済学会［2011］『海と空の港大事典』成山堂。

●国土交通省航空局［2012］『航空物流レポート』
http://www.mlit.go.jp/common/000229470.pdf

参考文献

●男澤智治［2017］『港湾ロジスティクス論』晃洋書房。

●汪正仁［2013］『ビジュアルで学ぶ国際物流のすべて（上・下）』天同堂。

●黒田勝彦編著　木俣順・奥田剛章著［2014］『日本の港湾政策—歴史と背景』成山堂。

●黒田勝彦・山根隆行・家田仁［2010］『変貌するアジアの交通・物流—シームレスアジアをめざして』技報堂。

●小島末夫［2017］『世界の物流を変える中国の挑戦』創土社。

●齊藤実［1999］『アメリカ物流改革の構造—トラック輸送産業の規制緩和』白桃書房。

●李瑞雪［2014］『中国物流産業論』白桃書房。

第13章 物流に求められる環境対応

Learning Points

▶環境共生型の社会を形成していくことが急務となるなか，物流においてもその対応が求められています。物流による環境負荷を抑えるために，輸送面，容器・包装材面，物流センター関連のさまざまな方策が実施されていることを学びます。

▶省エネ法により，輸送面において，荷主企業，物流企業は環境負荷削減に取り組むことが義務づけられています。物流業務を遂行するうえで，環境問題対応は欠かせないものとなっていることを理解します。

▶環境負荷削減方策の多くは，物流の生産性向上，労働環境改善にもつながるものとなっています。

Key Words

LCA（ライフサイクルアセスメント）　CSR　モーダルシフト　共同化　静脈物流

1 環境問題の変遷と温室効果ガス排出量の推移

1.1 環境問題の変遷と物流

世界114カ国が集まり，環境問題が国際的に初めて議論された国連人間環境会議が開催されてから50年弱が経過しました。その間，環境問題の内容も大きく変化してきました。日本では，1960年代から工場などの特定の公害発生源によって起きる産業公害が深刻になりました。その後，都市化にともなう自動車排出ガス，生活排水などによる都市型公害，そして1990年代に入り地球温暖化，オゾン層の破壊，酸性雨といった地球環境問題へと変化してきました。

物流に関連するものとして特に問題となったのは，貨物自動車の排出ガスに含まれる，毒性があり健康被害をもたらすNO_X（窒素酸化物），ぜんそくなどの健康被害をもたらす黒いススのPM（粒子状物質）です。NO_X，PMへの対応は，ディーゼル車の車両規制が主となります。国の規制は，大気汚染防止法に基づく新型車のNO_X・PMの規制値を定めた排出ガス規制があります。2009年に施行されたポスト新長期規制の規制値は，NO_Xで1974年の規制の5%，PMも1999年までの規制の1%に抑える厳しい内容となっています。その後，2016年に施行されたポスト・ポスト新長期規制によって，NO_Xはさらに約4割削減が義務付けられています。また，自動車NO_X・PM法は大都市圏で使用できる車種を制限するものです。さらに地方自治体でも，条例によって走行するディーゼル車に対して規制を実施している場合があります。全国の自動車排出ガス測定局の環境基準達成率は，NO_2は1996年に64.6%であったのが，2001年は79.4%，2017年は99.7%，PMは1996年に42.4%であったのが，2017年には100.0%と大幅に改善しています。

1.2 日本の温室効果ガス排出量の推移

日本は，京都議定書において，基準年である1990年度（12.61億t－CO_2換算）に対して，第1約束期間（2008～2012年度の5カ年平均）での6.0%削減を目標としていました。しかしながらさまざまな対策を実施しても，排出量は増加し続けました。2008年度から2012年度の平均排出量は12.78億t－CO_2換算となり，基準年に比べて，1.4%増となりました。森林等吸収源の3.9%，京都メカニズムクレジットの5.9%の分を差し引くことができるというルールがあったため，合計で8.4%減となり，京都議定書の目標は達成したものの，排出量は増加してしまうという結果に終わりました。日本の温室効果ガス排出量は2013年度まで増え続け，14.08億t－CO_2換算となりましたが，その後減少に転じ，2017年は12.92億t－CO_2換算と，2013年度比で8.4%減となっています。

図表 13－1 ▶▶▶運輸部門における二酸化炭素排出量

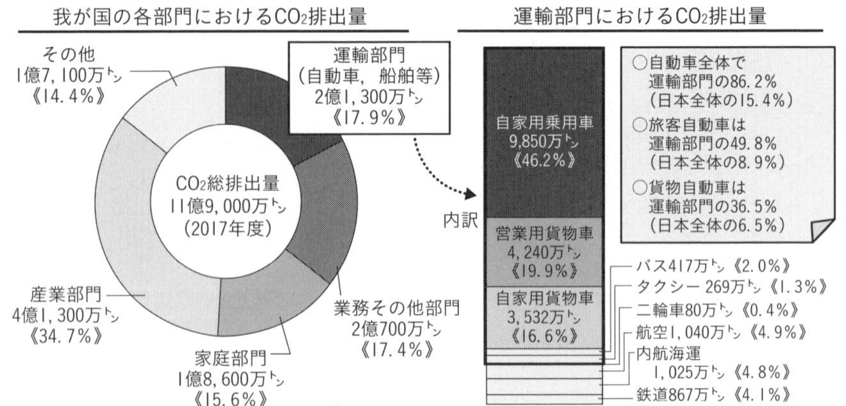

出所：国土交通省「運輸部門における二酸化炭素排出量」。

2017年度二酸化炭素排出量の部門ごとの内訳をみると，工場などの産業部門が最も多く，34.7％を占めていますが，長期的には産業構造の変化，工場の海外移転などにより大きく減少しています。オフィス，店舗などの業務その他部門が17.4％，家庭部門が15.6％となっていますが，長期的には急激に伸びています。また，運輸部門は17.9％を占めています（図表13－1）。

1.3 日本の物流関連の温室効果ガス排出量の推移

運輸部門は旅客と貨物で構成されます。1990年度の旅客と貨物の排出量はほぼ同じでしたが，2017年度は旅客が運輸部門の58.0％を占め，貨物は42.0％となっています。旅客はモータリゼーションの進展により，1990年度から1996年度にかけて，36.4％と大幅に増加しています。その後も増加をしましたが，車の燃費が良くなったこと，車利用比率の増加がおさまったことにより2001年度をピークに減少に転じています。貨物は1990年度から1995年度までは増加したものの，その後はほぼ減少傾向となっています。貨物を輸送機関別にみると，貨物自動車が90.3％を占めています。貨物の排出量が長期的に減少している背景として，貨物量の伸びが停滞しているこ

図表 13－2 ▶▶▶運輸部門における二酸化炭素排出量の推移

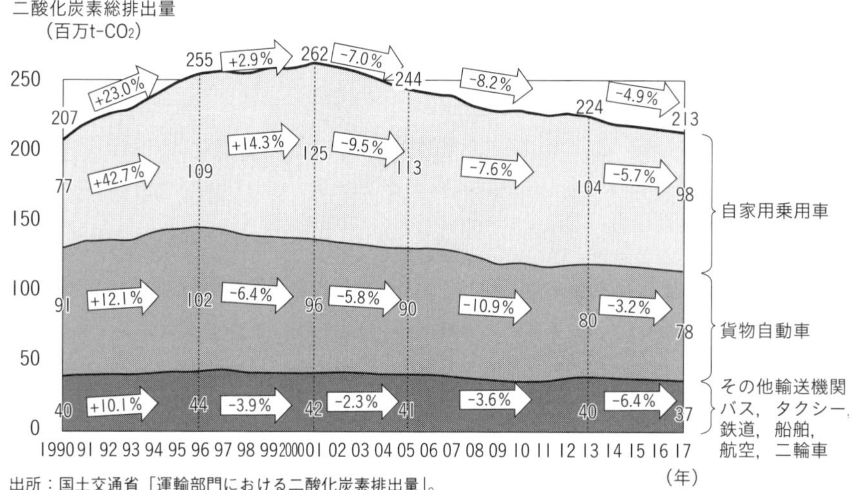

出所：国土交通省「運輸部門における二酸化炭素排出量」。

と，積載効率が高い営業用貨物自動車への転換が進んだこと，貨物自動車の大型化が進展したことなどがあります。しかしながら，営業用貨物自動車の積載率は改善しておらず，約4割となっています。

1.4 今後の排出量削減に向けての動向

京都議定書の後をどうするか，中長期的，継続的な排出量削減に向けての検討が2007年以降なされました。京都議定書に続く新たな枠組み「ポスト京都議定書」について，2009年に開催された第15回気候変動枠組条約締約国会議（COP15）において議論がされました。京都議定書に参加した日本，EUなどに加え，アメリカ，新興・途上国が参加するかが大きな議論となりました。2010年のCOP16では，地球環境問題について，先進国，途上国が一緒になって削減目標に向けて取り組むという合意がなされました。2011年のCOP17で，「全ての国に適用される将来の法的枠組み」として，可能な限り早く遅くとも2015年中に議論を終え，2020年から発効および実施することで合意されました。しかしながら，先進国対新興・途上国の溝は埋まらず，具体的な数値目標などの合意には至りませんでした。その後，2015年のCOP21において，先進国，開発途上国を問わずすべての締約国が参加する公平かつ実効的な法的枠組みである「パリ協定」が採択されました。世界共通の長期目標として，産業革命前からの平均気温の上昇を2℃より下方に保持し，1.5℃に抑える努力を追求することなどを目的としており，その実施に当たっては，すべての国が削減目標を5年ごとに提出・更新することが義務付けられています。協定について，2016年11月4日に発効が決定し，2019年7月現在，条約全加盟国197カ国のうち185カ国が批准しています。日本は，2030年度に2013年度比26%減の温室効果ガス削減目標を定めています。

2 物流における地球環境問題への対応

2.1 物流における地球環境問題への取り組みの背景

1990年代以降，企業においては地球環境問題への対応が，工場，店舗を中心として進められました。物流においては，2000年代に入り盛んに議論されるようになりましたが，その背景として次のような点が挙げられます。

第1に，**CSR**（Corporate Social Responsibility：企業の社会的責任），コンプライアンスの考え方が浸透してきたことです。コンプライアンスは法令遵守と訳されますが，法的責任だけではなく，倫理的責任まで含めて理解されます。環境問題についても，企業は国が定めた環境基準を守るだけでなく，環境問題に取り組む倫理的責任を果たすことが求められています。第2に，社会全体での環境問題への意識の高まりです。物流分野においても，地球環境問題への対応の重要性が，浸透してきたといえます。第3に，各企業での環境問題への対応は，これまで主要業務で先行し実施されてきましたが，次の段階として物流分野が注目されたことです。当初メーカーにおいては，生産関連のCO_2排出量の割合が大きくかつその削減効果も大きいことから，工場での対応が中心でした。生産面での対応が進み，限界に近づいてきたことがあり，物流面に対象を広げ検討されることが多くなりました。第4に，環境負荷削減の対象範囲が拡大し，**LCA**（Life Cycle Assessment）の考え方が進んだことです。メーカーは，生産時だけでなく流通，販売，使用，廃棄の一連の流れで，環境問題を考えるべきという認識が高まっており，物流も対象となってきました。第5に，物流企業においては，低公害車導入，エコ・ドライブ等の対応を従来から進めてきました。最近は，荷主企業から環境に配慮した物流システム構築を要請され，業者選定の重要な評価基準となっています。物流企業も，環境問題対応を荷主企業に積極的にアピールする場合が多くなっています。

第6は，2006年度に「エネルギーの使用の合理化に関する法律」（「省エネ法」）が改正されたことです。「**省エネ法**」は，オイルショックを契機として1979年に制定されました。工場・事業場を対象としていましたが，2006年4月に改正され物流も対象となりました。これによって，輸送事業者，荷主も省エネ対策を講じることが求められました。輸送事業者だけでなく荷主も対象としており，両者が一緒になって取り組むことが大きな意味を持っています。中長期的にみてエネルギー消費原単位の年平均1%以上低減を目標としています。さらに，年間輸送量が3,000万トンキロ以上の大手荷主，保有車両数がトラック200台以上などの輸送能力がある物流事業者については，特定事業者として，省エネ計画の策定，定期報告が義務づけられています。最後に，グリーン物流パートナーシップ推進事業，物流総合効率化法など，行政と民間が一緒になって進める施策が充実してきたことです。

2.2 LCAと物流

LCAとは，ある商品の製造時の環境負荷を考えるだけでなく，資源採取から製造，物流，使用，廃棄，リサイクルというライフサイクル全体での環境負荷を把握，検討し，削減に向けて対応を図るという考え方です。あるメーカーが製造した商品でも，その原材料，部品は他のメーカーから調達しており，原材料，部品の製造に関連する環境負荷も考えなければなりません。製造した商品は顧客に流通するのであり，流通，販売時，さらに利用時にも環境負荷が発生します。そして，それぞれの段階を結びつける物流も当然考えないといけません。

近年，環境管理の対象範囲を拡大しようとするサプライチェーン環境管理，スコープ3という言葉が使われるようになっています。前者は自社だけでなく，上流，下流も含めたサプライチェーン全体の管理をするという考え方です。後者はGHG（greenhouse gas，温室効果ガス）Protocol Initiativeが提唱し，排出量算定の範囲を，従来のスコープ1（自社から直接排出される温室効果ガスを対象），スコープ2（自社のエネルギー使用により間接的に排出される温室効果ガスを対象）だけでなく，スコープ3（自社の企業活動範囲外の間接的に排出される温室効果ガスを対象）に拡大しようとするものです。今後，スコープ3が定着していくことが予想され，輸送・流通も含めた議論が展開する可能性が高いといえます（矢野［2012］）。

2.3 環境ラベル

環境ラベルとは，環境負荷に関する情報を，広く消費者等に伝えるものであり，ISO（国際標準化機構）によって3つのタイプに分けられます。タイプⅠは基準を満たせばラベルをつけることができます。代表的なものとしてエコマークがあり，私たちの身の周りにある商品の中で，地球環境への負担が少なくて，環境保護に役立つ商品につけられるマークです。消費者が商品を購入するときの目安になるよう導入されたものです。タイプⅡは各企業が独自に主張するもので，基準はありません。その企業の商品の中で，特別に環境に配慮しているあるいは他社より環境に配慮しているといった宣伝広告にも利用されます。

タイプⅢは，資源採取から製造，物流，使用，廃棄・リサイクルまでの製品のライフサイクル全体の定量的な環境情報を開示するものです。基準に従って合否判定するのではなく，客観的な情報やデータを公開するだけで，そ

Column 省エネ法改正による着荷主も含めた取り組み

環境問題，省エネルギーについて，物流事業者，発地側の荷主だけでは対応が難しいことも多い。2018 年度の省エネ法改正によって，到着日時等を指示することができる貨物の荷受側である着荷主を新たに準荷主と位置づけ，省エネへの協力を求めることとなりました。準荷主ガイドラインにおいて，準荷主の取り組みが考えられる対応策として，以下のようなものがあげられています（資源エネルギー庁［2018］）。

- **リードタイムの見直し**－貨物の適性を踏まえ，必然性のない翌日配送を見直し，翌々日配送などに改めることを含め，曜日および時間指定の適正化に努めること。
- **発注ロット・発注頻度の見直しおよび発注量の平準化・最適化**－毎日配送から隔日配送への転換など。
- **大型輸送機器の受け入れ体制の確保**－車両の大型化，トレーラー化への対応など。
- **計画的荷積み・荷卸しの推進**－荷待ち時間短縮のための予約受付システムの活用など。
- **ユニットロードシステム化の推進**－発着地における積込，積卸作業を効率化するためのパレット化の推進など。

の評価は読み手が決めることになります。

3 企業における環境問題への取り組み

環境にやさしい物流を目指すためには，燃料消費量，投入資源といったインプットの削減，排出ガス等の有害排出物，廃棄物といったアウトプットの削減，さらに騒音振動といった周辺環境への配慮などの視点が必要となります。物流における対応施策の範囲は，輸送，物流センター，包装関連と，**図表 13－3** のように多岐にわたり，かつ各施策が複数に関連する場合もあります。以下，代表的な施策をみていきます。

3.1 モーダルシフト

各輸送機関の 1t の貨物を 1km 運ぶときの CO_2 は，**図表 13－4** のように営業用貨物自動車に対して，鉄道は 12 分の 1，船舶は 6 分の 1 しか排出し

図表 13－3 ▶▶▶物流関連の環境対応の施策

区分	施策	内容
輸送関連	輸送機関の見直し	モーダルシフト（鉄道・海運への転換） 自営転換 貨客混載
	輸送機関の低公害化	最新規制適合車への転換 低公害車の導入 エコタイヤの導入
	適正運転の推進	アイドリング・ストップの徹底 エコ・ドライブの推進 タイヤ空気圧, エアフィルター等の点検
	輸配送の平準化・計画化	輸配送頻度, リードタイム, 輸送ロットの適正化 輸配送の平準化 最適配送ルートによる配送 車両の待機時間短縮（予約受付システム, パレット化）
	輸配送の効率化	物流センター配置の見直しによる輸送効率化 混載化, 直送化の適正化 ミルクラン方式の導入 車両の大型化 積載方法の工夫 輸配送効率を考慮した製品開発
	輸配送の共同化	特定地区内共同輸配送 同業種・異業種による共同化 求貨求車システム
物流センター関連	物流センターでの環境問題対応	センター内作業の騒音・振動等への対応 物流センターの適正立地（周辺環境との調和） 騒音・振動, 水質汚濁等への対応 センターの共同利用 センター内の省エネ対応 省エネ型物流機器の導入 冷蔵・冷凍倉庫での代替フロンの利用
包装, 梱包材関連	包装, 梱包材の見直し	包装, 梱包材の3R 包装材料の見直し 包装材の削減, 小型化, 軽量化 省エネ型の包装用機器の導入 通い箱の導入等の輸送方法の見直し

図表 13－4 ▶▶▶輸送量当たりの二酸化炭素排出量（g-CO_2/ トンキロ）

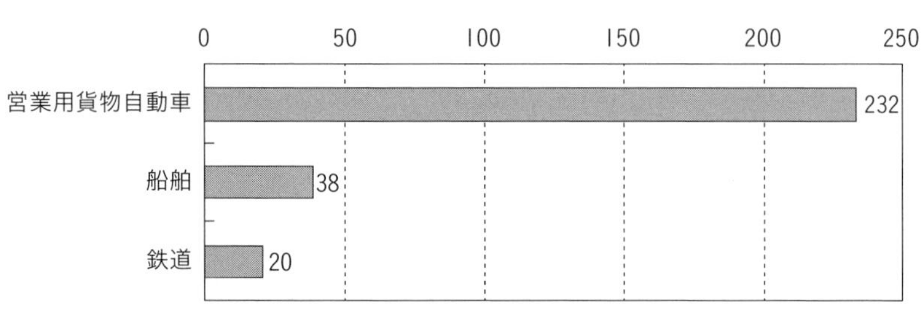

出所：国土交通省「運輸部門における二酸化炭素排出量」より作成。

ません。輸送手段を貨物自動車から環境にやさしい鉄道，船舶へ転換することを**モーダルシフト**といい，特に重要な施策となっています。しかしながら，幹線輸送部分は鉄道，船舶を利用しても，端末輸送部分は貨物自動車を使わざるを得ません。積み替え等の時間を含めると輸送時間が長くなり，近距離での利用は難しいという問題があります。そのため，特に輸送距離500km以上の中長距離輸送での転換の試みがなされています。モーダルシフトを進めるために，鉄道貨物輸送では，列車ダイヤの改善，着発線荷役方式などの駅設備の改良，中継輸送の改善，列車の高速化，列車の長編成化，輸送障害対応も図られています。事例として，ビールメーカー2社は，関西圏の両社の工場から同じ貨物列車に両社の製品を積み込み，北陸の物流センターまで鉄道を利用した共同輸送を始めました。従来，両社は名古屋の工場から北陸地方に輸送していましたが，鉄道輸送に転換するために，大阪の工場から北陸地方に輸送する経路に変更しました。複数企業が連携して，生産工場の変更を伴う，鉄道貨物輸送への転換を実施しています。また，従来12フィート（5t）コンテナが主流でしたが，近年は10tトラックと同じ積載容量を持つ31フィートコンテナの利用も増えています。船舶については，近年，フェリー，RORO船の新航路が開設するなど，利用が増えています。最近のトラックドライバーの不足問題もあり，モーダルシフトの推進が特に注目されています。

3.2 自営転換

自家用と営業用貨物自動車の輸送効率を比べると，営業用の場合は，複数荷主の貨物を効率的に輸送すること，帰り便も空荷走行ではなく貨物を積載できることから，積載率，実車率は高くなります。営業用は，自家用に比べて効率よく輸送し，コスト面でも優位となることから，荷主企業の物流業務を外部委託する比率が高まっています。自家用から営業用への転換，すなわち**自営転換**が急速に進んできており，2016年度は貨物自動車の輸送トンキロのうち営業用の比率は約86%にまで拡大しています。自営転換の進展が，これまで貨物自動車によるCO_2排出量削減に大きく寄与してきました。現在，自家用貨物自動車は，営業セールス，ダンプカーとして使われることが多くなっており，今後のさらなる転換は難しく，排出量削減を大きくは期待できないところとなっています。

3.3 貨客混載

貨物と旅客の輸送を一緒に行うものであり，特に配送効率が低い過疎地などで，路線バス，鉄道，タクシーなどを利用して，旅客だけでなく貨物も輸送するというものです。環境面からだけでなく，持続可能な地域交通，地域物流という視点からも注目されています。宮崎県では，バス会社と宅配事業者２社が，路線バスの荷台スペースにそれぞれ専用BOXを利用して貨物を積み込み，輸送しています。

3.4 輸配送頻度等の適正化

過度な多頻度小口配送，無駄な緊急納品は，輸配送回数を増加させることになります。輸配送頻度，納品回数の削減，リードタイムの見直し（延長），時間指定の緩和，入出荷時間の定刻化，輸送量のピーク時の平準化といった物流条件の見直しを図ることは，輸送効率を改善することにもつながります。しかしながら，これらの物流条件について着荷主側は細かく意識しておらず，さらに物流効率化との関係を把握していない場合が多くなっています。輸配送頻度等については，物流部門あるいは自社だけでは決定できないことも多く，発着荷主，物流事業者が調整し，適正化していくことが重要です。大手ハンバーガーチェーンでは，店舗向けの配送量について，週末に多いのを平日に前倒しにして平準化するほか，平日についても平準化することにより，週５日配送から週４日配送に切り替えている事例があります。さらに，製紙メーカーと物流事業者が，配送時刻の平準化を荷受け側の卸売，印刷会社等に要請している事例もあります。従来，配送の８割が午前中の時間指定になっていましたが，時間指定の解除，前倒し納品などを要請し平準化した結果，配送効率が向上し車両が削減，配送回転数が向上し，CO_2 排出量が削減されたとしています。

3.5 輸配送の共同化

各企業が個別に実施していた輸配送を**図表 13 − 5**のように**共同化**することによって，車両数を削減できます。特定地区内の共同輸配送として商店街，問屋街・卸商団地等の事例があります。また近年は，大規模商業施設等での共同荷受けの事例も増えています。さらに企業による共同輸配送が増えてきています。輸配送効率を高め物流コストを削減するため，ライバル企業でも物流面での競争は避け，連携しようとする動向がみられます。背景として，各企業は企業内での輸配送効率を高める取り組みを進めてきたものの，これ以上の効率化には限界があり，共同化に取り組もうという意識が高まっていることがあります。共同化実施にあたっては，納品時刻などの物流条件の見直しもあわせて行うことが必要であり，発着荷主の連携が欠かせないといえます。

図表 13 – 5 ▶▶▶共同化による効果

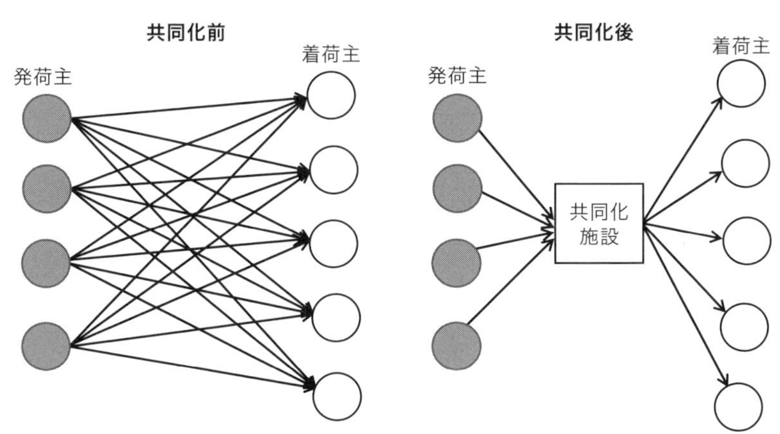

輸配送の共同化は，同一配送先など物流特性が類似したものをまとめて輸配送するものと，逆に地域，時間，重量といった物流特性が違うものを組み合わせるものがあります。前者としてプリンター，ビールのライバルメーカーの事例，後者として新聞社と電機メーカーの事例などがあります。また，輸配送の共同化は荷主企業主導のものと物流企業主導のものがあります。さらに空車情報と貨物情報をマッチングさせて，特に帰り便が空車で運行している貨物車を有効利用する求貨求車システムの利用も増えています。共同配送事例として，ビールメーカーは，大手３社が東京都内の一部地域で，さらに大手４社が，北海道で共同配送を始めています。また，加工食品メーカー大手６社は，常温製品の共同配送を北海道地区で開始しました。６社合計で４カ所あった配送センターを２カ所に集約，共同保管し，各々の配送センターから共同配送を行うことで１台当たりの積載効率を高めています。また共同配送に併せて各社の情報システムを連結，物流情報を一元化し，納品書も統一化しています。九州地区での取り組みも進んでいます。

企業が主体的に共同化を進めるというだけでなく，自然発生的に共同化が進む事例も多くなっています。複数メーカーが，ある地域の配送について，地域の有力な特定の物流事業者に頼む場合も，結果的に共同配送になります。荷受け側も，納入頻度が少なくなり，作業効率が高まるメリットがあることから，配送が集約化されていくことになります。

3.6 適正運転の推進

運転の仕方によって燃費は大きく変化し，アイドリング·ストップ，エコ·ドライブを徹底させる企業が多くなっています。車両に搭載する端末装置等の高度化，低価格化で，デジタルタコグラフ（運行記録計）とエコ運転の管理が連動し，細かな運転状況を蓄積するシステムを導入している企業が多くなっています。走行速度等の情報をもとに，運転手の運転の仕方についての評価，指導がなされます。最近は，安全運転の管理システムと連動させている場合も多くなっています。

3.7 物流センター配置の見直しによる輸送効率化

工場と物流センターを一体化することにより，輸送距離を短縮する方策があります。また，物流センターを統合・集約化し，工場とセンター，センターと取引先の輸送を集約化し，積載効率の向上，車両の大型化を図る方策があります。一方，全国に複数工場を展開するメーカーにおいては，工場ごとに生産する商品，量が違うため，遠方の取引先に輸送する必要が生じ，輸送距離が伸びる傾向がありました。製品供給と配送先を地域ブロックに分け，ブロック内の自給率を高め，輸送距離を短縮させる取り組みをしている企業もあります。

Column 環境問題対応を消費者，企業に広くアピール

環境問題に積極的に取り組んでいることを，消費者，企業に広くアピールしていくことが重要です。消費者は購入する商品がどのような輸送手段を利用しているのかはわかりません。鉄道，船舶を一定基準以上使用している商品，企業はエコレールマーク，エコシップマークの認定を受け，マークを商品につけることができます。消費者がその商品を積極的に選択することにより，企業と消費者が一体となって環境問題に取り組むことが可能となります。

また，運輸事業者がグリーン経営について一定基準以上に取り組んでいる場合，審査のうえ，認証・登録を行うグリーン経営認証制度があります（図表13－6）。

図表 13－6 ▶▶▶エコレールマークとグリーン経営認証のロゴマーク

3.8 包装関連

包装関連としては，包装，梱包材のリサイクル，リユース，リデュース，包装材料の見直しが重要となります。包装，梱包材の削減，小型化は，容量を小さくし，積載率を上げ，軽量化によって，積載重量を削減し，燃費をよくすることにもつながります。また従来，バラ単位のものは段ボール箱に入れて配送し，段ボール箱を使い捨てにしていましたが，プラスチック製の通い箱を複数回利用することにより，環境負荷を下げようという試みがなされています。特に，小売店舗向けの配送は，バラ単位のものが多いことから利用が進んでいます。通い箱の導入は，企業内での導入は比較的容易ですが，複数企業間で利用する場合には，回収方法が問題となります。現状ではさまざまな種類の通い箱が使用されていることから，回収が複雑となり，効率化を妨げることにもなっており，業界全体での標準化が検討課題となっています。

4 静脈物流システムの構築

メーカー→卸売業→小売業→消費者という動脈物流の環境負荷削減と同時に，循環型社会の形成において必要な回収，**静脈物流**の視点も欠かせません。リサイクル，リデュース，リユースの３Ｒが進むなか，効率よく最終ユーザー→端末回収施設→回収施設→再生施設という静脈のシステムを構築していくことが重要となっています。静脈物流は，不特定多数が発生源となる可能性があり，物流コストの負担力が小さい，梱包がされていない，リードタイムが長いなど，動脈物流と条件が大きく違います。

リサイクルにおいては，最終ユーザーから再生施設に向けて，集約していく流れとなります。例えば家電リサイクル法によるリサイクルは，エアコン，テレビ，冷蔵庫・冷凍庫，洗濯機・衣類乾燥機を対象に，最終ユーザー→小売店→指定引取場所→再商品化施設が主要な経路となります。小売店の商品配送時に同時回収する場合が多く，さらに指定引取場所も企業が共同で設置しています。

静脈物流では，各段階を連動させた効率のよいシステム構築が重要です。各企業単位で行った場合，コストの負担は大きく，かつ回収率も下がる可能性が高くなります。業界全体での静脈物流のシステムをいかに構築していくかが，大きな課題となっています。

5 環境問題への取り組みの方向性

2000年代に入り，顧客に対して適切なサービスをいかに低コストで提供するかといった問題と同時に，環境問題への対応が重要な評価軸として加わりました。コストの削減，適正なサービスの提供と環境負荷の削減の両立を目指す必要があります。環境問題に取り組むことがコスト上昇につながってしまう，あるいは多頻度小口等の顧客が要求するサービスが，結果的に環境負荷を大きくするといったトレードオフの関係が発生することもあります。

環境問題に先進的に取り組んでいる企業では，環境問題への対応はコスト削減に結びつくという考え方が，企業方針として明確となっています。環境負荷削減とコスト削減は両立するものであり，環境問題への対応は，企業の競争力を高める源泉であると考えています。コスト削減というインセンティブがあることから，企業全体で環境問題に積極的に取り組むという意識がますます強まっているのです。

現在，物流では生産性向上，労働環境改善が大きな課題となっており，さまざまな対応策が検討されていますが，その多くは環境問題対応と共通するものです。特に，輸送機関の見直し，輸配送の平準化・計画化，輸配送の効率化，輸配送の共同化などは，環境問題というだけでなく，ドライバー不足でも重要な対応策となっています。今後，これらの対応策が両面から進展していくことが期待されます。

従来の企業の環境問題への取り組みは，物流部門による物流現場の狭い範囲での取り組みが中心で，物流部門のみで対応を考え，そのなかで対応できる施策内容，対象範囲にとどまっていました。その場合，環境問題対応は限定的にならざるをえませんでした。グリーン物流を展開していくためには，物流部門は自社内の生産，販売・営業，調達といった他部門，取引先，物流企業と調整，連携し，物流条件の見直しも含めて取り組んでいくことが必要となっています。物流企業も環境負荷削減に結びつく取り組みを積極的に荷主企業に提案することが重要となっています。

また，物流面の対応は，送り手の発荷主と受け手側の着荷主，そして物流業務を実施する物流企業とさまざまな主体が絡むことが特徴となります。特に，着荷主側の要求する納入条件が影響するところが大きいといえます。関連する主体が企業の枠を超えて，調整，連携していくことが欠かせません。環境問題は，サプライチェーン全体の共通課題であり，企業内の関係部門あるいは取引先と意見交換をする垣根が比較的低いといえます。環境問題対応が，他部門あるいは取引先との話し合いのきっかけとなり，部門間，企業間の壁を超えた**全体最適**につながる可能性もあります。

Working　調べてみよう

1. 企業が取り組んでいる具体的な環境問題対応策を調べてください。
2. モーダルシフトがどのように展開しているか，課題も含めて調べてください。

Discussion　議論しよう

物流における生産性向上，労働環境改善の対応と環境問題対応の関係について明らかにしてください。

▶▶▶**さらに学びたい人のために**

●岩尾康史［2011］『サプライチェーンのCO_2管理』日刊工業新聞社。

●グリーン物流パートナーシップ

http：//www.greenpartnership.jp/

●長谷川勇・斉藤伸二［2005］『環境調和型ロジスティクス』中央経済社。

参考文献

●資源エネルギー庁［2018］「準荷主ガイドライン」。

●日本ロジスティクスシステム協会「グリーンロジスティクスチェックリスト」
http://www.logistics.or.jp/green/report/08checklist.html

●矢野裕児［2012］「ロジスティクスにおける環境問題対応とCSR」流通経済大学物流科学研究所『物流問題研究』No. 58。

第14章 震災で見直される物流

Learning Points

▶東日本大震災，熊本地震などの自然災害が続くなか，企業物流のリスクに対する脆弱性を浮き彫りになっています。その背景として，従来の物流は効率性を重視してきましたが，リスク対応という面からみるとさまざまな課題があるといえます。

▶各企業はリスク対応を進展させており，分散化，内製化，在庫水準の見直し，見える化，代替システムの構築，共通化，標準化，頑強性の強化，情報システムのバックアップといった動向がみられます。

Key Words

リスク対応　サプライチェーン　レジリエンシー　官民連携　分散化

1 リスク対応の必要性と緊急支援物資供給

1.1 物流におけるリスク対応の必要性

私たちは，店に商品があるのが当たり前であり，商品がない状態をなかなか想像できません。東日本大震災では，被災地において支援物資が不足する，あるいは被災者が望む物資がなかなか届かない，被災地以外でもスーパー，コンビニエンス・ストアの棚に商品がなくなるという事態が発生しました。さらに，直接被害を受けていない工場においても，生産に必要な部品，原材料が調達できずに生産が止まってしまうという問題が発生しました。東日本大震災では，被害が甚大であったこと，さらに被災地が広範囲であったこともあり，物流が寸断するということが大きな問題として取り上げられました。商品がなくなって初めて，私たちの生活，都市活動が，物流によって支えられているということを意識した人も多いかもしれません。

今後，首都直下地震，南海トラフ巨大地震発生が予想されています。これらの地震が発生した場合，物流は東日本大震災よりさらに甚大な影響を受ける可能性があるといわれています。被災地内には，避難者がはるかに多く発生する一方，工場，物流センターなどが集積しており，被害が深刻化することが想定されます。さらに交通の大動脈が寸断される可能性もあります。このように，物流においてもリスク対応が大きな課題となっており，東日本大震災を教訓として，常に**危機管理**（**リスク・マネジメント**）を考えておく必要があります。

1.2 官民連携による緊急支援物資供給の必要性

震災などの災害に対応する物流を考える場合，まず災害発生後初動期の緊急支援物資が思い浮かぶと思います。国，地方自治体が主体となって避難所などに飲食料品，毛布，生活用品を届けるものです。緊急支援物資が行き渡った後は，民間企業の一般流通ルートによる商品提供に転換していきます。前者は公共主体，後者は民間主体であることから，別のものとして捉えがちですが，現実には両者が緊密に連携することが欠かせません。特に，物資の確保を考えた場合，民間による物資の提供，供給がなければ，成立しないのが現状です。

避難所の需要に合わせて供給していくためには，震災発生後のそれぞれの段階で，調達，供給ルートを最適に組み合わせていく必要があります。震災発生後３日目までの需要のピークに対しては，被災地内での物資確保が必要であり，被災地内の公共による備蓄の強化が求められます。また，量的不足に対してメーカー，卸売業，小売業が保有する流通在庫を有事の際に支援物資として転用する流通在庫備蓄利用の考え方が重要であり，民間との連携の強化が課題となります。地方自治体と民間企業が，有事の際の物資供給にかかわる協定を結んでいる事例は多くありますが，今後は在庫情報，輸送情報を共有し，需要に合わせて提供できる地域の物資供給システム構築が欠かせ

図表 14－1 ▶▶▶緊急支援物資供給全体の考え方

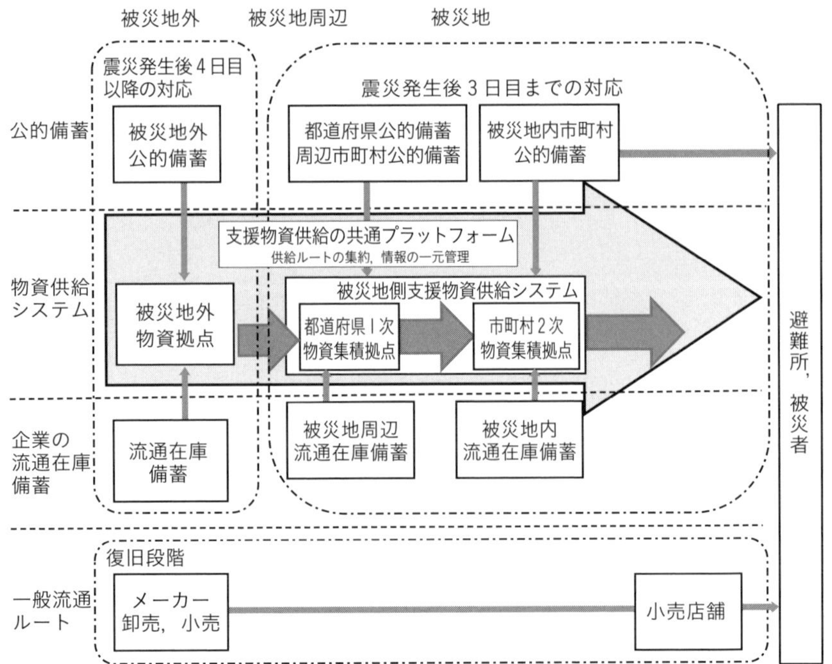

ません。

その後の４日目以降の対応についても，被災地外の公的備蓄の供給，民間企業の流通在庫の広域からの調達，供給が重要です。特に，後者は量的確保のために重要であり，民間企業と連携した広域の物資供給システム構築が必要となります。さらに仕分け，保管のために必要な物資集積拠点も，公共施設だけでは限界があります。輸送手段，荷役機器等についても公共はほとんど保有しておらず，民間資源を積極的に活用するしかありません（矢野［2012a］）。また，民間による一般流通ルートが早期に回復することによって，緊急支援物資供給から転換していくことも容易となります。一方で，物流業務を遂行するためには道路，港湾，鉄道，空港などの各種物流インフラの利用が欠かせません。物流でのリスク対応を考える場合，**官民連携**が欠かせず，両者が一体となってはじめて**リスク対応**力を高めていくことが可能となります（国土交通省［2011］)。図表14－1のように，公共，民間による対応を，段階的に結びつけていく全体シナリオを描くことが必要といえます。

2 東日本大震災で発生した問題点と課題

2.1 東日本大震災で発生した問題

東日本大震災では，被災地だけでなく被災地外においても，店舗に商品が並ばず，欠品という事態が発生しました。なぜこのようなことが起きたのかを考えてみます。欠品が起きるというのは，需要と供給のバランスが崩れ，需要に対して供給が間に合わないということです。震災発生後，多くの帰宅困難者が飲食料品を買いに行き，需要量が急激に拡大しました。計画停電にともなう乾電池あるいはペットボトルの水なども，実際の需要が増えました。店舗において，飲食料品，日雑品の多くがなくなるという事態が発生しましたが，買いだめによる影響も大きいといえます。消費者は，いつもは棚に商品があふれていますが，商品があまり並んでいないのを見て不安となり，買いだめをするということが起きます。

需要側だけでなく，供給側の問題もあります。震災後，物流システムが混乱しました。被災地だけでなく，首都圏などにおいても物流センターが機能できないという事態が発生しました。特に，臨海部では揺れが大きく，物流センターでは商品が棚から大量に落ちて，その処理に時間がかかった場合もあります。さらに計画停電の影響もあります。このため，平常時のように店からの注文に対して商品が毎日，時間通りに正確に店舗に納品することが難しくなりました。店舗ではあまり在庫を持っていない場合が多く，すぐに欠品という事態が発生します。小売業は，卸売業，メーカーなどに商品の発注をしますが，商品が時間通りに納品されないため，さらに注文をするということが起き，本当の注文数量がわからなくなり，混乱するという事態も発生しました。

2.2 サプライチェーン途絶の対応状況

東日本大震災では，**サプライチェーン**が途絶したため，工場が直接被害を受けていなくても，原材料，部品・部材の調達が滞り，生産が止まった事例が多くみられました。また，調達先の被災だけでなく調達先の調達先が被災したことによる影響も大きく，代替調達先がないという企業が多くみられました（経済産業省［2011］）。自動車メーカーでは，部品が調達できないことが大きな問題となりました。特に，乗用車の制御に使う車載用マイコンの生産工場が被災し，各自動車メーカーは生産工場の停止あるいは減産をせざるをえない状況となりました。この影響は，国内だけでなく海外にも波及し，震災前の生産量を回復するのに半年近くかかりました。

サプライチェーンの途絶は，食品などの生活関連品でも大きな問題となりました。ミネラルウォーター，インスタントラーメン，納豆，ヨーグルトなどさまざまな商品が店頭から一時なくなりましたが，**サプライチェーン**の途絶の影響が大きいといえます。包材（包装材）関係の工場，特に，ペットボ

図表 14－2 ▶▶▶ 食品関連のサプライチェーンの途絶

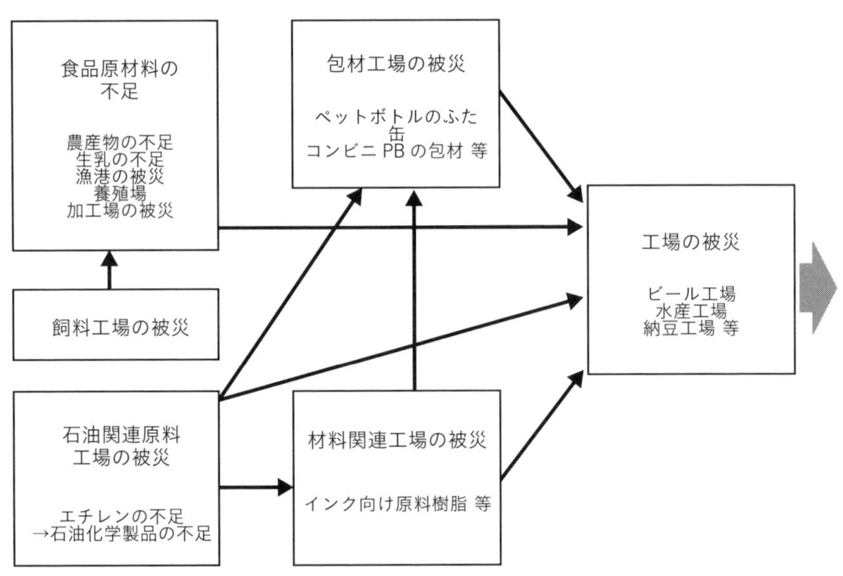

トルのキャップ，納豆の容器あるいは缶などの生産工場の被害が大きく，生産の障害となりました。石油関連では鹿島コンビナートが被災し，エチレン等の不足が広範に影響を与えました。食品の原材料となる農産物，牛乳，水産物が不足し，さらに飼料工場が被災したことも影響しました。震災では，食品についても**図表14－2**のように，さまざまな要因が重なり，供給できないという状況が発生しました。

2.3 物流関連の対応状況

大企業においては，災害時の対応マニュアルが整備されている場合が多く，震災直後の対策本部設置はかなり早かったといえます。しかしながら，震災の被害が甚大であったことから，従来のマニュアルだけでは想定外であった部分も多かったのも事実です。物流センターも甚大な被害を受けました。例えば，大手の卸売業，物流業が多く入居し，小売店舗向けの物流センターの役割を果たしていた岩沼臨空工業団地が被災しました。小売店舗への商品供給が停止し，影響を受けた小売業は代替ルートによる供給を行わざるをえない状況となりました。大手小売業では東北だけでなく関東の物流センターが被害を受けた場合も多く，震災直後は関西あるいは中部のセンターから商品供給をし，その後関東から商品供給することで対応した企業も多くなっています。

2.4 民間企業の物流で発生した問題点と課題

東日本大震災は，企業物流のリスクに対する脆弱性を浮き彫りにしました。その背景として，従来の物流は効率性を重視する一方，リスク対応をあまり考慮してこなかったといえます。例えば，大規模な物流センターは臨海部に立地している場合が多いため，津波による甚大な被害を受けました。商品供給が停止し，代替ルートによる供給を行わざるをえなくなりましたが，被災した物流センター機能を他のセンターでバックアップするのに手間取り，供給が停滞した事例も多くみられました。その背景として，物流センター集約化の進展があり，そのセンターが被災した場合に近隣に物流センターがなく，代替が難しいということが起きました。さらに，物流センターのアウトソーシング，専用化の動向が，代替を困難にさせた場合もあります。

一方，在庫の問題もあります。各企業は，多頻度小口，ジャストインタイムで補充することを前提とした在庫圧縮を図っています。有事の場合は，その前提が崩れ欠品が発生しました。さらに，自動化，機械化された物流センターにおいて，商品が荷崩れし，物流機器が動かせない，情報システムが正常に動かない，情報通信手段が確保できず物流センター全体の機能が止まってしまうなどの問題が発生しました。リスク対応の視点から，サプライチェーン，生産体制，販売物流について，分散化，代替システムの構築，在庫水準，情報システムのバックアップといった見直しを図っていくことが必要となっています。

3 民間企業の物流におけるリスク対応

3.1 物流におけるリスク対応の全体の動向

東日本大震災以降，**BCP**（Business continuity planning：事業継続計画）を新たに策定する，あるいは従来のBCPを震災以降見直す企業が多くなっています。さらに，物流におけるリスク対応の考え方も，大きく変化しています。2014年に閣議決定された「国土強靭化基本計画」では，企業連携型BCP/BCMの構築促進が盛り込まれています。さらに，「国土強靭化アクションプラン2014」において，2020年までのBCP策定率の目標として，大企業はほぼ100%，中堅企業は50%が決められています。この目標に対して，大企業，中堅企業のそれぞれの策定率は，2007年度は18.9%，12.4%，2009年度は27.6%，12.6%，2011年度は45.8%，20.8%，2013年度は53.6%，25.3%，2015年度は60.4%，29.9%，2017年度は64.0%，31.8%と，東日本大震災を契機として確実に上昇してきているものの，目標には達していないのが現状です。実施している取り組み内容として最も多いのが「備蓄品（水，食料，災害用品）の購入・買増し」52.1%であり，「避難訓練の開始・見直し」が37.3%，「安否確認や相互連絡のための電子システム（含む災害用アプリ等）導入」が35.0%と続いています（内閣府［2018］)。

調達物流，生産体制，そして販売物流の各段階でどのような対応策が講じられているかを次にみていくことにします。

3.2 サプライチェーン（調達物流）でのリスク対応の動向

調達物流関連でのリスク対応策として，調達先の見える化，調達先の分散，複数ルート化，部品等の共通化，標準化などがあります。東日本大震災において自動車メーカー各社は部品調達が困難となり，生産工場が停止しました。震災後の取り組みが顕著となっており，日本国内さらに海外も含めて調達先の分散化を進展させている企業が多くなっています。また，調達先が1企業の場合，複数工場での生産を要請している場合もあります。

3.2.1 調達先の見える化

1次の調達先だけでなく，2次，3次と川上側までさかのぼり，調達先を把握し，**見える化**を進めている企業も多くなっています。ある自動車メーカーでは，約200社の1次の調達先に対して，サプライチェーンの詳細開示を要請し，調達にかかわる工場と生産品目をデータベース化しています。また，2次，3次だけでなく，6次，7次の調達先までさかのぼって情報を整理し，その工場が被災した場合に代替生産が可能かどうかを把握しています。

3.2.2 部品等の共通化・標準化

調達の代替が容易なように，部品等の共通化・標準化をしている企業もあります。ある大手電機メーカーでは，従来各事業部門が独自に部品調達していたために，部品の種類が多くなっていました。事業部門の枠を超えて，共通化して使用可能なものを標準部品とし，部品種類を減少させる動きがみられます。

3.3 生産体制でのリスク対応の動向

生産に関連したリスク対応策としては，生産工場の分散化，代替生産体制の構築，生産機能の内製化，生産工場の立地場所の見直し，生産工場の頑強化などがあります。

3.3.1 生産工場の分散化

生産体制の見直しとして，生産工場の**分散化**を進展させている事例が多くなっています。メーカーにおいては，従来，効率化のために生産工場を集約する傾向が顕著でした。工場数自体を減らす場合もありますが，工場が複数あっても同一地域に集中している場合，あるいは複数工場があっても各商品単位でみた場合は１工場でしか生産していない場合も多くありました。生産を集中化することは，生産効率を上げることにつながりますが，その一方でその工場が被災した場合に，代替がきかず生産停止に追い込まれる可能性も高く，リスクが大きいといえます。先述のように，東日本大震災でも，工場が被災し生産が止まってしまうという事態が発生しました。震災以降，主要商品の生産が１カ所の工場に集中していた場合，日本の東西で生産する体制に切り替えるなどの事例が多くみられます。また，分散先は国内だけでなく，海外に工場を整備する傾向も強まっています。

医療機器，医薬品関連においては，供給責任という観点から，生産停止に追い込まれないように，新たに工場を建設する企業が多くなっています。このような動向は，小売業，外食産業においてもみられます。あるコンビニエンス・ストア・チェーンは，３～５年かけて，弁当などの工場，物流センター数を増やすなど再配置を考えるとしています。

3.3.2 代替生産体制の構築

東日本大震災発生時に代替生産体制が既に構築してあり，東北の工場が被災しても，他の工場ですぐに生産を再開したメーカーもあります。このような教訓を受けて，他の工場での代替生産体制の構築を図っている企業も多くなっています。ある衛生陶器メーカーは，震災後，国内の離れた地域で同一の製品を生産する並行生産体制を整えています。九州工場が生産している製品を，滋賀県の工場でも生産できる体制としました。また，海外も含めて代替生産体制を構築する動きもあります。ある電機メーカーは，製品ごとにBCPを策定し，例えばタイで生産する車載用トランジスタの代替生産拠点はマレーシアなどと決めています。

3.3.3 生産機能の内製化

生産機能の分散化を進める企業が多い一方で，生産機能の内製化，集約化を進める事例もみられます。ある筆記具メーカーは，生産は外部委託が中心であったために東日本大震災では，サプライチェーンの途絶により混乱が発生しました。自社工場のほうが復旧は早く，分散より集中のほうがリスクは小さいとして，国内向け文具商品の自社生産比率を引き上げるとしています。

3.4 販売物流でのリスク対応の動向

実際の物流のオペレーションは物流事業者が実施している場合が多く，荷主企業は委託している物流事業者との間でのリスク対応力の確認，リスク発生時の対応方法を協議しておくことが重要となっています。ただし，荷主企業が一方的に物流事業者に対してリスク対応の準備を求めても，災害発生時に物流事業者が対応できない事態が発生する可能性が高いのも事実です。両者で，発生する問題に対してどのように対応するのかを，事前に話し合いをし，体制を整備していくことが重要となっています。また，販売物流関連でのリスク対応策として，物流センターの分散化，他の物流センターでの代替，在庫の積み増し，機械化，自動化の見直し，輸送システムの見直し，物流センターの頑強化，情報システムのバックアップ体制の強化などが挙げられます。

3.4.1 物流センターの分散化

在庫の圧縮，積載効率の改善などの効率化を図るため，物流センターの統合，集約化の動向は，これまでの大きな流れでした。しかしながら集約化したセンターが被災した場合，対応が困難になるという問題があり，センターの**分散化**の動向が出てきています。あるメーカーは，従来，茨城県の工場から西日本に直接配送していましたが，西日本での物流センターが必要であるとし，岡山県に新たなセンターを整備しました。また，ある共同仕入れ機構は，従来東京都と兵庫県の2カ所であったチルド商品を扱う物流センターを，さらに仙台市と福岡県に新設するとしています。

小売業においても，物流センターの分散化の傾向がみられます。ある大手スーパーは，リスク対応という観点も含めて，岡山県内に新たな物流センターを開設しました。近畿圏で災害が発生し大阪府のセンターが稼働できなくなった場合に備えて，代替センターとして機能することを想定しています。

3.4.2 他の物流センターにおける代替体制の構築

東日本大震災では，物流センターが被災した場合，隣接県あるいは関東の物流センターから被災地に物資を供給した企業が多くありました。他のセンターでスムーズに機能を代替できる体制を構築することは重要です。ある食品卸売業は，震災直後，計画停電により使用できない物流センターが発生したり，関東で平時の2～3倍，最大では10倍ほどの注文が集中するという事態が発生しました。物流センターが機能できなくなったり，処理量の限界を超えた場合に他の複数のセンターで機能を代替できる体制を構築し，BCPに規定しています。

3.4.3 在庫水準の見直し

在庫水準の見直しについては，特に生活に欠かせない物資での取り組みが進んでいます。従来，各企業は在庫の圧縮，キャッシュフロー改善を重要な戦略としてきました。しかしながら平常通り調達ができなくなった場合には，メーカーでは原材料，仕掛在庫がなく生産が停止するあるいは製品在庫がなく出荷できないという事態が発生します。小売業等においても，調達ができなくなり欠品状態が発生します。医薬品関連では，在庫水準を見直し，**在庫の積み増し**をする事例が多くなっています。ある医薬品メーカーは，原則全製品で，在庫を従来の2倍となる6カ月分に引き上げ，災害発生時も生産ラインが再構築するまで供給を続けられるとしています。さらに，自社のセンターだけでなく，他県の他社のセンターなども活用してリスク分散するとしています。

その他の業種でも，在庫の積み増しの動向がみられます。その際，すべての商品についての在庫を増やすのではなく，重要品目をあらかじめ設定し，在庫を増やす場合が一般的です。ある音響機器メーカーは，自社の主要商品の生産に欠かせない部品総数の約3%に当たる重要部品を，特にきめ細かく管理しています。重要部品の設定については，発注から納期までに要する時間，特注で代替品の調達が困難なもの，市況の変動を受けやすいなどの条件で選定しています。最も重要度が高い部品では，従来の在庫日数の1.5～2倍となる約1カ月分を在庫しています。小売業でも，在庫積み増しの検討が進んでおり，ある大手スーパーでは，従来はクロスドック型であった物流センターで，在庫を持つ仕組みを導入するとしています。クロスドックのセンターへの供給が止まっても，数日間は在庫で対応できるとしています。

3.4.4 機械化，自動化の見直し

東日本大震災では，**機械化**，**自動化**された物流センターにおいて，機器の故障，自動倉庫に保管されていた商品の落下などにより，機能が停止した事例も多くみられました。ある食品メーカーでは，従来は，省スペース型の自動倉庫でしたが，震災時には人手による復旧作業が難航し，正常化に1カ月もかかりました。震災後，被災しても復旧しやすいフォークリフトや人手も活用した倉庫を新たに稼働させ，自動倉庫と併用しています。また，重要な

商品については，平積みに変更している企業もみられます。機械化，自動化は効率的である一方で，震災時の対応が困難な面があり，見直した企業がみられます。

3.4.5 輸送システムの見直し

輸送手段の**分散化**によるリスク対応を図っている企業もあります。共同輸送の推進，物流業務委託先の分散化，鉄道，海運利用による輸送機関の多重化などの対応策があります。**共同化**の取り組みは，災害発生時には自社だけでは輸送手段の確保が困難なため，複数企業で確保しようというものです。また，あるビールメーカーでは首都圏，北海道の工場から東北の消費地向けに鉄道によるコンテナ輸送のルートを開設したほか，全国の工場間での商品融通についても，鉄道輸送を拡大するとしています。

東日本大震災では，輸送用燃料の不足が大きな問題となりました。物流事業者はインタンクを持っている場合が多いものの，その備蓄量は2，3日分しかなく，震災以降，インタンクを増やす対応をしている事業者が多くなっています。また，大手小売業では，1都3県のコンビニエンス・ストアやスーパーなどの計5,100店に約10日間，商品配送の車両に使う軽油，店舗支援などの営業車用ガソリンの備蓄基地を整備した事例もあります。

3.4.6 物流センターの頑強化

物流センターの耐震化，免震化を進め，物流センター自体を強くするという動向もあります。特に最近，新設されている首都圏の大規模物流団地は免震化されているものが多く，企業の重要な入居条件となっています。また，物流センターでの非常用電源確保も重要な課題となっています。温度管理の必要な医薬品倉庫では，自家発電装置を導入しているほか，2カ所の変電所から電気を引き停電リスクを軽減している事例もあります。ある大手小売業では，全国に40カ所ある基幹物流センターすべてに自家発電設備を導入するとしています。

Column　味の素の災害時に対応した物流センター

東日本大震災では，首都圏の物流センターも大きな被害を受けました。味の素は，川崎市に東日本全体に商品を供給する物流センターがありましたが，立体自動倉庫が停止し，商品を出荷ができないという事態が発生しました。その経験を踏まえて，災害時に対応した物流体制に大きく変更しました。内陸部である埼玉県久喜市に新たな物流センターを建築しました。新たな拠点は，免震構造となっているほか，立体自動倉庫ではなく，フォークリフトによる荷役作業が基本となっています。在庫を分散化することにより，1拠点が被災しても，別の拠点で代替する体制とし，「物流ネットワークの複線化」を図っています。

3.4.7　情報システムのバックアップ体制の強化

物流の復旧にあたっては，情報システムの復旧が欠かせません。コンピュータのクラウド化，情報センターの複数体制などを実施している企業が多くなっています。多くの企業では，データのバックアップはしていますが，さらに情報システムのバックアップ機能を確保する動きも活発となっています。ある日雑メーカーは，東日本大震災において，宮城県の基幹システムのサーバーが，停電によってダウンしました。そこで兵庫県のバックアップサーバーを立ち上げ，すぐに取引先からの受注を処理できるようになりました。また，ある自動車メーカーでは本社の電算ビルが被災して使えなくなった場合に備え，グループ会社のデータセンターにバックアップシステムを用意しています。

4　リスクに対応したシステム構築に向けての課題

物流システムが複雑になった現在，グローバル企業においては，世界中から長い距離の，かつ多段階の調達が必要となります。このことはサプライチェーンにおける不確実性を増し，自然災害だけでなくさまざまなリスクが高まることを示しています。日本の物流システムは，これまで徹底的に効率性を追求し続けてきましたが，東日本大震災はそのリスクに対する脆弱性を浮き彫りにしました。物流，サプライチェーンにおけるリスク対応をどのように考えるのか，企業に改めて問い直したといえます。

各企業はさまざまなリスク対応を進展させています。その状況をまとめると，**図表 14 − 3**のように，サプライチェーン（調達物流），生産体制，販売物流において，分散化，内製化，在庫水準の見直し，見える化，代替システムの構築，共通化，標準化，頑強性の強化，情報システムのバックアップといった動向がみられます（矢野［2012b］）。

経営効率追求と**リスク対応**は相反することも多く，想定される被害リスクと対応策のバランスを考えることが求められます。単なる分散化，在庫の積み増しはコスト増につながりかねず，経営効率からみれば逆行することとなります。リスク対応は単なる冗長性の確保というよりは，素早く代替がきく**レジリエンシー**（Resiliency：復元力）があるシステム構築が求められています。

また，現在の取り組みは，企業単位のものが中心となっています。自社体制を構築することは重要ですが，今回の震災でも問題になったサプライチェ

図表 14 − 3 ▶▶▶物流，サプライチェーンにおけるリスク対応の動向

	サプライチェーン（調達物流）の見直しの動向	生産体制の見直しの動向	販売物流の見直しの動向	
			物流センター	輸　送
分散化	調達先の分散，複数ルート化	生産工場の分散化	物流センターの分散化	
内製化		生産機能の内製化		
在庫水準の見直し	調達先への在庫積み増し要請		在庫の積み増し	
見える化	調達先の見える化	生産，ロジスティクスの見える化		
代替システムの構築		他の工場での代替生産	他の物流センターでの代替	輸送システムの見直し
共通化，標準化	部品等の共通化，標準化	共通化，標準化		
頑強性の強化		生産工場の立地場所の見直し 非常用電源の確保 耐震化，免震化	機械化，自動化の見直し 非常用電源の確保 耐震化，免震化	輸送用燃料の確保
情報システムのバックアップ		情報システムのバックアップ体制の強化		

ーンの途絶など，個々の施設，各企業単位での対応には限界があります。有事の際に重要商品，供給責任がある商品等を安定供給するには，**サプライチェーン**全体での柔軟な復元力があるシステム構築が必要といえます。

Working　調べてみよう

企業が取り組んでいる具体的なリスク対応策を調べてください。

Discussion　議論しよう

1. **物流における効率性の追求とリスク対応の関係について明らかにしてください。**
2. **物流センターの統合・集約化と分散化の動向について，効率性，リスク対応の両方の視点から明らかにしてください。**

▶▶▶さらに学びたい人のために

- 渡辺研司・BCM/ERM 融合研究会［2013］『BCMS（事業継続マネジメントシステム）』日刊工業新聞社。
- Yossi Sheffi 著　渡辺研司・黄野吉博訳［2007］『企業のレジリエンシーと事業継続マネジメント』日刊工業新聞社。
- Betty A. Kildow 著　樋口恵一訳［2011］『「事業継続」のためのサプライチェーン・マネジメント』プレジデント社。

参考文献

- 経済産業省［2011］『東日本大震災後の産業実態緊急調査』。
- 国土交通省［2011］『支援物資物流システムの基本的な考え方に関するアドバイザリー会議報告書』。
- 内閣府［2018］『企業の事業継続に関する実態調査』。
- 矢野裕児［2012a］「緊急救援物資の調達，供給ルート別にみた需給バランスに関する研究」『日本物流学会物流学会誌』No. 20。
- 矢野裕児［2012b］「ロジスティクスに関する新たな視点―企業のリスク対応への取組」『流通経済大学流通情報学部紀要』Vol.17 No. 1。

索　引

英数

あ

か

さ

た

な

は

ま

や

ら

▶著者紹介

齊藤 実（さいとう　みのる）　第1，2，8，9章

法政大学経済学部卒業，同大学院社会科学研究科博士後期課程単位取得。
日通総合研究所，神奈川大学経済学部助教授を経て，
現在，神奈川大学経済学部教授。経済学博士。
著書に『宅配便』（成山堂書店），『これからの物流』（東洋経済新報社），『アメリカ物流改革の構造』（白桃書房，第1回日本物流学会学会賞受賞），『よくわかる物流業界』（日本実業出版社），『3PLビジネスとロジスティクス戦略』（編著，白桃書房），『物流ビジネスの最前線』（光文社）などがある。

矢野 裕児（やの　ゆうじ）　第4～6，13，14章

横浜国立大学工学部建築学科卒業，同大学院修士課程修了。日本大学大学院理工学研究科博士後期課程修了。
日通総合研究所，富士総合研究所，流通経済大学助教授を経て，
現在，流通経済大学流通情報学部教授。工学博士。
著書に『現代物流システム論』（共著，中央経済社），『3PLビジネスとロジスティクス戦略』（共著，白桃書房），『病院のロジスティクス』（共著，白桃書房），『現代流通変容の諸相』，『現代リスク社会と3.11複合災害の経済分析』（共著，中央大学出版部）などがある。

林 克彦（はやし　かつひこ）　第3，7，10～12章

東京工業大学工学部社会工学科卒業，同理工学研究科修士課程修了。
日通総合研究所，流通科学大学商学部専任講師，助教授，教授を経て，
現在，流通経済大学流通情報学部教授。
著書に『宅配便革命』（マイナビ出版），『ネット通販時代の宅配便』（共著，成山堂），『現代物流システム論』（共著，中央経済社），『3PLビジネスとロジスティクス戦略』（共著，白桃書房）などがある。

物流論（第2版）

2015年4月1日　第1版第1刷発行
2019年3月10日　第1版第6刷発行
2020年2月20日　第2版第1刷発行
2024年1月25日　第2版第7刷発行

著者　齊藤実
　　　矢野裕児
　　　林克彦
発行者　山本継
発行所　㈱中央経済社
発売元　㈱中央経済グループパブリッシング
〒101-0051　東京都千代田区神田神保町1-35
電話　03（3293）3371（編集代表）
　　　03（3293）3381（営業代表）
https://www.chuokeizai.co.jp
印刷／文唱堂印刷㈱
製本／誠製本㈱

＊頁の「欠落」や「順序違い」などがありましたらお取り替えいたしますので発売元までご送付ください。（送料小社負担）
ISBN978-4-502-33281-4 C3034